rowohlt
BERLIN

Friedrich Christian Delius

«Darling, it's Dilius!»

Erinnerungen mit großem A

Rowohlt · Berlin

Originalausgabe
Veröffentlicht im Rowohlt · Berlin Verlag, Februar 2023

Foto S. 312 Reinhard Hummel
Satz aus der Janson bei Pinkuin Satz und Datentechnik, Berlin
Druck und Bindung CPI books GmbH, Leck
ISBN 978-3-7371-0163-9

Für Ulla, Mara, Charlotte und Eberhard

«Keiner entwirft einen bestimmten Lebensplan; wir legen ihn uns stückchenweise zurecht. (…) Wir bestehen alle aus Stücken; und diese sind so uneinheitlich zusammengefügt, dass jeder einzelne Bestandteil, zu jeder Zeit wieder anders, seine Rolle für sich spielt.»

MONTAIGNE
(NACH CLAUDE SIMON, JARDIN DES PLANTES)

«Leben! Leben! Leben!, ruft der Vogel, als hätte er uns gehört und als wüsste er genau, was uns umtreibt bei unserer lästigen naseweisen Gewohnheit, drinnen und draußen Fragen zu stellen und umherzuschauen.»

VIRGINIA WOOLF, ORLANDO

«Und es genügt auch nicht, dass man Erinnerungen hat. Man muss sie vergessen können, wenn es viele sind, und man muss die große Geduld haben, zu warten, dass sie wiederkommen. Denn die Erinnerungen selbst *sind* es noch nicht.»

RAINER MARIA RILKE, DIE AUFZEICHNUNGEN
DES MALTE LAURIDS BRIGGE

AM ANFANG ALLER AUTOBIOGRAPHIEN

Fast alle Autobiographien kranken an ihrer inneren Zielgewissheit, selbst wenn sie Umwege, Abgründe, Irrtümer fleißig benennen. Die Vorstellung, dass sich ein Leben rundet, dass mehr oder weniger rote Fäden die Strecke langer Jahre markieren, dass sich Kreise schließen, Nebenpfade und Abstürze als segensreich erweisen, ist zu naheliegend, um die Selbstbiographen nicht zu verführen, ihrem Leben möglichst viel Sinn, Plausibilität, Allgemeinbedeutung und Zielwasser zuzuschreiben. Auch deshalb verfassen fast nur die erfolgreichen oder sich für erfolgreich haltenden Menschen ihre Erinnerungen. Dabei können, ausnahmsweise, sogar hervorragende Bücher entstehen.

Aber zu diesem Genre gehören Begradigungen, Vereinfachungen, Beschönigungen, Selbstüberschätzungen – genau das Gegenteil dessen, was Aufgabe von Schriftstellerinnen und Schriftstellern ist. Das ist für László Földényi «das große Paradox des Genres: Die Biographie stellt etwas als fassbar dar, was unfassbar ist, als selbstverständlich, was alles andere als das ist.» Deshalb scheuen die meisten Autoren das Memoirenschreiben völlig zu Recht.

Wer viel schreibt, wäre töricht, das ganze eigene Leben in einem Buch darstellen zu wollen. Wer schreibt, weiß auch, dass kein menschliches Leben – wer hat das gesagt? – plausibel ist. Es verläuft nicht linear, die Linien sind krumm. Erinnerungen, rückwärts gedacht, können schnell nostalgisch werden – nach vorn gedacht aber produktiv sein. Das eigene Leben kann viel, fast jede Menge Material hergeben, für eine Autobiographie wäre es verschwendet. Schriftsteller haben bessere literarische Mittel, mit biographischem Material umzugehen. Sie verstehen es, aus wenigen Details ganze Romane zu zaubern, als Erzähler einzelne Episoden oder Erinnerungen aus dem Gedächtnis zu holen, sie können diese anderen Personen zuschreiben, anders gewichten, mit Phantasie anreichern und sie so intensiv darstellen, wie es in Lebensschilderungen nicht möglich ist. Sie können Erinnerungspartikel so formen und in sprachliche Kunstwerke verwandeln, dass das Autobiographische nicht mehr im Vordergrund steht. Auch ich habe das versucht, unter anderem in Büchern wie «Der Sonntag, an dem ich Weltmeister wurde», «Amerikahaus» oder «Die Zukunft der Schönheit».

Was mich jetzt reizt, die berechtigten Einwände gegen Autobiographien zu ignorieren und eine kleine, vergleichsweise neuartige Variante dieser Form anzufassen, entspricht einem ganz anderen formalen, spielerischen Ansatz: ein Selbstporträt aus Collagen. In fast achtzig Lebensjahren, davon sechzig in den mittleren und äußeren Kreisen des literarischen Betriebs, haben mich so viele Ereignisse und Begegnungen geprägt, so viele politische Veränderungen von den freundlichen Besatzern der USA, dem 17. Juni 1953 und Mauerbau bis zum Trump-Zeitalter und Ukrainekrieg, so viele literarische Entwicklungen von der Gruppe 47 bis zur Youtube-Lesung, so einige Lieb- und Freundschaften, ein paar haltbare Gedanken und Überzeugungen, dass hier eine Fülle von Beobachtungen, Erlebnissen, Analysen, Anstößen, Irrtümern, Anekdoten, Porträts aus dem Fundus der Vergangenheit geholt werden könnte. Diese sollen jedoch nicht in einen gefälligen Lebenslauf münden, sondern Bruchstücke bleiben. Statt der Fülle möchte ich lieber Fragmente liefern – und es schadet nicht, dabei an Goethe zu denken: «Literatur ist das Fragment der Fragmente; das Wenigste dessen, was geschah und gesprochen worden, ward geschrieben, vom Geschriebenen ist das Wenigste übrig geblieben.»

Bei der Entwicklung dieses Projekts hat mich jedoch nicht Goethe angestiftet, sondern Georges Perec mit seinem Roman «Das Leben. Gebrauchsanweisung»: die Bewohner eines Pariser Hauses in ihren Räumen, das Netz ihrer Beziehungen und Nicht-Beziehungen über die Zeiten, in tausend Fragmenten. Auch Fragmente brauchen eine Ordnung, Perec wählte für sein großes Puzzle mathematische Muster. Für mein viel simpleres Projekt wäre eine chronologische Ordnung möglich, eine thematische, eine fraktale, eine verzwirbelt algorithmische oder eine primitive alphabetische Ordnung. Ich ziehe die letztere vor, weil sie angenehm neutral und wunderbar zufällig ist.

Aber auch diese spezielle Autobiographie soll ein Fragment bleiben. Denn den ganzen maximalen Lebensstoff von A bis Z auszubreiten – so viel Wahnsinn plus Größenwahnsinn kann ich nicht bieten (abgesehen von der Lebenszeit, die mir dafür nicht zur Verfügung stehen wird). Da scheint es mir klüger zu sagen: A reicht doch! Ein Buch mit den Stichworten nur in A. Ein geordneter Haufen Fragmente mit A zeigt auch, dass das längst nicht alles ist, was der Autor mitzuteilen hätte. Dies Buch hat also viel mehr Lücken als Seiten. Das Leben besteht noch aus vielen Geschichten und Einzelheiten, die unter E oder L, M oder S zu finden wären. Es könnte theoretisch fünfundzwanzig weitere Bücher dieser Art geben, von B bis Z –

die der lesenden Menschheit, ich schwöre es, erspart bleiben werden.

Natürlich ist es bedauerlich, so viele für mich wichtige Menschen, Begegnungen, Entscheidungen, Horizonterweiterungen nicht würdigen zu können, nur weil sie nicht das A-Privileg haben. Auch für mich ist dieser Verzicht schmerzlich. Aber das muss sein – auch weil der Gedanke an Vollständigkeit grauenhaft unliterarisch ist.

Hier also der Zufallsgenerator des Anfangsbuchstabens A für eine «Selberlebensbeschreibung» (Jean Paul), die aus Hunderten von Fragmenten ein Mosaik zusammenfügt. Mit dem Mut zur Lücke oder vielmehr zu vielen Lücken wird versucht, den Ernst einer Autobiographie und die Fragen nach ihren Möglichkeiten und Unmöglichkeiten heiter zu unterlaufen. Selbstgefälligkeit, Icherei, Angeberei, Namedropping, Beschönigungen sind natürlich auch hier nicht zu vermeiden. Dafür bitte ich um Nahsicht und Nachsicht. Durchweg gilt die Parole: Nimm dich nicht so wichtig, Junge! – auch dann, wenn ich sie mal nicht zu befolgen scheine.

F. C. D., Mai 2022

Erinnerungen mit großem A

A
Blutgruppe A, Rhesus-positiv.

A4-PAPIER
Hunderttausend Blatt besten DIN-A4-Papiers, achtzig Gramm, weiß, die große Palette einer Papierfabrik stand 1987 eines Tages vor der Haustür. Ein Geschenk, das Honorar für ein paar Zeilen zum Thema Papier. Leonie Ossowski, die Schriftstellerin, mit der ich von 1986 bis 2003 im Kuratorium des Literaturhauses Berlin arbeitete, hatte mich gefragt, ob ich nicht einen kleinen Text für den Kalender einer Papierfabrik schreiben wolle, sie dürfe vier oder fünf Autoren aussuchen, das Honorar bestehe aus hunderttausend Blatt Papier. Viel zu viel, dachte ich, als ich die Palette sah. Das reicht fürs Leben, eine irritierende Vorstellung. Mit Mühe passten die zwanzig schweren Kartons mit je zehn Packen à fünfhundert Blatt in den Keller. Anfangs verschenkte ich einige Packen an Freunde und die nähere und weitere Familie, aber achtzig Prozent etwa verbrauchte ich selbst, vorwiegend als Druckerpapier. Es folgten die Jahre der drei Erzählungen «Die Birnen von Ribbeck», «Der Sonntag, an dem ich Weltmeister wurde» und «Der Spaziergang von Rostock nach Syrakus», in denen ich viel ausdruckte. Dann Umzüge, nach Rom zum Beispiel musste man kein Papier tragen. So waren erst 2018 die letzten Blätter dran. Selbst wenn ich jetzt zum Dank

den Namen der spendablen Firma hier nennen wollte, ich könnte es nicht, weil ich ihn tatsächlich vergessen habe, offenbar im lang anhaltenden Schlaraffenlandgefühl, einen unerschöpflichen Vorrat an Schreibpapier auf den Tisch fliegen lassen zu können.

AARE

Als schlechter Schwimmer bewundere ich meinen Freund aus Bern, den Dichter Jürgen Theobaldy, auch dafür, dass er, ein Jahr jünger als ich, noch heute sommers fast täglich in der wilden und seiner Ansicht nach gar nicht wilden Aare schwimmt. Oder sich treiben lässt mit der Strömung, er, der beim Schreiben stets jede Strömung mied. Mit keinem Freund korrespondierte ich so ausdauernd, so viel, so lange, so offen, auch mit offener gegenseitiger Kritik. Unser Briefwechsel über mittlerweile sechs Jahrzehnte könnte zwei Biographien ergänzen, fast ersetzen. Die Idee, irgendwann einmal die ganzen Briefe und Mails drucken zu lassen, finde ich keinesfalls abwegig. Man könnte dann auch meine Würdigung seines Schwimmens in der Aare besser verstehen. Gedruckt, in der SZ, 13. Oktober 2018, ist allein eine Postkarte Theobaldys aus London, in der er von seinen Gängen und Gesprächen mit Rolf Dieter Brinkmann berichtet – datiert an Brinkmanns Todestag, 23. April 1975. Kurz nachdem die Karte im Briefkasten war, wurde Brinkmann, vor Theos Augen, von einem Taxi totgefahren, wenige Tage vor Erscheinen von «Westwärts 1 & 2» und vier Jahre vor «Rom, Blicke».

Unser Austausch begann, als ich Theo 1974 von Rowohlt, wo er den viel beachteten Gedichtband «Blaue Flecken» veröffentlichte, zum Rotbuch Verlag abwarb, wo wir dann die Gedichte «Zweiter Klasse» und den Roman «Sonntags Kino» herausbrachten. 1978 zog ich in die Niederlande, und kurz vor meiner Rückkehr nach Berlin 1984 zog er in die Schweiz – beste Voraussetzungen für einen intensiven Briefwechsel.

Theobaldy hat «auch deshalb zu schreiben begonnen, weil er nie und nirgends im Mittelpunkt stehen wollte, schon gar nicht dort, wo ihn die Unzulänglichkeit, ja Vergeblichkeit des eigenen Schreibens, das immer auch ein Zustand ist, vielleicht mehr quälte als dieser Zustand selber». Bis heute lese und liebe ich seine Gedichte, die in immer kleineren Verlagen in immer kleineren Auflagen erscheinen. Zum Beispiel die Zeilen über die Aare: «Der Himmel ist undurchschaubar, / obwohl sein Blau meinem Blick nichts verwehrt. / Und der Fluss strömt fort und fort / in seinem unersinnbaren Grün. / Werden die Schleusen geöffnet, / wird die Aare wieder kalt sein wie im Mai, / als noch einmal Schmelzwasser von den Bergen kam. // Wenn wir lange genug still sind, / beginnen wir zu spüren, / dass die Stille unsere Gedanken wärmt.» (Der Kopf im Nacken)

AASGEIER

Als es in den USA um die Abschaffung der Sklaverei ging, im Bürgerkrieg, den die Nordstaaten mit viel Glück gewannen, kamen auf dem Schlachtfeld von Gettysburg, wo im Juli 1863 fünfzigtausend Soldaten starben, Aasgeier aus dem ganzen Land zusammen. Sie lieben diese Gegend bis heute. Ebenso wir Touristen im Jahr 2000. Wir – die amerikanischen Freunde und ich – bildeten uns ein, diese Geier zu verstehen. So viel unterscheidet uns nun auch nicht von ihnen.

ABBACCHIO AL FORNO

Da wird der Halbrömer zum Römer: Lammkeule auf Kartoffelbett, Rosmarin, basta, die römische Art.

ABBADO, CLAUDIO

In gehobener Gesellschaft dankt der Chefdirigent der Berliner Philharmoniker für eine Ehrung und preist Berlin: Es gebe keinen anderen Ort auf der Welt mit so viel Neuem, so viel Neugier, so viel Veränderung. Was sonst zur Werbephrase geronnen ist, sagt der Italiener mit solch einer Wärme und Klarheit, dass selbst ich Altberliner, gerade aus Rom gekommen, das weder auf Neues noch auf Veränderung aus ist und keine Neugier kennt, gerührt bin und mich, was selten geschieht, bestätigt fühle in meinem kleinen Lokalpatriotenstolz. Vielleicht wirken Abbados Worte auch deshalb so stark, weil der Dirigent die ganze sprachlose Autorität der großen Komponisten hinter sich weiß. Spricht Abbado, sprechen aus seiner Stimme auch Beethoven e tutti quanti.

ABBEY ROAD

Alle pilgerten (später) zur Londoner Abbey Road, in unserer Londoner Zeit in den Sechzigern trafen Freund Rainer Nitsche und ich Paul McCartney lieber im Regent's Park. Manchmal hätte ich gern den Angeber gespielt, der lässig behauptet: Im Bookshop unseres Freundes Hugo Kensho in High Hampstead, wo 1966 und 1967 außer uns auch die Beatles und die Rolling Stones verkehrten und sich mit Underground-Literatur eindeckten, da sahen wir uns natürlich öfter. Das wäre geschwindelt, obwohl es zwei-, dreimal fast zu einer solchen Begegnung gekommen wäre. Das einzige historische Treffen fand im Regent's Park statt und ist in der «Minute mit Paul McCartney» in sechsundsechzig Variationen überliefert.

ABDERITEN

In jungen Jahren diesen ziemlich alten Roman von Christoph Martin Wieland zu lesen, hat durchaus geholfen, mit Provinzialismus, Borniertheit, Schildbürgerei, Bürokratismus der besonderen deutschen Art und anderen politischen Narrheiten in Kleinstädten oder Hauptstädten souveräner und gelassener umzugehen. Und Humor zu trainieren. Hundert Seiten «Der Prozess um des Esels Schatten» – und man begreift etwas so Unbegreifliches wie die Tücken im Justizwesen deutlich besser.

ABEND

Pappeln im Kopfstand und Pferde wälzen sich
Eh die Sonne geht zeigt sie in den Weingläsern uns
Da springt die Stille aus dem Gras und bleibt still
Wenn weithin Lastwagen rauschen und Schiffe überholen
Motoren sich bäumen unter chromatischen Wolken

Das steinefressende Gras wird lichter und schwarz
In welche friedliche Ecke sind wir geraten wir
Und keine Spur von Verachtung zwischen uns
Auf diesem Fleck gemieteten Niemandslands nur leichter
Wind und keine Grausamkeit in der näheren Luft

(In Beek bij Nijmegen mit Blick auf die Polderlandschaft

geschriebenes Liebesgedicht von 1979, an dem heute vor allem die Wörter Verachtung und Grausamkeit irritieren.)

ABENDLAND

Aufgewachsen in einer Zeit, als Politiker ihr Publikum und sich selbst gern am Begriff vom christlichen Abendland wärmten, habe ich erst spät gelernt, was Gustav Seibt bündig formuliert hat: Das christliche Abendland ist ein Märchen, das christlich-jüdische auch, es gab von 500 bis etwa 1500 nur ein christlich-jüdisch-muslimisches Abendland, ein unendlich vielfältiges Zusammenwirken dieser Kulturen auf allen wissenschaftlichen und philosophischen Gebieten. Warum, so die naive Frage, spricht sich das nicht herum bis zu den Abendland-Schwätzern? Auch diese simple historische Tatsache nicht? Warum nennt heute niemand die angeblichen Verteidiger des «christlichen Abendlandes» in Dresden, im Bundestag und anderswo: Märchenerzähler? Oder weniger höflich: Abendlandleugner!

ABENDLIED, DEUTSCHES

Ich wüsste gern was sich da abspielt
Ich wüsste gern welche Befehle die Augen
an meinen unerforschten Magen weitergeben
wenn schon wieder Uniformen auftauchen
wenn vor oder hinter und neben uns diese Stimme anlegt:
Stehn bleiben! Ausweise bitte! Fahren Sie mal rechts ran!
Ich wüsste gern warum
dieser sonst so vernünftige Herzmuskel sich so nervös
 anstellt
wenn wir

die schnellen Hin- und Zurückreisenden mit wenig
  Gepäck
die verdächtig wenig zu verlieren haben
gestoppt werden an Grenzen und Kreuzungen Brücken
gestoppt unterm Sternbild der Fische
gestoppt am Übergang von einem Betonland ins andere
und in der Hitze festgehalten von verlassenen Zöllnern
gestoppt unter den Buchen an der Autobahn
gestoppt in kitschig grünen Gedanken
mitten in Landschaften die wir gerne durchfahren mit
  hundertvierzig gestoppt …

Gedichtanfang 1978, ein «Abendlied» zum «Deutschen Herbst» 1977 (▸ ARBEITGEBERPRÄSIDENT). Nach diesem damals viel gelesenen Gedicht dachte ich: Schön und gut, aber du machst es dir zu einfach, linke Betroffenheit ist ein ödes Thema, die RAF hat weit mehr Unheil angerichtet, jetzt musst du ganz anders reagieren. Nach acht Jahren Lektoratsarbeit im Wagenbach Verlag und im Rotbuch Verlag wollte ich mich an einen Roman wagen. Es wurde «Ein Held der inneren Sicherheit». Der «Mogadischu Fensterplatz» (▸ ANDREA) nach sich zog. Der «Himmelfahrt eines Staatsfeindes» (▸ AHAB) nach sich zog.

ABENDROT

Günter Kunert, der Dichter, Kalauerkönig und DDR-Verächter, wünschte sich, vor allem in seiner Ostberliner Zeit, aber auch später in Kaisborstel bei Itzehoe, Ansichtskarten mit Abendrot und Sonnenuntergängen aus aller Welt. Ich reiste nicht oft, Italien, Nordeuropa, mehrfach in die USA, je einmal bis Japan, Mexiko, Südafrika. Rund drei Dutzend

Karten mit dem immer ähnlichen Abendrot vor wechselnden Kulissen und der nach alter Weise tönenden roten Sonne sowie Anzüglichkeiten über das Wetter dürften von der Grenzpostzensur geprüft und in Kunerts Briefkästen in Berlin-Treptow und Berlin-Buch und später ungeprüft in Kaisborstel gelandet sein. Sechsundsechzig Jahre angenehme Bekanntschaft, die in Freundschaft überging.

ABER

Keine andere Konjunktion, schätze ich, taucht so oft in meinen Rohtexten und Manuskripten auf und wird so oft gestrichen in den folgenden Fassungen wie der Gegensatz- und Widerspruchsausdruck Aber. Aber es bleiben noch genügend übrig.

ABERGLAUBE

«Nicht minder schädlich ist der sozialdemokratische Automatismus an sich, als Aberglaube an eine Welt, die von selber gut wird.» Aus Ernst Blochs «Prinzip Hoffnung». 1967 notiert. Und ich weiß immer noch nicht, ob der Satz stimmt. Ist es wirklich ein Automatismus oder nicht doch ein Pragmatismus? Ist es wirklich ein Aberglaube, also ein Glaube? Oder nicht doch ein nüchterner menschlicher Tatendrang, die Welt, wo es möglich ist, Schritt für Schritt zu verbessern, oder Verbesserungen zu versuchen, und das nicht nur für sich selbst? Obwohl mir die fatale Gleichgültigkeit etlicher SPD-Leute gegenüber Dissidenten und erzdemokratischen Rebellen verhasst ist, bin ich wahrscheinlich doch zu sozialdemokratisch, um diese Fragen eindeutig zu beantworten. – Dazu der Gedanke von Daniel

Cohn-Bendit, 1994: «Den Rechten ist das Leid der Welt gleichgültig. Sie sind Egoisten. Den Linken ist dies Leid nicht gleichgültig.» Die Frage, ob auch die Linken Egoisten sind, ließ Cohn-Bendit offen. Ich würde hinzufügen: Die liberalen Linken, die meisten Sozialdemokraten eingeschlossen, sind in aller Regel die kleineren und weniger gemeingefährlichen Egoisten.

ABFALLTONNE

Der Tag der Befreiung 2022 (▸ ALLERLÄNGSTER MITTAGSSCHLAF) sei auch der Tag des Strohhutwechsels. Der alte aus Ecuador, Geschenk von Peter Groscurth, Montreux, kann in Ehren in der Abfalltonne landen. Der neue Borsalino, zur Hochzeit 2003 in Rom gekauft, also vor neunzehn Jahren, soll jetzt auf dem Kopf bis zur Zerschlissenheit das Gehirn ein wenig vor der Sonne schützen. Schiene viel Sonne aufs Grab, nähme ich ihn gern als Beigabe mit.

ABHOLEN

«Wenn sie mich abholen», sagte Stephan Hermlin im August 1968 in seinem VW Karmann-Ghia zu meinem Bruder Eberhard, «ich hab noch ein Gewehr zu Hause, davon werde ich Gebrauch machen.» Er meinte mit «sie» die Russen, die ihn 1945 befreit hatten.

ABHÖRTÜRME

Die Abhörtürme auf dem Berliner Teufelsberg, ich hatte sie vom Schreibtisch aus 1984 bis 1995 im Blick und habe oft in ihre Richtung gesprochen: Ihr hört die Sowjets ab, die DDR, okay, ihr hört auch mich ab, das ist nicht okay. Aber ich durchschaue euch! Seit 2005 geht der Blick wieder zu ihnen. Jetzt sind sie abgewrackt und zu traurigen Filmkulissen geworden, und ich verkneife mir Triumphgefühle. Die Geschichte hat zugeschlagen.

ABISH, CECILE UND WALTER

«Darling, it's Dilius!», hörte ich Cecile Abish in den Raum rufen, laut und fröhlich. Ich wartete am Telefon in New York, um mit Walter Abish und seiner Frau einen Besuch zu verabreden, beide hatten mich in Berlin ermuntert, bei der nächsten Reise in die USA bei ihnen aufzutauchen. Nun lauschte ich der Melodie dieser Silben hinterher, dem Wohlklang des ungewöhnlichen, nur beim Komponisten Frederick Delius gewohnten I am Anfang meines Namens, dem heiteren, rhythmischen Stabreim: Darling, it's Dilius! Fast alle Amerikaner und Briten sprachen meinen Nachnamen so aus, aber so fröhlich und melodisch wie von Ceciles starker Stimme hatte ich ihn noch nicht gehört. Der Ausruf genügte, mich willkommen zu fühlen nicht nur bei den Abishs, auch in New York im April 1992.

Mit Walter Abish, in Wien geborener Emigrant, der wegen seiner Bücher «Alphabetical Africa» und «How German Is It» als sprachwitziger, experimenteller Autor galt, hatte ich mich in Berlin, als er 1987 Gast des DAAD-Künstlerprogramms war, ein wenig angefreundet. Mit der schwarzen Klappe über dem linken Auge war er überall aufgefallen, der liebenswürdigste Pirat, der mir begegnet ist. Worüber wir dann einige Tage später sprachen, weiß ich nicht mehr. Vielleicht verdanke ich neben Georges Perecs «Leben» auch Abishs «Alphabetical Africa» die Anregung,

Autobiographisches in alphabetische Pseudoordnung zu bringen und damit der Falle der Vereinfachungen, Begradigungen und Beschönigungen zu entkommen. Er war radikaler: Das erste Kapitel in «Alphabetical Africa» enthält nur Wörter, die mit A beginnen, das zweite nimmt B-Wörter hinzu, das dritte C-Wörter und so weiter bis Z – und rückwärts, bis am Ende wieder ein Kapitel nur aus A-Wörtern steht. Wie auch immer, Ceciles drei Worte bleiben bis heute im Ohr: «Darling, it's Dilius!»

ABITUR

1963 an der ▸ALTEN LANDESSCHULE in Korbach. Im altsprachlichen Zweig waren wir nur zu elft in der Klasse und blamierten uns trotzdem mit schlechten Noten. Aber darauf kam es damals nicht an, der schlechte «Schnitt» zählte nicht, man konnte damit fast alles studieren. Griechisch mangelhaft, Latein ausreichend, Mathematik ausreichend, Physik ausreichend und so weiter, Sozialkunde befriedigend, in Religion hatte ich ein Gut erreicht und in Deutsch ein Sehr Gut. Ich wollte nur das Zeugnis und ab nach Berlin. Dann die üblichen, damals trotz Alkohol ziemlich braven Abiturfeiern, überraschend war, dass eine Mitschülerin aus der Parallelklasse, die ich nie beachtet hatte, mich mit Küssen überfiel und sich danach nie wieder blicken ließ. Sie wurde später eine der bekanntesten Galeristinnen in Düsseldorf. Sie hätte keine Chance gehabt, meine Liebe galt längst einer Gedichte und Briefe schreibenden Schülerin in Mülheim an der Ruhr. Die sogar zum Abiturball nach Korbach kommen durfte, in Begleitung ihrer Mutter. Eine andere Geschichte, so schön wie traurig, aber ohne großes A.

ABRAHAM-ISAAK

«Ich war Isaak», beginnt eine Passage in der Erzählung «Der Sonntag, an dem ich Weltmeister wurde», in der die Frage aufkommt, ob der eigene Vater auch eine Art Abraham ist, der beweisen muss, Gott mehr zu lieben als den Sohn, und bereit sein muss, diesen zu opfern. Eine Frage, viel zu unerhört und unaussprechlich für einen Elfjährigen, der sie zwar nicht wörtlich nimmt, aber als drohende Metapher mit sich schleppt. Eine Frage, die erst der Fünfzigjährige in einer Erzählung zur Sprache bringen kann. Und dank glücklicher Mithilfe israelischer Autoren als Sechzigjähriger vorläufig und als Siebenundsiebzigjähriger endgültig in «Die Jerusalemer Krawatte» beantwortet und bilanziert:

«Später, im Bett, blieb ich lange wach und versuchte zu erfassen, was da geschehen war: die Urszene der großen Religionen, die ebenso brutale wie fromme Legende, die hier ihren Ort der Handlung hatte, den archaischen Mythos oder, deutlicher gesagt, die dramatischste aller Vater-Sohn-Geschichten, die hier, ein paar Steinwürfe von meinem noblen Apartment entfernt, vor dreitausend Jahren entstanden sein soll und hier lokalisiert wurde –

Die Legende eines Mordes, der, in letzter Sekunde verhindert, gar nicht stattgefunden hat und gerade darum so wirkmächtig war, von Juden, Christen und Muslimen in den Mittelpunkt ihrer Theologien gestellt, mit allen möglichen Dogmen und Deutungen des Gehorsams befeuert, in endlosen theologischen Scharaden des Glaubens, Befehlens und Gehorchens durchgespielt und weitergegeben worden war, dreitausend Jahre lang –

Die durch so viele Köpfe, durch so viele Vorlesungssäle und Hallen, Synagogen, Kirchen, Moscheen, durch so viele heilige Schriften, Bücher und Breviere gewandert war bis in den Kopf meines Vaters, der sie an mich weitergegeben, in mich eingepflanzt hatte –

Diese zum Klischee erstarrte Geschichte, die ich nicht nur im Kopf hatte, die im Körper, im Blut kreiste, die durch mich, durch meine Phantasien, meine Hände und meinen Computer gegangen war und die ich auf meine naive Weise umgedeutet hatte –

Diese Geschichte, an der sich Maler bis hin zu Rembrandt und Caravaggio versucht hatten, diese Geschichte, die allen gehörte und von vielen vereinnahmt und ausgedeutet war, hatte ich auf meine Weise aufs Papier gebracht und zurückgetragen an den vermuteten Ort ihrer Entstehung und hier wirken lassen dank Chaims stimmstarker Hilfe –

Und die Menschen hier, ja, so pathetisch dachte ich, ausgerechnet die jüdischen Zuhörer, die rund um den Tempelberg lebten, denen Abraham und Isaak unendlich mehr bedeuten mussten als mir, ausgerechnet sie hatten sie mir abgenommen mit ihrem Beifall und hatten mir zu verstehen gegeben: die Gefahr ist vorbei, du brauchst keine Angst mehr vor deinem Vater zu haben, dein Bild von ihm stimmt nicht mehr, du musst ihn nicht mehr zum Bösen stilisieren, du bist gerettet, die Kindheit ist endgültig vorbei –»

ABRAHAM, PAUL

Roman, ungeschrieben: Beim schmissigen, wuchtigen, witzigen «Ball im Savoy» von Paul Abraham in der Komischen Oper bleiben in all dem Operettenspaß zwei Dinge im Kopf. Wenige Wochen nach der Uraufführung Ende Dezember 1932 im Großen Schauspielhaus in Berlin kamen die Nazi-Barbaren und machten sofort Schluss mit solchen Späßen, setzten die Operette ab und vertrieben auch Abraham. Sein Exil in den USA verläuft glücklos, 1946 steht er auf der Madison Avenue in New York und dirigiert den Verkehr, als wären Autos, Fußgänger sein Orchester. Die Polizei holt ihn ab, bringt ihn in eine Anstalt, in der er über Jahre weiter verkümmert. Der Roman müsste die Stunde oder halbe Stunde erfassen, die der Dirigent auf der Madison Avenue steht und die Autos dirigiert, Innenperspektive und Außenperspektive in schnellen Schnitten – bis die Polizei kommt.

ABRAMCZYK, LEO

Einer der sogenannten Stolpersteine vor unserem Haus erinnert an Leo Abramczyk, ermordet 1942 in Łódź. Bei der Recherche zu unserem einstigen Hausbewohner kommt heraus, dass es nach seiner Deportation eine längere Korrespondenz gab über knapp sechs Reichsmark, die Abramczyk der Gasag noch schuldete. Der Nachbar, der die Akten studierte, hat nicht nachgezählt, wie viel Porto die Gasag ausgab, um diese sechs Mark von den SS-Behörden in Berlin und Polen einzutreiben. Was am Ende nicht gelang.

ABREISSKALENDER

Agit-Prop, das war die klassische Abkürzung für marxistische Agitation und Propaganda für Künstler, die, mehr oder weniger im Auftrag, direkt und plakativ, also «verständlich» für die gute Sache oder gegen die Klassenfeinde dichteten, zeichneten, musizierten. Um 1968 wurde das nicht selten von mir erwartet, ich habe das fast immer abgelehnt. Oft mit dem herrlich selbstbewussten Satz von Walter Benjamin: «Ein Autor, der die Schriftsteller nichts lehrt, lehrt niemanden.»

Einmal jedoch war ich mit Eifer dabei, es war eine Idee, die 1967 entweder aus der studentischen Kampagne «Enteignet Springer» oder vom Künstler Arwed Gorella kam, der eine Axel-Springer-Popanz-Figur-Collage gefertigt hatte (▸ AXEL). Nun suchte man einen Texter dafür, ich fand mich bereit. Es wurde ein «Springer-Abreißkalender 1968». Auf einem Kartonblatt das Collagenbild, quer darüber zwölf Streifen perforiert zum späteren Abreißen, unten der markige Vierzeiler «Hier steht Springer, seht ihn an: / Kopf bis Fuß, ein ganzer Mann. / Steht sehr frech und sehr bequem, / Denn er steht auf dem System.» Auf einem zweiten Blatt dahinter war für jeden Monat ein Vierzeiler zu lesen. Bei jedem Monatsbeginn war ein Streifen abzutrennen, der einen neuen Doppelreim zum Lesen freigab, unten beginnend mit Januar und Februar, beispielsweise so: «In dem Monat Februar / Zittert unser Zeitungs-Zar, / Friern ihm beide Waden an, / Daß er nicht mehr stehen kann.» Oder August: «Schnallt ihm das Verdienstkreuz ab! / Atmen muß er, Luft wird knapp. / Welches BILD macht sich die WELT, / Wenn er ganz zusammenfällt?» – bis der Popanz am Ende des Jahres fast vollständig abgerissen und der Dezember zu lesen war: «Wenn das alte Jahr vorbei, / Ist der Springer sorgenfrei. / Fast enteignet, sehr geschockt, / Hat sich's selber eingebrockt.»

Der Kalender wurde zugunsten der Kampagne verkauft, fünfhundert oder tausend Stück, es war kein Renner. Meine Ironie, gegen den Sofortismus der Studentenbewegung die Fast-Enteignung erst für Dezember zu erhoffen, verpuffte völlig. 1968 kam allmählich die neue Ideologie spektakulärer Gewalt auf. Schon im Februar brachte der Filmstudent

Holger Meins, später RAF-Mitglied, mit einem fünf Minuten langen Bombenbastler-Filmchen die ganze Anti-Springer-Kampagne zu Fall, prominente Unterstützer sprangen ab, der Elan verpuffte. RAF rettet Springer, hätte «Bild» titeln können. Wer hat sich's da «selber eingebrockt»?

ABRISS

Nicht die Barbaren, die Römer waren die Ersten, die Rom abgerissen haben. Lange vor den fremden Völkern des Nordens, den Päpsten, den Erosionen der Jahrhunderte. Seit Cäsar wurden nach und nach alle Bauten aus republikanischer Zeit abgerissen. Die Ruinen und Reste, die wir heute sehen, vom Forum angefangen, stammen aus den Kaiser-Zeiten seit Augustus und seinen Nachfolgern, Prunk- und Protzbauten. Die bescheidenere Architektur der republikanischen Zeit, das bessere alte Rom findet man nur noch im Verborgenen, zum Beispiel auf der Tiberinsel, unter dem Krankenhaus mit dem schönen Namen Fatebenefratelli, im Keller die Fundamente eines Jupitertempels. Römer gegen Römer, ohne die innerrömischen Kämpfe bis heute versteht man Rom schlecht.

ABS, HERMANN JOSEF

Hermann Josef Abs, lange Chef der Deutschen Bank, 1966 Mitglied in dreiunddreißig Aufsichtsräten großer Firmen, fand im Jahr 1972, nur noch mit sechzehn Aufsichtsratsposten ausgestattet, die Zeit, gegen mich zu klagen – und er hatte nicht unrecht damit. In der satirischen Festschrift «Unsere Siemens-Welt» hatte ich im Kapitel «Unsere Führungskräfte» auch die Verdienste des Siemens-Aufsichtsrats Abs auf einer Seite gewürdigt. Wichtige Quelle war das Buch «Der Bankier und die Macht» von Eberhard Czichon, der Abs' Rolle in der Nazizeit ausführlich recherchiert und dargestellt, in mehreren Punkten aber schlampig gearbeitet oder falsche Schlüsse gezogen hatte. Gegen solche falschen Tatsachenbehauptungen hatten Abs und die Deutsche Bank kurz vor dem Erscheinen meines Buches erfolgreich geklagt. Als Siemens und Abs im Herbst 1972 eine einstweilige Verfügung gegen «Unsere Siemens-Welt» beantragten, haben wir zwei kurze Zitate über Abs, die ich von Czichon übernommen hatte und die sich als nicht korrekt erwiesen hatten, geschwärzt beziehungsweise umformuliert. Damit war der juristischen Wahrheit Ehre getan. Nun waren wir Abs und die Bank los. Der fünfjährige Kampf des Siemens-Konzerns gegen Buch, Verlag und Autor war aufreibend genug, aber das ist eine andere Geschichte. Weil Czichon so schlecht gearbeitet und seinen Prozess schmählich verloren hatte, blieb der Großteil der nicht beanstandeten Fakten über die enge Kooperation von Abs und seiner Bank mit den Nationalsozialisten und ihrer Wirtschaftspolitik viel zu lange unbeachtet, ja tabuisiert, bis heute hat sich da wenig gebessert.

Anfang 1977 hatte ich in der «Frankfurter Rundschau» die Gelegenheit zur Revanche mit der Rezension eines Buches von Abs, «Lebensfragen der Wirtschaft». Doch ich ironisierte ihn lieber: «Alle lieben Abs. Unternehmer und Manager (...), Politiker (...), drei Generationen von Bankkaufleuten (...). Und auch die Linke liebt ihren Abs: als Inkarnation des bundesdeutschen Kapitalismus und lebendes Beispiel für die Tradition einer Wirtschaftsform, in der ein Hermann J. Abs die Wirtschaftspolitik Hitlers als auch Adenauers maßgeblich beeinflussen konnte – und das nicht nur als König der Aufsichtsräte.» Dann beschrieb ich die Komik, die lustigen Widersprüche zwischen Sonntagssprache und Alltagspraxis des Managerfürsten Abs. Es war eine kleine, vielleicht zu milde Revanche an einem Mann, der verhindern wollte, dass die «Siemens-Welt» auf den Markt kommt. Und den, nicht zu vergessen, die Amerikaner einst als Kriegsverbrecher anklagen wollten.

ABSACKER MIT BUNDESPRÄSIDENT

Einladungen zum sogenannten «Absacker» (schon dies grauenvolle Wort!) nach einem angenehmen Abend schlage ich meistens aus, aber nach einem lockeren, persönlichen Essen mit Johannes und Christina Rau 2004 in einer römischen Trattoria sagten wir nicht Nein. In der Bar des Hotel de Russie wird der Präsident politisch und erregt sich über die deutsche Industrie, den BDI, der in seinem Jahresbericht alles in Deutschland schlechtmacht, Regierung, Verwaltung, Gewerkschaften, die sonstigen Verhältnisse. Im englischen Bericht dagegen, für Investoren geschrieben, werde Deutschland in höchsten Tönen gepriesen, Regierung, Verwaltung, Gewerkschaften, die sonstigen Verhältnisse. Auch «Newsweek» habe gerade wieder verglichen: Nach Produktivität, Steuern, Kosten, Lebensqualität liege Deutschland an zweiter Stelle, nach den USA. Er habe das ans Bundespresseamt weitergegeben mit der Bitte: Macht was draus. Drei Monate habe man nichts getan, dann eine schlappe Erklärung abgelassen. Die Beamten! Rau erzählt immer neue Beispiele für die Absurditäten der deutschen Beamtenwelt. Lange reden wir Deutschen in einer italienischen Luxusbar von der Neigung der Deutschen, sich selbst und ihr Land ständig schlechtzureden.

ABSAGE 1

In acht Jahren als Lektor für Literatur (drei bei Klaus Wagenbach, fünf im Rotbuch Verlag) kamen an jedem Posttag circa drei neue Manuskripte auf den Tisch. Leicht ist auszurechnen, wie viele Absagen und Ablehnungen nötig waren, um nicht unter den Stapeln von Gedichten, Erzählungen und Romanen zu ersticken, meist reichte ein getippter Kurzbrief, mit fertigen Formulierungen. Die wenigen besseren, aber doch nicht oder noch nicht drucktauglichen Texte erforderten längere Lektüren, Überlegungen, Briefe. Die sehr seltenen guten oft schwierige Diskussionen. Ein brutales Geschäft und nicht immer gerecht. Es wäre nicht auszuhalten gewesen, wenn man nicht die meiste Zeit mit den wenigen rundum überzeugenden und dann Stammautoren des Verlags hätte konstruktiv arbeiten können.

Lange Zeit habe ich gefürchtet, dass irgendwann mal jemand mit einem Absagebrief von mir wedelt und mich anklagt: Diese geniale Autorin, diesen tollen Autor, die spätere Büchnerpreisträgerin X hast du übersehen! Bislang hat man mich verschont. Auf der anderen Seite gab es auch vielversprechende, ungewöhnliche Literaten wie den sehr jungen Jörg Fauser, den ich zu uns einlud, dem wir zu links schienen und der uns eine Absage erteilte.

ABSAGE 2

Im Frühjahr 1983, am Anfang der Schreibphase des Romans ▸ADENAUERPLATZ, wurde ich zum Ingeborg-Bachmann-Wettbewerb nach Klagenfurt eingeladen. Ich hatte noch keinen vorzeigbaren Text, es war ein schlechter Zeitpunkt. Ich sagte zu, trotz starker Bedenken gegen die Regeln dieser Show – und kurz vor Beginn wieder ab.

Warum solltest du, fragte sich der abgebrühte Autor, nicht auch unter diesen Vorzeichen versuchen, Geld und Ehre einzuheimsen? So besah ich die Kapitel des Romans, an dem ich seit einiger Zeit arbeitete, und prüfte, was für eine Kurzlesung vor Publikum und Schnellrichtern tauglich wäre. Plötzlich ertappte ich mich bei dem Gedanken: Dies Kapitel ist zwar gut, jenes aber dürfte der Jury besser gefallen, einigen Kritikern wird eher diese Passage zusagen, anderen die andere. Es herrschten in Klagenfurt damals die einstigen Kritikerfürsten der Gruppe 47: Walter Jens, Joachim Kaiser, Marcel Reich-Ranicki und andere. Da hatten sie mich so weit! Da spekulierte ich bereits beim Schreib- und Denkprozess mit Beifall und Einwänden! Die Arbeit an den unfertigen Stellen war mir verdorben. Der Gedanke an Klagenfurt wurde immer unappetitlicher. Und weitergedacht: Da nur ein Dutzend Seiten beurteilt werden und nicht ein ganzes Buch, müsstest du zum Opportunisten gegenüber deinem Produkt werden. Da du, wie alle, nicht nach Klagenfurt fahren würdest, um literarische Kritik zu hören, sondern um den eigenen Marktwert testen zu lassen, würdest du am Ende zum Spekulanten deiner selbst. So ist diese Veranstaltung, so gut sie gemeint sein mag, auch ein Angriff auf das Kapital, über das Schriftsteller verfügen, die Unbestechlichkeit. Folglich: Absage.

ABSCHIED VON WILLY

«Brandt, es ist aus. Wir machen nicht mehr mit …», so beginnt das Gedicht «Abschied von Willy», im Dezember 1966 zuerst in der «Zeit» publiziert. Die Enttäuschung über den hochgeschätzten, verehrten Brandt und seine SPD, die gerade eine Große Koalition mit der CDU unter dem Ex-

Nazi Kiesinger verabredet hatte, war bei mir und einigen anderen Jungautoren besonders groß, weil wir im Wahlkampf 1965 im «Wahlkontor deutscher Schriftsteller» mit Worten und Argumenten eifrig für Willy Brandt, Gustav Heinemann, Karl Schiller, Helmut Schmidt geworben und gegen die CDU polemisiert hatten. Ich war gerade für ein Jahr in das vergleichsweise idyllische London gezogen (▸ ABBEY ROAD, ▸ ARROGANZ), konnte, als die Große Koalition beschlossen wurde, darüber nur mit Freund Rainer sprechen. Telefonieren war sehr teuer, so fiel mir als Antwort diese Art Rilke-Parodie ein, die teilweise etwas großmäulig geraten ist:

Wer jetzt nicht zweifelt, zweifelt niemals mehr.
Was jetzt versaut ist, wird es lange bleiben.
Von Feigheit, Dummheit lässt sich nichts mehr schreiben.
Kein Witz kommt auf. Verzweiflung nur und Spott, die
treiben
Uns zurück, wohin ich gar nicht will,
Verflixt noch mal, ich stecke im Idyll.

ABSCHLUSSBALL

Nach einer Lesung in Reutlingen, 2016, trat eine ältere Dame mit Stock näher, ließ sich «Die Liebesgeschichtenerzählerin» signieren und zeigte mir eine blaue Doppelkarte vom Tanzstunden-Abschlussball der Tanzschule Müller in Korbach vom 10. Januar 1960. Tänze und Tanzpartner waren handschriftlich auf der Karte verzeichnet. Ihr Name kam mir unbekannt vor. Aber daneben stand meiner, also der Beweis: Wir hatten zusammen Rumba getanzt. Dann fiel es mir ein, ich war sogar ihr Tischherr gewesen, widerwillig, da meine Wunschpartnerinnen schon vergeben waren. Auf die Rückseite der Karte hatten etliche aus dem Tanzjahrgang ihre Unterschrift gesetzt, die anderen Namen waren mir geläufig. Meine Unterschrift auffällig angeberisch schwungvoll langgezogen, vielleicht meine erste Signatur. Die Dame lächelte, steckte die Karte wieder ein, wollte offenbar nicht über alte Zeiten plaudern, nahm ihr Buch und hinkte davon. Ein schlechter Tänzer war ich nicht, erst recht nicht beim Rock 'n' Roll. Aber nur mit den Mädchen, denen ich imponieren wollte.

ABSCHREIBEN

Vor das Schreiben haben die Götter das Abschreiben gesetzt, wahrscheinlich habe ich auch deshalb mit Dokumentarliteratur begonnen: Man darf, man muss einiges abschreiben. Aber noch vorher, als Schüler, gab es starke Aneignungswünsche. Anders kann ich mir nicht erklären, wie der Satz entstand «Die Krise muss als Chance aufgefasst werden», den ich mit anderen kleinen dummen Schlauheiten 1961 in unserer Schülerzeitung als Aphorismen unter meinem Namen veröffentlichte. Auf diesen Satz kann ich nicht alleine gekommen sein. Irgendwo so ähnlich aufgeschnappt? Vielleicht aus ▸ ALBERT Camus' «Mythos von Sisyphos» geholt, variiert oder zusammengebastelt? Für den Achtzehnjährigen lieferte der Satz immerhin tröstliche Aussichten. Sechzig Jahre später hört man die Formel Krise = Chance hundertmal täglich, sie ist zum schäbigen Gemeinplatz, zur Phrase geworden, nur von Flachköpfen noch als neue weise Erkenntnis angeboten. Die Menschheit müsste wieder anfangen, Camus zu lesen. Oder wenigstens bei ihm abschreiben.

ABSEITS

RB Leipzig – Union Berlin 2:1

Sehe kaum noch Fußballspiele. Dies war ein großes Pokalspiel. Die nichtsächsischen Sachsen gewinnen knapp dank einer äußerst umstrittenen Elfmeterentscheidung und einer ebenso zweifelhaften Freistoßentscheidung gegen die nichtberlinischen Berliner. Das schöne, offensive Spiel beider Mannschaften lässt sogar mich das Ergebnis vergessen.

ABSTAND

Schlüsselwort der Zeiten der Coronapandemie 2020ff. und Schlüsselwort des Gedichts «Selbstporträt mit Luftbrücke» von 1993, in dem es heißt:

Zu neunundneunzig Prozent ein Schimpanse
streif ich durchs Gelände des restlichen Prozents,
durchs Gehölz der Gene vorwärts wohin und
immer den Schritt weiter, der dann zu weit geht:
Abstand!

ABT

In Colorado, USA, lebt auf einem Berg in einem buddhistischen Kloster ein deutscher Abt, erzählt mir 2019 die Autorin L., der nur oder am liebsten Delius-Bücher liest. Sie kenne ihn seit dem Studium, er sei damals buddhistischer Mönch geworden, dann in die USA gegangen, sie habe regelmäßig Kontakt. Ich kann das nicht recht glauben und sage: «Aber Ihre Bücher liest er doch sicher auch.» «Ja, aber bei Ihren fiebert er.» Ein Abt, der auf Bergeshöhen in

Colorado beim Lesen fiebert – wenn es ihn gibt, dann sei er auf diesem Wege herzlich gegrüßt!

ACCADEMIA DI SANTA CECILIA

Fleißig wurde geübt in der römischen Musikhochschule, im Conservatorio von Santa Cecilia, ständig hörte man Gesang, Hörner, Posaunen, Klarinetten, Violinen, Celli, die Töne und Melodien aus der Nachbarschaft begleiteten die drei Monate in der Via Vittoria 2001 und die zwei Monate 2002. Ich arbeitete in der Wohnung der Übersetzerin Iris Schnebel-Kaschnitz und des Komponisten Dieter Schnebel vormittags an «Mein Jahr als Mörder» (▸ ANNELIESE) und nachmittags am Libretto der Oper «Prospero» von Luca Lombardi (▸ ARIEL). Drei oder vier Jahre zuvor hatte ich auf die Frage einer Zeitung, welchen meiner Wünsche ich gerne noch erfüllt sähe, geantwortet: «Verliebt in einer Hütte am Waldrand an einem Opernlibretto arbeiten.» Bald danach hatte völlig unverhofft Lombardi die Arbeit am Libretto angeboten, dann hatte ich mich verliebt, und aus der Hütte war für kurze Zeit eine Wohnung mit großer Terrasse über Rom geworden, dazu die Waldlandschaft der Dächer. Als Zugabe die vielstimmigen, unberechenbaren Klänge aus den Räumen der Heiligen, der Göttin der Musik.

ACCADEMIA TEDESCA VILLA MASSIMO

Ohne Heinrich Böll und Fritz J. Raddatz wäre mein Leben anders verlaufen. Die beiden sollen 1970 in der Jury für die Villa-Massimo-Stipendiaten Hermann Peter Piwitt und mich durchgesetzt haben, wie ich Jahrzehnte später hörte. Ich war gerade Lektor mit halber Stelle bei Klaus Wagenbach geworden und völlig überrascht von diesem Angebot, das meine Pläne durchkreuzte – damals bewarb man sich noch nicht. Es war eine hohe Auszeichnung, erst recht für einen Passrömer: ein Jahr in einem Atelier in meiner Geburtsstadt plus tausend Mark im Monat. Von Oktober 1971 bis August 1972 ließ ich mich von Wagenbach beurlauben. Aber ohne ein Projekt wollte ich in Rom nicht herumhängen und entwickelte die Idee einer satirischen Festschrift für einen Konzern. Es wurde Siemens – und viel mehr Arbeit, als mir lieb war. Ein Buch, das Folgen hatte (▸ ABS, ▸ AUSCHWITZ) und das ich als Halbtagslektor unmöglich hätte schreiben können, jedenfalls nicht pünktlich zum hundertfünfundzwanzigjährigen Gründungsjubiläum im Oktober 1972. Schließlich hätten ohne den zehnmonatigen Aufenthalt in Rom auch meine Italienneugier und Italienliebe nicht ein so festes Fundament gefunden. Immer wieder kehrte ich als Besucher nach Rom und hin und wieder auf die Massimo-Insel (▸ ARNHOLD) zurück.

Darum bekam auch die Villa Massimo für eine Festschrift, 2009, eine Seite über den Kies auf den Wegen: Was wäre die Villa Massimo ohne ihre Wege, die Wege ohne den Kies, der Kies ohne seine Helligkeit, was wäre der Kies, wenn er stumm wäre? Ein Mensch auf den Wegen der Villa genügt, schon fängt der Kies zu sprechen an. Jeder Bewohner, Besucher oder Beschäftigte, der vor die Tür geht und ein Stück läuft, teilt, ob er will oder nicht, den Nachbarn mit: Hallo, hier komme ich! Hört ihr, wie die Kiesel unter meinen Schritten jubeln? So sorgt der Kies für zwei Gemeinschaften, die sich ständig neu zusammensetzen, die geräuschverursachenden Kieswegbenutzer und die neugierigen Deuter dieser Geräusche.

Denn die Kieselsteine sind Verräter, ja, auf diskrete Weise geschwätzig: Wer kommt, wer geht, allein oder zu zweit oder zu dritt, mit einem Fahrzeug oder zu Fuß, mit welchem Schuhwerk, mit Kindern, mit behutsamen oder raschen Schritten, das verraten die kleinen Steine und machen Meldung. Wie sie aneinandergerieben werden, wie sie knirschen, wie sie von Schuhsohlen oder Autoreifen traktiert und verschoben werden, so sprechen sie mit im allgemeinen, im unaufhörlichen Gewisper der Künstler, der Verwalter, der Gäste: Habt ihr schon gehört? Wer kommt da? Allein? Oder mit wem?

Der Wind in den Bäumen macht Pausen, der Verkehrslärm ebbt ab in der Nacht, nur auf den Kies kann man sich immer verlassen. Seine Sprache antwortet unseren Bewegungen, rund um die Uhr.

ACHIM 1–3

Achim Blüher, Villa-Massimo-Direktor, wie er seine Mortadella in der Rosetta (italienisches Brötchen mit viel Hohlraum) oder den Geschmack der Fleischfarce der Olive ascolane preist, den Anisetta, den Anislikör des Caffè Meletti in Ascoli Piceno, und so fort.

Achim Sartorius, Dichter, wie er 1992 die heruntergekommenen Strandvillen von Heiligendamm mustert, die Péter Nádas im «Buch der Erinnerung» beschrieben hat, und wie er am Rande des Sommerfestes einer besseren Gesellschaft, die heitere Schar der Gäste betrachtend, leise zu mir sagt: «Eigentlich bin ich ja doch ein Misanthrop.»

Achim, wie er in der Stimme Uwe Johnsons klingt, der die Geschichte seines Rennfahrers Achim mit melodischem Bass in einem kalten Saal in Bad Wildungen vorliest, 1962.

Zwei Freunde und ich waren eine Stunde lang von Korbach zu diesem Leseabend gepilgert. Johnson ist achtundzwanzig. Ich bin neunzehn und schwer beeindruckt: Das ist große Literatur. «Das dritte Buch über Achim», gerade erschienen, ist mir zu teuer, ich kaufe das Taschenbuch «Mutmassungen über Jakob» und lasse mir zum ersten Mal ein Buch signieren.

ACHSELN

«Die jetzigen Schriftsteller zucken die Achseln am meisten über die, auf deren Achseln sie stehen; und erheben die am meisten, die an ihnen hinaufkriechen.» (Jean Paul, 1808 – Des Feldpredigers Schmelzle Reise nach Flätz)

ACHTERNBUSCH, HERBERT

Manchmal wäre ich schon gern anarchistischer gewesen, so wie der Dichter und Filmer Herbert Achternbusch beispielsweise. Das denkt der Vorsichtige, Ängstliche, Brave, wenn die Zeit dafür vorbei ist, in naiver Selbstgefälligkeit und Selbstüberschätzung und sicher, solche Risiken nicht mehr eingehen zu müssen.

ACHTUNDSECHZIG

Ein Rückblick von Achtundneunzig:

Von 1968 habe ich, offen gesagt, die Schnauze voll. Nicht von den alten Erfahrungen, die auch meine Studentenjahre gewürzt haben und nun ein halbes Leben zurückliegen. Was das Thema Achtundsechzig so degoutant macht, ist seine mediale Zubereitung Jahrzehnte später. Bei fast allem, was man dazu lesen, sehen, hören kann, stellt sich alsbald ein Gefühl des Widerspruchs ein, das vereinfacht in drei Wörtern ausgedrückt werden könnte: Nicht schon wieder! Oder: Alles war anders!

Die Bilder, Berichte und Dokumente aus alten Zeiten lügen nicht, aber sie lügen doch. Sie zeigen die Leute aus den ersten Reihen, die wildesten Gesichter, die nacktesten Kommunarden, die plakativsten Plakate, die unordentlichsten Wohnungen, die rotesten Fahnen, die spektakulärsten Aktionen. Zitiert werden die kämpferischsten Reden, das auffälligste Polit-Kauderwelsch, die euphorischen – und nicht die skeptischen Stimmen.

Zu diesem schlechten, aber mediengerechten Brauch gehört es, dass bei entsprechenden Jubiläumsfeierlichkeiten in unziemlich privilegierter Weise meistens solche Veteranen zu Wort kommen, die schon 1968 Wortführer waren. Zeitzeugen, die sich im Kreise drehen und vor unseren Augen fossilieren, selbst wenn sie selbstkritisch Richtiges, Nachdenkenswertes sagen. Von der Jugend bis zur Bahre vermitteln sie das gleiche Bild: Wir haben den Durchblick.

Keine politische Bewegung ist so auf ihre eigenen Mythen und Klischees hereingefallen wie die Achtundsechziger. Die meisten dieser Klischees sind sogar nicht einmal falsch. Trotzdem sage ich: Alles war anders, nämlich viel widersprüchlicher, mehrdeutiger, spielerischer. Falls also zu Achtundsechzig noch irgendetwas Erhellendes zu sagen ist, dann wäre es vielleicht dies: von der Suche zu sprechen, der Suche auch nach der eigenen Nützlichkeit und dem Gebrauchswert eigenen Tuns, von der Ambivalenz und der Mehrschichtigkeit, die das hektische Leben wie das übereifrige Lernen bestimmten. Was heute uniform erscheint, war einmal Pluralität. Die Achtundsechziger-Bewegungen, ich bestehe auf dem Plural, sind in sich sehr widersprüchlich gewesen, viel widersprüchlicher, als es selbst die besten Fotos von Michael Ruetz zeigen. Zu jeder These gab es eine Gegenthese. Synthesen waren verpönt, sie hätten schließlich die Ernsthaftigkeit unterminiert und wären versöhnlerisch gewesen. Der Humor der frühen Studentenbewegung hatte immer weniger Chancen. Jeder Ideologisierung folgte ein Gegenprogramm, das sich bald wieder ideologisch verengte und dann von einer neuen Gegenidee angegriffen wurde, die ihrerseits erstarrte, und so weiter. Der Wettlauf auf den getippten, hektographierten oder gedruckten Papieren um das möglichst revolutionärste, möglichst allgemeingültige Ideengut musste so ganz logisch entweder implodieren oder zum Stillstand kommen. Das sollten heutige Forscher, Betrachter, Achtundsechziger-Hasser und Achtundsechziger-Nostalgiker beachten: Wer immer sich Details, Bilder, Sätze, Thesen aus den Strömungen dieser großen Zirkulation herausfischt und die Gegenbilder, Gegensätze, Gegenthesen weglässt, wandelt auf dem bequemen Pfad der Legendenbildung.

Schon beim Begriff «Achtundsechzig» oder «Achtundsechziger» verengt sich alles zur Schablone. Ich sträube mich nach Kräften, als Achtundsechziger beschimpft oder gefeiert zu werden. Wenn einem schon ein Jahrgangsetikett angepappt wird, dann ziehe ich den Sechsundsechziger vor: die Phase des Aufbruchs, des Kulturbruchs, der Horizonterweiterungen (▸ AMERIKAHAUS). Als nach dem Anschlag auf Rudi Dutschke im April 1968 allenthalben Revolution und Parteilichkeit und dann auch Gewaltbejahung gefordert wurden, als nur noch Superlative, Maximalforderungen, Ideologie und Dogmatismus die Rhetorik prägten, Gewalt – wie die «Schlacht» am Tegeler Weg – bejubelt wurde, also Ende 1968, war «Achtundsechzig», war die Studentenbewegung (für mich) vorbei.

ACHTZIG

Achtzig Jahre, dazu sollen andere was sagen.

ÄCKER

«Die Äcker von Ribbeck», dies Buch wurde nicht geschrieben, und ich weiß immer noch nicht, ob das ein Fehler war oder nicht. An eine Fortsetzung der «Birnen von Ribbeck» zu denken, lag nahe, nicht so sehr, um von diesem Bestseller zu profitieren, sondern weil auch nach dem Erscheinen des Buches vieles, fast alles im Dorf sich veränderte, die Zeit der Wende sich dramatisch weiterentwickelte und die Leute zwischen ganz neuen, anderen Ängsten und Hoffnungen schwankten als Anfang 1990. In den frühen neunziger Jahren fuhr ich oft in «mein» Dorf und konnte von Besuch zu Besuch die Veränderungen sehen, vieles wurde besser, vieles enttäuschend für die Leute, fast alle arbeitslos, alleingelassen mit Fernsehschüsseln voll Action, Horror, Porno. Für die Touristen gab es die ersten Versuche, die Birnen und Fontane zu vermarkten. Gravierender waren die endlosen bürokratischen Wirren, bis die LPG (Landwirtschaftliche Produktionsgenossenschaft), der die Maschinen vom Feld geklaut wurden, als Genossenschaft ins Handelsregister eingetragen und damit geschäftsfähig und infolge solcher Verzögerungen geschäftsunfähig wurde. EU-subventionierte Großlandwirte, die nur ein oder zwei Arbeitskräfte brauchten, kauften oder pachteten Wiesen, Äcker und Wälder der ganzen Gegend. Am Rande bekam ich mit, wie der Enkel des letzten Herrn Ribbeck recht ungeschickt und mit viel zu großspurigen Projekten die meisten Leute irritierte und gegen sich aufbrachte, wie er auf dem Gelände des ehemaligen Pferdestalls, das er erwerben konnte, ein Haus baute und wie seine Versuche vor Gericht scheiterten, den ganzen Besitz zurückzuerhalten. Ein Vergleich 1999 führte immerhin zu einer Teilrückgabe und einer Entschädigung. Die Belebung des Dorfes und das Birnen-Marketing, dank der Wiedereröffnung der Brennerei, gingen in sehr kleinen Schritten voran.

Eine Weile sammelte ich Material über diese Prozesse, die Situation der Landwirtschaft im Havelland und die sprießenden Hoffnungen auf neue Birnen und spielte mit der Idee, «Die Äcker von Ribbeck» zu schreiben. Aber Fortsetzungen von Erfolgsbüchern sind suspekt, außerdem war klar, dass das Leitmotiv Fontane-Birnbaum-Birnen nicht zu übertreffen war. Deshalb lieber keine als eine mittelprächtige Fortsetzung.

ADA 1

Ada Lovelace (1815–1852), im späten 20. Jahrhundert entdeckt und gefeiert als erste Programmiererin, war Mathematikerin und arbeitete für Charles Babbage, der einen Computer-Vorläufer baute, der nie funktionierte. Lovelace, nebenbei Tochter von Lord Byron, hatte die Idee, das binäre Zahlensystem von Leibniz mit Null und Eins zu verwenden. Eine Lösung, auf die knapp hundert Jahre später erst wieder Konrad Zuse kam (▸ AUDIMAX). Auch deshalb machte ich im Roman «Die Frau, für die ich den Computer erfand» Ada Lovelace zur fernen Geliebten und Anregerin Zuses (1910–1995). Und zur Patin seiner Rechner, so wurden aus Z 1, Z 2, Z 3 (der erste Computer der Welt!) im Roman A 1, A 2, A 3 und so weiter. Die Gesetze der Fiktion sind selten so simpel wie hier: Der Weg von Z zu A ist kürzer als der Weg von A zu Z.

ADA 2

Villa Ada in Rom. Im ehemaligen Park der italienischen Könige an der Via Salaria im Norden der Stadt, rund zwölf Minuten von unserer römischen Wohnung entfernt, fand ich meine bevorzugten Laufwege morgens vor der Arbeit. Anfangs noch joggend, später im zügigen Gehen, hielt ich mich hier eine Dreiviertelstunde in Bewegung. Am Eingang hätte man nach links in einen erstaunlich wilden Stadtwald gehen können, mir genügte ein Blick durch Bäume und Büsche zum einstigen Königssitz, hier wurde der überraschte Mussolini 1943 vom König entmachtet und gefangen genommen (oft der Gedanke: auch dieser König eine Pflaume, aber er hatte noch einen Rest von Anstand, kurz vor dem Ende Mussolini fallen zu lassen, Kaiser Wilhelm oder seine Prinzen hätten Hitler wohl nie abgesetzt). Also nach rechts über breitere hügelige Wege oder anmutige Wiesen, unter denen die weitläufigen Katakomben von Priscilla lagen, vorbei an Pinien und Zypressen und kleinen Spielplätzen, dann auf die höheren Wege parallel zur Via Salaria. Zwar sah man hier die eher unschönen Häuser und Halbhochhäuser der nördlichen Viertel, aber kurz vor dem Wendepunkt öffnete sich der Blick in die Weite des Tibertals, des Anienetals und auf die nahen Sabiner Berge. Dort oft der Klischeegedanke: Der «Raub» der Sabinerinnen – auf die

Massenvergewaltigung zwecks Erhalt des Stammes waren die alten Römer besonders stolz.

Auf dem Rückweg den ersten Espresso mit Cornetto, dann die tägliche Zeitung am Kiosk gekauft mit den neusten Nachrichten vom Räuber Silvio Berlusconi. Der nicht nur Frauen raubte, sondern sehr viel, zu viel von Italiens demokratischer Substanz, Kultur, Ordnung.

ADAM

Adam Krzemiński, Journalist, einer der vielen wunderbaren, intelligenten und zugewandten Menschen aus Polen, die wir seit 1989 kennengelernt haben. Mit diesem hellen Geist 1999 in Warschau zu diskutieren, da machten sogar politische Debatten über langweilige Themen Spaß. Beim Gespräch über Europa trinken wir das Wasser «Bonaqa» aus dem Haus Coca-Cola, und am Schluss zu meinen politischen Hoffnungen befragt, sage ich: Es wäre doch schon ein Fortschritt, wenn wir beim nächsten Gespräch Mineralwasser aus Polen trinken und nicht mehr dies schlecht schmeckende Billiggetränk, das Coca-Cola in den Markt drückt. Er stimmte zu, und drei Jahre später gab es polnisches Mineralwasser. Ich traue ihm zu, an diesem Fortschritt beteiligt gewesen zu sein.

ADAM UND EVA 1

Am Anfang war «Adam, Eva und die Schlange. Die Theologie der Sünde» von Elaine Pagels. Dieser Titel fiel mir auf, als ich zu Beginn der neunziger Jahre «Der Sonntag, an dem ich Weltmeister wurde» vorbereitete, ein erster Versuch autobiographischen Schreibens. Meine Kindheit in einem evangelischen Pfarrhaus sollte ausgeleuchtet werden, der Einfluss der Bibelsätze, Gebete, Choräle auf die Seele eines Elfjährigen und die subtile Herrschaft des wortmächtigen und gotteswortmächtigen Vaters über seinen stotternden und schweigenden ältesten Sohn, der vorübergehend in der Fußballanbetung sein Glück fand.

Adam, Eva und die Folgen waren für die entstehende Erzählung jedoch nicht sehr ergiebig, die «Theologie der Sünde» passte nicht zum vorpubertären Alter der Ich-Figur. Trotzdem las ich, was die amerikanische Religionswissenschaftlerin hier ausbreitete, mit großer Spannung, das Buch wurde für den damals etwa fünfzigjährigen Autor zu einem Schlüsselerlebnis. Theologisches hatte mich schon lange nicht mehr interessiert, ich war, als Jugendlicher noch mit halbschlechtem Gewissen, als Erwachsener mit zunehmendem Selbstbewusstsein, das geworden, was man ungläubig nennt. Den Unglauben nicht als Makel betrachtend, sondern als Gewinn an Freiheit, Heiterkeit und Dankbarkeit. Gewinn auch an Respekt vor christlichen Traditionen und Werten, an Nachsicht gegenüber denen, die Religion für ihren inneren Frieden brauchen, und an verschärfter Kritik gegenüber jeglichem Dogmatismus.

Bei Pagels lockte mich vor allem der Skandal, wie ▸ AUGUSTINUS die Erbsünde nicht nur erfunden, sondern mit Bestechung durchgepaukt hat. Mit unabsehbaren Folgen: alle Menschen auf ewig verdammt durch die Ursünde. Der christliche Moralismus, die Leibfeindschaft und die unverständlichen Erlösungslehren, alles gegründet auf großen, genialen Betrug, das war eine sensationelle Entdeckung – jedenfalls für mich. Naiv, wie ich war, und noch unbeleckt von den Abgründen der Kirchengeschichte, dachte ich, jeder Katholik und jeder Protestant, der das Christentum noch ernst nimmt, müsste nun aufschreien, anklagen oder umdenken, zumindest reagieren. Diese Sündentheorie, das Rückgrat christlichen und abendländischen Denkens, ein Produkt von Schlamperei und Korruption, das kann doch nicht so hingenommen werden! Ich machte mir Notizen, aber die Entdeckung blieb fast zwanzig Jahre im Hinterkopf.

Erst im zweiten Rom-Buch, «Die linke Hand des Papstes» (2013), durfte der Fremdenführer-Archäologe etwas von dem auspacken, was sein Autor wusste. Ohne dass ich das zu Beginn geplant hatte, schälte sich aus der Hand des Papstes die Frage nach einer Ohrfeige gegen Berlusconi während dessen Gipfeltreffen mit Gaddafi inklusive nordafrikanischen Hengsten und daraus plötzlich die Geschichte des Erbsünden-Betrugs von Augustinus mit nordafrikanischen Hengsten.

Das Detail der für das ▸ ABENDLAND so wichtigen Hengste hatte ich inzwischen auch anderswo gefunden, auch der Augustinus-Spezialist Kurt Flasch hat es bestätigt. Es wunderte mich nicht, dass ich nach der Veröffentlichung Hunderte Briefe und Mails mit der Frage nach den Quellen zu beantworten hatte. Die Rezensenten aber hielten sich an diesem Punkt auffällig zurück. Die Erbsünden-Story schien keiner größeren Debatte wert. Mir aber ließ er keine Ruhe, der große Sündenfall der Kirche, da musste 2017 noch die Streitschrift folgen («Warum Luther die Reformation versemmelt hat»). Wie bescheiden, ja rührend dagegen der Mythos vom Sündenfall Adams und Evas.

ADAM UND EVA 2

In der Erfurter Kaufmannskirche, wo die Eltern Bachs getraut wurden, eine reichgeschnitzte Kanzel von 1598: Eva ist nicht aus Adams Rippe, sondern Adam und Eva sind wie aus einer Wurzel zusammen emporgewachsen, sehr plastisch, und sehr groß im Verhältnis zu Gott. Und davor tänzelt anno 1999 entzückt der Philosoph Odo Marquard und kann sich nicht losreißen von diesem Anblick.

ADANA

Das Pferd von Adana. Vor dem Basar die Konfrontation eines Kleinlastwagens mit einem Gaul, der vor einen größeren leeren Karren gespannt ist. Sie kommen nicht aneinander vorbei. Das Auto könnte zurücksetzen, aber es drängt nach vorn. Der Lenker des Gauls versucht vergeblich, den Lenker des Autos zum Nachgeben zu bewegen. Der hupt und rückt weiter vor. Das Pferdegespann kann nicht rückwärts. Plötzlich steht das alte Tier aufrecht auf den Hinterhufen und dreht sich um die eigene Achse, während sein Lenker den Karren zu wenden versucht. Das Pferd wiehert, verzweifelt, böse. Der Autofahrer hat gewonnen. «Ein Pferd klagt an», hieß es bei Brecht, die Wut dieses Wieherns war wie ein Fluch, ein Fluch der schwächeren Kreatur gegen die stärkere. Nicht viele Bilder von Tierquälerei sind mir so präsent wie dieses.

ADDIO

Bei fast jedem Addio in italienischen Opern geht ein respektvoller Gedanke an Eckhard Henscheid in die Oberpfalz. Nichts wird musikalisch so gefeiert wie diese Silben des Abschieds, und meistens geht es nicht um ein erhofftes Wiedersehen, sondern mit Addio in den Tod samt der dünnen Aussicht auf ein Wiedersehen im Jenseits. Wie dieses

Addio komponiert und gesungen, gefügt und mit Noten hochgestapelt wird, wer es warum wem zusingt, vor allem bei Verdi, hat Henscheid in einem Grundsatzartikel so gescheit beschrieben, dass ich immer dachte, es müsse ein ganzes Buch mit dem Titel «Addio» gewesen sein. Aber wer schreibt nun über den Unterschied zwischen Addio und Arrivederci?

ADEL

Schon seltsam, wenn man als Kind allmählich realisiert, mütterlicherseits, also zur Hälfte von Adel zu sein. Also «was Besseres»? In diesem Teil der Verwandtschaft, leicht am «von» zu erkennen, legte man immer viel Wert auf die Feststellung, nicht besser zu sein und nicht besser sein zu wollen als die andern. Das gelang einigermaßen, weil meine Großeltern trotz ihrer jeweils eindrucksvollen Stammbäume mit großen preußischen, mecklenburgischen, westfälischen Namen arm waren (acht Personen lebten vom kargen Gehalt eines Volksmissionars und etwas Rente des U-Boot-Kapitäns aus dem Ersten Weltkrieg). Freilich hätten sie es gern gesehen, wenn alle ihre sechs Kinder einen beziehungsweise eine Adlige geheiratet hätten. Das schafften nur zwei. Trotzdem vertrugen sich alle bestens, soweit ich das mitbekam.

Wundersamerweise hatten alle, auch die Schwiegerkinder, den Krieg überlebt. Gottergeben und konservativ, aber gegen die Nazis (der Großvater und seine älteste Tochter in der Bekennenden Kirche), so kam man durch schwierige Zeiten. Zum Glück gab es keinen Besitz mehr, also keinen Besitzstreit, auch nicht in der weiteren Adelsverwandtschaft. Der einzige Besitz waren Erinnerungen an vergangene Zeiten, an verehrte Vorfahren und der halbironische Stolz auf den angeblich lückenlosen Stammbaum meiner Großmutter Hildegard von Quadt-Wyckrath-Hüchtenbruck bis hin zu Karl dem Großen (man vergaß Pippin den Kurzen, Karls Vater) – ▸ AHNENGALERIE. Dass meine Großeltern neben der FAZ auch noch das «Adelsblatt» brauchten, habe ich lange für eine Marotte gehalten. Welche Lücke hatten sie da zu füllen?

Mein Vater wird Grund gehabt haben, seinen Söhnen immer wieder von seinen Vorfahren, von der Tüchtigkeit der westfälischen und nordhessischen Juristen, Apotheker, Beamten, Pastoren und der Bremer Reeder und Kaufleute (▸ ADELBERT) zu erzählen (▸ AUGUSTE). Und bis kurz vor seinem frühen Tod unsere bürgerlichen Stammbäume zu komplettieren.

ADELBERT

Mein dritter Vorname, vom adeligen Großvater geerbt, war mir immer besonders peinlich. Mit Friedrich, hatten mir die Eltern erklärt, hätten sie Anfang 1943 den Wunsch nach Frieden, mit Christian den nach Christlichkeit betonen (und dem Kind aufpacken) wollen, außerdem trug der Bruder meines Vaters diesen Doppelnamen. Schließlich gab es einen vorbildlichen Bremer Kaufmann, preußischen Konsul und Urgroßvater namens Friedrich-Christian Delius, über den mein Vater etwas geforscht und einen Artikel in der Familienzeitung geschrieben hatte. Adelbert wurde die bleibende Duftmarke der mütterlichen Familie, bei dem langen Rufnamen konnte der Großvaterzusatzname leicht versteckt werden. Um mich zu finden, musste ich erst einmal F. C. werden. Als ich auf die vierzig zuging und mich halbwegs erwachsen fühlte, ließ ich mich, zuerst auf Wunsch meiner Frau, Christian nennen. Auf den Schriften sollte der Doppelname ohne Bindestrich stehen: Ich wollte meinen eigenen Namen nicht mehr verstümmeln und verleugnen. Anders beim dritten Vornamen. Auch wenn ich dem Großvater gegenüber inzwischen nachsichtiger bin, sein Adelbert in meinem Ausweis klingt immer noch wie ein Missgriff.

ADELBERT-VON-CHAMISSO-PREIS

1973 stellte ein unbekannter türkischer Autor namens ▸ ARAS ÖREN in einem groß angelegten Poem die Frage «Was will Niyazi in der Naunynstraße?» und legte weitere Poeme und Gedichte nach, wofür er 1985 den ersten Adelbert-von-Chamisso-Preis bekam, den höchsten Preis für die in deutsche Literatur eingewanderten Autorinnen und Autoren. Das war eine besondere Genugtuung für mich als Örens Lektor, Verleger (Rotbuch), Freund.

2008 beschrieb ein unbekannter irakischer Autor namens Abbas Khider (▸ ASYL) in seinem Roman «Der falsche Inder» die vielen Wunder, die nötig waren, um von Bagdad nach Deutschland zu gelangen und dort, vorerst, bleiben zu dürfen. Für dies und drei weitere Bücher erhielt er 2017 den dreiunddreißigsten und leider letzten «Chamisso-Preis». Inzwischen hat sich herumgesprochen, welchen Gewinn die deutsche Literatur den Hunderten von eingewanderten Autorinnen und Autoren verdankt. Abbas Khider wünschte eine Laudatio von mir, und ich pries seine Lakonie und Heiterkeit, mit der er, durch Empathie Empathie suchend, unser oft so schwer erträgliches Warteland, das «unter Paragraphen und Ängsten begrabene Deutschland», beschreibt. Dieser in Bagdad geborene deutsche Schriftsteller deckt mit rücksichtslosem Witz die große Verlogenheit auf, dass die Bundesrepublik seit Jahrzehnten ein Einwanderungsland ist, aber kein Einwanderungsland sein will. Seit dreißig, vierzig Jahren starke, immer bessere Literatur von Immigranten, erst allmählich wird sie nicht mehr unterschätzt.

ADENAUER, KONRAD 1

Mein Kindheitskanzler, Wahlplakatekanzler, Zeitungskanzler. Je älter er und ich wurden, desto mehr wollte ich, dass er zurücktritt. Bis in das erste Studentenjahr, 1963, musste ich darauf warten. Kurz vorher habe ich ihn noch mit eigenen Augen gesehen, den alten Kanzler Adenauer. Man kennt die Fotos vom Besuch John F. Kennedys im Juni 1963 in Berlin, im offenen Auto, hinter oder neben dem US-Präsidenten der staatsmännisch stolz und würdig blickende Regierende Bürgermeister Brandt und der angestrengt und abweisend blickende alte Kanzler. Als die drei und ihr Gefolge bei der Freien Universität ankamen, wo Kennedy für uns Studenten eine für Adenauer (falls er die Übersetzung mitgelesen hat) aufrührerische Rede hielt, blieben trotz einer gewissen Entfernung die drei Gestalten und Gesichter gut im Blickfeld. Der Kanzler, damals siebenundachtzig Jahre alt, saß da stumm neben den beiden jüngeren Männern, reglos, wie fotografiert, versteinert, mehr Denkmal als Mensch, von dem wollte ich, damals zwanzig Jahre, nicht regiert werden. Vier Monate später trat er ab. Doch bis in die achtziger Jahre träumte ich noch von ihm und habe einige dieser Träume später der Figur Roland Diehl im Roman «Ein Held der inneren Sicherheit» zugeschrieben. Im Wahlkontor, 1965, als wir, ein Dutzend junger Autoren, Werbesprüche und Textbausteine für die SPD und Willy Brandt schrieben, entstand mein ziemlich platter, aber häufig zitierter Satz, den vor allem der spätere Wirtschaftsminister Karl Schiller gern nutzte: «Was Adenauer nicht lernte, lernt Erhard nimmermehr.»

ADENAUER, KONRAD 2

«Adenauer auf der Reise nach Moskau» – ein ganzes Theaterstück dachte ich mir um 1986 herum aus, um den steinernen Kanzler wenigstens einmal in Bewegung zu bringen. Die berühmte Reise nach Moskau, 1955, steht bevor. Kurz nach dem Start muss die Adenauer-Delegation in der DDR notlanden, in der Goldenen Aue im Südharz, während Walter Ulbricht in der Gegend gerade einen Jagdausflug unternimmt. Arrangiert hat diesen Zufall und das Zusammentreffen ein verrückter Kerl namens Spandau, der sich große magische Kräfte zuschreibt und in dem man Rudolf Heß erkennen kann. Diplomatische Verwicklungen, grobe Komik, Slapstick. Nach einem Tag setzt Adenauer den Flug nach Moskau fort. Ein Stück zur deutschen Einheit, die nicht gelingt, vielleicht allzu flach satirisch und dramaturgisch schwach. Immerhin, der Rowohlt Theater Verlag bot es den Bühnen an (inzwischen unter dem schlappen Titel «Ein deutscher Gipfel»). Das Theater Bonn war angeblich begeistert, wollte, hieß es, Jérôme Savary dafür gewinnen, ließ es dann doch fallen. Niemand wollte es, zwei Jahre vor dem Fall der Mauer, danach erst recht nicht. Die Uraufführung ist noch frei.

ADENAUERPLATZ

1981 zog unsere kleine Familie nach Bielefeld, da meine Frau dort an der Universität und an Hartmut von Hentigs «Laborschule» ein linguistisches Forschungsprojekt anging. Seit dem Abitur hatte ich in Berlin oder im Ausland (England, Italien, Niederlande) gelebt, also von 1963 bis 1981, und realisierte nun erst richtig, dass nach fast zwanzig Jahren diese Bundesrepublik Deutschland sich in vielem stark verändert hatte. Die Veränderungen wollten beobachtet, erfasst und beschrieben werden, aber die formale Lösung dafür war nicht leicht zu finden. Die Rolle dessen, der seines Ortes nicht sicher ist, habe ich schließlich auf einen chilenischen politischen Flüchtling übertragen (▸ AGROBUSINESS). So konnte, nach ausführlichen Recherchen in diesem Milieu und im Lokalen, der Roman «Adenauerplatz» begonnen werden. Der deutsch-chilenische Asylant wird Nachtwächter bei einer Sicherheitsfirma, so mischten sich politische und romantische Motive. Diese Provokation ging auf, das Buch war bei Erscheinen (1984) heftig umstritten.

Erst heute realisiert man: einer der ersten deutschen Romane zum Thema «Ausländer», der erste «umgekehrte Exil-Roman» (Egon Schwarz). Im Herbst 2015, während der sogenannten «Flüchtlingskrise», druckte die «Süddeutsche Zeitung» eine längere Passage aus dem gut dreißig Jahre zuvor geschriebenen Roman, in dem das massenhafte Anrücken von Flüchtlingen aus der Dritten Welt nach Mitteleuropa imaginiert wird (▸ AUSBLICK).

ADENAUERUFER

«Du liebst es ja doch, dies verdammte Deutschland», dieser Satz flog mir nicht in den hessischen Wäldern, nicht an Küsten, vor Fachwerkhäusern oder auf Berghütten, weder in Computerfabriken noch Barockbibliotheken in den Kopf, diese Erkenntnis kam mir zum ersten Mal am platten Rhein, am betonierten Adenauerufer in Mainz, nahe der Theodor-Heuss-Brücke, als ich im Herbst 1988 auf Recherche unterwegs war für den in Wiesbaden spielenden und nicht gerade deutschlandfreundlichen Deutschlandroman «Himmelfahrt eines Staatsfeindes» (▸ AHAB).

ADLER

Ein Nebenvergnügen, in fremden Städten nach den mehr oder weniger versteckten Wappentieren zu suchen. In Rom führte das zu einer entsprechenden Passage in «Bildnis der Mutter als junge Frau», im Rhein-Main-Gebiet zu einigen Adler-Sätzen in «Himmelfahrt eines Staatsfeindes». In Wiesbaden vor dem Museum hat es mir der sitzende Goethe angetan; halbnackt kuschelt er mit einem Adler, der sich mit seinem Schnabel zärtlich der linken Brustwarze des Dichters nähert.

ADOLF

Der beste Adolf aller Zeiten ist für mich Adolf Endler. Der größte Humorist der DDR, souverän und lässig hat er früh die Absurditäten der «sozialistischen» Sprache vorgeführt. «Nackt mit Brille», «Tarzan am Prenzlauer Berg», subversiv wie sonst keiner als Bubi Blazezak. Über ihn und seine Texte haben Karl Mickel (▸ AN MICKEL) und ich schon in den sechziger Jahren kräftig gelacht, in den Siebzigern wurde er auch im Westen publiziert, in den Achtzigern endlich im Rotbuch Verlag. Im Sommer 1989, wenige Monate vor dem Fall der Mauer, traten wir zusammen bei einem halboffiziellen West-Ost-Treffen im westlichen Berlin auf, er als geduldeter Autor aus der Hauptstadt der DDR. Ein gutes Dutzend Schriftstellerinnen und Schriftsteller aus der DDR waren dabei, die Hälfte dieser Delegation arbeitete für die Staatssicherheit. Jahre später verrieten mir die Stasiakten (▸ AKTE), mit welchen Texten und kritischen Bemerkungen über die DDR Endler und ich den Schriftsteller-Spitzeln «negativ auffielen».

ADOLFHITLERWERDUNG

R., der Adolf Hitler von Tel Aviv, der Kontrabassist der Deutschen Oper Berlin, der in einer Hotelbar einen Getränkebeleg mit Adolf Hitler unterzeichnet hatte, deswegen weltweit für Schlagzeilen sorgte und mich zu der Erzählung «Flatterzunge» (1999) anstiftete. Während der Arbeit hatte ich keinen Kontakt zu ihm gesucht, da ich in der Figurenentwicklung frei sein und ihn nicht exkulpieren wollte. Ich schickte R. aber das fertige Buch, und nachdem er es gelesen hatte, weitgehend zustimmend, trafen wir uns im Café Einstein Unter den Linden. Er berichtete, wie «Bild»-Zeitungsleute bei ihm eingebrochen seien und seine kranke Mutter überfallen und ausgefragt hätten. Er habe Journalisten gemieden, hätte auch mich wahrscheinlich abgewiesen, er habe irgendwo Geld verdienen müssen, es blieb ihm nur ein Orchester in Ägypten, ausgerechnet. Dann erzählte er seine Version der Hitlerwerdung:

Er habe im Hotel eine Stunde lang mit dem Barmann gesprochen, auch über die oft so lächerliche Bürokratie und Zettelwirtschaft. Als Beispiel habe er von einem Studenten in Deutschland berichtet, der irgendwo in einem

Hochhaus geputzt und seine Arbeitseinsatzzettel aus Spaß öfters mit Adolf Hitler unterzeichnet hätte, niemand habe das bemerkt. Er habe immer pünktlich seinen Lohn erhalten – bis sein Chef dann doch mal etwas gesagt hätte, danach habe er damit aufgehört. Darauf der Barmann scherzend: Ja, bei euch in Deutschland, da ist das eben so, da fällt ein Hitler mehr oder weniger gar nicht auf, anderswo könne das nicht passieren und ihm sowieso nicht, er schaue immer genau hin. Sie hätten weiter über anderes geplaudert, er habe in Ruhe zwei Bier getrunken, alles locker und freundlich. Es habe ihn aber gejuckt, den Mann zu testen, so habe er auf dem Getränkebeleg statt seines Namens in Druckbuchstaben Adolf Hitler geschrieben, der Barmann habe den Zettel einfach aufgespießt und nicht beachtet. Sogleich habe R. ihn darauf aufmerksam gemacht, das Papier genommen und selber den Hitler-Namen durchgestrichen und seinen darübergesetzt und unterschrieben. Dann sei er ins Bett gegangen und am nächsten Morgen mit einem Kollegen aufs Land gefahren, habe dort Studenten unterrichtet, und als er gegen 17 Uhr wieder im Hotel angekommen sei, war der Teufel los, war schon alles in Rundfunk, Fernsehen, Presse.

Offenbar, vermutete R., habe der Barmann, vielleicht aus Verärgerung, blamiert worden zu sein, den Beleg dem Manager gezeigt, der habe die deutschen Opernleute ohnehin nicht gern in seinem Hotel gesehen, seine Eltern seien in Auschwitz ermordet worden, habe er später einer Zeitung gesagt. Für den Manager sei das ein gefundenes Fressen gewesen, der habe das gleich an die Presse gegeben: Deutscher Musiker provoziert in Tel Aviv als Adolf Hitler!

Den Presseleuten in Tel Aviv habe er von dem kleinen Dialog mit dem Barmann erzählt, niemand habe das gedruckt, auch die Leute von der Oper hätten das nicht hören wollen, sie hätten ihm den sofortigen Heimflug nahegelegt. Auf eigene Kosten habe er fliegen müssen, über München, um der Pressemeute in Berlin zu entgehen. Am verrücktesten sei, dass er oft und gern nach Israel gefahren sei, immer wieder dort unterrichtet habe. Und, eigentlich gar nicht für dieses Gastspiel eingeteilt, in letzter Minute eingesprungen sei für einen Kollegen, der wegen einer plötzlichen Krankheit seiner Frau nicht reisen konnte.

So weit die Version von R. Daneben steht die Version der «Flatterzunge». Wo beginnt sie nun, die Fiktion?

ADORF, MARIO

Der große Schauspieler Mario Adorf. Habe die Ehre, mit und neben ihm den Schirmherrn zu spielen beim «Literarischen Frühling in der Heimat der Brüder Grimm» in Frankenberg und Umgebung. Christiane Kohl und Klaus Brill haben 2012 dies Festival in Nordhessen begründet, der Gegend meiner Kindheit und Jugend (▸ ABITUR, ▸ AUGUST 1961). Seitdem sind Adorf und ich dabei. Eine gute Woche Lesungen und Debatten mit rund zwanzig Autorinnen und Autoren in der Kohlschen «Bärenmühle», in Frankenberg, Waldeck, Bad Wildungen, Ellershausen und anderen Dörfern: volle Säle, bestes Essen, literarische Hochstimmung, und alles ohne öffentliche Fördergelder. Und immer ein heiterer, rundum sympathischer Adorf.

ADORNO, THEODOR W. 1

Nach Frankfurt zu Theodor W. Adorno, der so viele kritische Köpfe meiner Generation anlockte, zog es mich nie.

Die «Noten zur Literatur», «Minima Moralia» und die «Dialektik der Aufklärung» waren sehr inspirierend. Aber mehr musste nicht sein. Zu viel Philosophie für meinen kleinen Kopf. Selbst der berühmte Satz, es gebe «kein richtiges Leben im falschen», schien mir stets zu schön oder zu resolut oder zu statisch-steif, zu undialektisch, unwitzig formuliert, um wirklich klärend zu sein.

Als Gisela von Wysocki bei einem Essen mit Freunden von den Schwierigkeiten beim Schreiben eines Romans über Adorno erzählte, unterlief mir eher nebenbei ein Vorschlag, wie Adorno bildlich-literarisch zu packen sein könnte. Der erwies sich als produktiv und befreite die Autorin von ihrer Adorno-Blockade. Ihr wunderbarer Roman «Wiesengrund» erschien 2016. Und wieder war ich froh, kein Adorno-Schüler gewesen zu sein.

ADORNO 2

Aufgabe der Kunst sei es, sagt Adorno in «Minima Moralia», Chaos in die Ordnung zu bringen. Dieser Satz darf einem einfallen, wenn man schräg gegenüber dem Frankfurter Literaturhaus das mit greller Leuchtschrift werbende Eros-Center sieht. So schlug ich der Leiterin des Literaturhauses einmal vor, ihr Haus umzubenennen in: Chaos-Center. Das wäre nicht nur im Sinn von Adorno, sondern auch im griechischen Mythos fundiert: Eros und Chaos gehören zusammen, aus ihnen entwickelt sich alles. Kleines Memo für die Geldmenschen und Ordnungsmenschen, die zwischen Börse und EZB hier vorbeikommen, dass sie wissen, wo der Hammer hängt: im Chaos-Center neben dem Eros-Center.

ADVENTSKRANZ

Die schwerkranke, vom Schlaganfall halbgelähmte und sprachgelähmte Mutter sagte überraschend deutlich «Auf Wiedersehen!», als ich kurz nach Weihnachten 1994 den Adventskranz in den Mülleimer warf. Sie sah keinen wieder.

AERONAUTEN

Im Auto zwischen Burg und Magdeburg sagten wir uns:
Jetzt heben wir mal ab:
Den 5. Gang,
Die Krücken weg!
Und tauchten
zwischen Lerchen
auf im Luftkorridor,
schon
Bildeten sich mit den Armen
Tragflächen aus,
und sicherer
Flogen wir über die DDR
und alles hinweg.

(Anfang eines Liebesgedichts von 1969, geschrieben in Berlin.)

AEROPORTO ROMA-FIUMICINO

Angekommen an einem späten Samstagabend am 21. April 2001 in Rom mit zwei Koffern, wartete ich lange auf die unbekannte Frau, die mich abholen sollte. Ein Arbeitsstipendium in der Casa di Goethe war mir zugesprochen, und die Direktorin dieses Hauses war so freundlich gewesen, mich abholen und zu meinem vorläufigen Quartier fahren zu wollen, für das sie die Schlüssel hatte. Sie tue das sonst nicht für ihre Stipendiaten, hatte sie gesagt, aber wegen des Samstagabends und weil sie keine Mitarbeiter schicken könne, werde sie kommen, sie werde mich vom Foto her schon erkennen. Doch niemand hielt nach mir Ausschau. Ich suchte mit meinen Koffern die ganze Halle ab, vergeblich. Mit Verspätungen muss man immer rechnen, gerade in Rom, also Geduld. Aber niemand kam. Ich hatte ihre Handynummer, aber kein Handy. Es war die Zeit vor dem Euro, ich hatte noch keine Lire und erst recht keine Telefonmünzen. Es war nach 22 Uhr, alle Geschäfte, Bars und Kioske geschlossen, der einzige Geldautomat funktionierte nicht. Ich schwitzte, wusste nicht weiter, nach einer Dreiviertelstunde fluchte ich auf Rom und ärgerte mich über die unzuverlässige Direktorin. Die wenigen Passagiere, die gerade gelandet waren, hatten es eilig. So dauerte es eine Weile, bis ein hilfsbereiter Mensch auf die Bitte einging, Lire und Gettoni gegen ein paar Mark zu tauschen, damit ich telefonieren konnte. Es war inzwischen fast eine Stunde vergangen, vor der einzigen Telefonzelle stand zum Glück nur eine Person.

Dann erreichte ich Frau Bongaerts, die in einer anderen Ankunftshalle geduldig gewartet hatte – dort, wo die Flugzeuge aus der EU ankamen. Ich war aus Zürich angereist. Da Verspätungen häufig und die Anzeigetafeln nicht immer zuverlässig waren, hatte sie dort ausgeharrt. Endlich kam die lang Erwartete auf mich zu, sympathisch, zugewandt, mit vielen Entschuldigungen. Bevor sie zu Hause losgefahren war, hatte jemand versucht, ihr Auto aufzubrechen, so dass die Fahrertür nicht mehr zu öffnen war, und auf dem Flughafengelände hatte sie eine Polizeikontrolle zu überstehen gehabt, trotzdem war sie pünktlich gewesen, nur aus Gewohnheit in der falschen Halle. Ein angeregtes Gespräch auf der langen nächtlichen Fahrt in die Stadt hinein und ein kurzes leuchtendes Lächeln beim Abschiedswink genügten für die stille Frage: Hoppla, wer ist denn das? Das Gleiche fragte sie sich, wie sie später verriet. Gut zwei Wochen darauf waren wir ein Paar, gut zwei Jahre darauf ein Paar mit römischer Heiratsurkunde. Der 21. April gilt als Gründungstag Roms.

AFFEKT

2005 notiert: «Es herrscht die Gleichzeitigkeit der Information. Es werden keine Meinungen mehr gebildet, es werden Emotionen hervorgerufen. Diese Verschiebung ist bedenklich, denn der Affekt ist ein schlechter Ratgeber … Eine Meinung wird gemacht, eine Emotion wird bloß hervorgerufen. Die öffentliche Meinung wird von einer minimalen Rationalität strukturiert. Die Demokratie der Emotionen wird beherrscht von Angst, von Panik und Betroffenheit.» (Paul Virilio) Selbst gute Sätze wie diese behalte ich nur bruchstückhaft im Kopf. Deshalb muss ich sie immer mal wieder aufschreiben, abschreiben, hinschreiben. Beispielsweise hier.

AFFEN

Eines Tages, 2015, erhielt ich den Brief eines mir unbekannten Herbert H., den es 1946 mit seiner Familie nach Wehrda verschlagen hatte, mit einigen Erinnerungen an die Nachkriegsjahre in unserem Dorf, unter anderem diese: «Es muss im Februar 1948 gewesen sein. Mein Zwillingsbruder

Volker und ich waren zu Ihrem Geburtstag ins Pfarrhaus Delius eingeladen. Mein Vetter Gerhard P. musste bei der Beschaffung eines Geschenks aushelfen. Aus seiner ‹breiten› Sammlung von Blechspielzeugen wurde ihm ein Affe, der auf der Nase einen Propeller balancierte und den man aufziehen konnte, abgenötigt. Mit Neid und großem Schmerz mussten wir erleben, wie das Geburtstagskind wie selbstverständlich das Geschenk entgegennahm, den Affen auspackte und – ohne uns zu beteiligen – allein mit ihm spielte.»

Der bunte Blechaffe mit Propeller auf dem Kopf, allmählich tauchte er aus der Vergessenheit auf. Schwer zu sagen, ob die Freude des Fünfjährigen an diesem surrealen Spielzeug prägend war. Jedenfalls waren Affen, Schimpansen, immer willkommene Phantasiebeschleuniger, nicht nur im Zoo. Als beispielsweise Heiner Müller – Mitte der siebziger Jahre, als wir bei Rotbuch seine Werkausgabe stemmten – in der Pankower Wohnung zwischen zwei Zügen an der Zigarre die These hinwarf oder zitierte, wir seien im Zeitalter der Affenwerdung des Menschen angekommen, stellten sich sofort einladende Assoziationen ein. Seitdem immer mal wieder die produktive, lustige Frage, an welchem Punkt der Evolution wir sind, bei der Menschwerdung des Affen oder bei unserer Affenwerdung. Wahrscheinlich kam auch von daher die vage Idee, einen Roman ohne viel Handlung unter Schimpansen spielen zu lassen. Keine Science-Fiction, nichts wie «Planet der Affen» und ähnliches Zeug. Die Idee hielt sich zwei, drei Jahrzehnte, ohne konkreter zu werden. Erst nach der Lektüre von Ulrike Draesners «Sieben Sprünge vom Rand der Welt» (2014) mit trefflichen Schilderungen vom Leben mit Bonobo-Menschenaffen verlor sich dieser allzu vage, allzu ideenlose Plan. Neuerdings hat T. C. Boyle nachgezogen.

Inzwischen lernte ich, dass der Affe, genauer: der Brüllaffe, bei den Maya der Schutzpatron der Künste ist, Hüter des Wissens und Vermittler der göttlichen Absichten, ausgestattet mit Pinsel und Tintenfass. Als einer, der selten sogenannte Souvenirs kauft, erwarb ich auf dem Markt von Johannesburg die Holzskulptur eines mit großen Augen staunenden Affen. In den Privatzoo gehört auch «Der sprachgelehrte Affe» von Octavio Paz. Und die Postkarte der Steinplastik zweier schachspielender Affen im Naumburger Dom.

AFFEN, LANGBEHAARTE

Plakate-Shitstorm 1968 von Bauarbeitern gegen demonstrierende Studenten: «Lasst Bauarbeiter ruhig schaffen, kein Geld für langbehaarte Affen.»

AFGHANISTAN

Noch ein ungeschriebener Roman oder eine Novelle: Der Helm. Ein Bundeswehr-Freiwilliger, zwölf Jahre verpflichtet, wird ein halbes Jahr nach Afghanistan geschickt. In die abgekapselte, letztlich sinnlose Festung bei Kundus. Bei einem Gefecht stirbt ein Kamerad, großes Durcheinander, schwierige Lage, Verletzte, der Freiwillige kommt knapp, aber heil davon. Er ist dem Tod entronnen, hat dabei seinen Helm verloren. Er bekommt einen neuen, doch nach vier Wochen schickt ihm die Bundeswehr eine Rechnung: ein Helm, dreihundertsechzig Euro. Er protestiert, weist auf die Umstände hin, das Glück seines Überlebens, die Rechnungsstelle bleibt hart. Monatelang geht das bürokratisch hin und her. Am Ende gibt er auf und zahlt.

AFRIKA

Wo Distanzen weggelogen werden, wird es obszön. Ein Gipfel des Obszönen war es beispielsweise, als man in der Bundesrepublik 1985 einen «Tag für Afrika» ausrief. Mir wird er nicht nur wegen Heino in Erinnerung bleiben, der «Am Brunnen vor dem Tore» sang, um auf die schlechte Wasserversorgung in Afrika hinzuweisen. Nicht nur wegen eines Ministerpräsidenten, der sich und seine Beamten beim mittäglichen Verzehr von Fladenbrot und Hirsebrei filmen ließ. (Nichts gegen einen «Tag für Afrika», wenn es einer ist – und wenn wir die übrigen dreihundertvierundsechzig Tage, eingedenk unserer Rüstungsexporte, Preisdiktate und Exporterlöse, als «Tage gegen Afrika» begreifen.)

Unvergesslich wird die Obszönität da, wo man sie kaum erwartet: das Bundeskabinett vor der Tagesschau-Kamera. Wir sehen den Minister für wirtschaftliche Zusammenarbeit, Warnke, mit einer Sammelbüchse, die er grinsend seinen Kollegen vors Hemd hält, die artig den einen oder anderen Schein zücken. Dann ist Kanzler Kohl im Bild. Ton: «Heute tun wir mal was Gutes!» Während der Zuschauer noch überlegt, ob der Kanzler tatsächlich meint, er tue gewöhnlich alles andere als Gutes, hält der schon sein Portemonnaie in der Hand, blättert es auf, greift drei Hundertmarkscheine und quetscht sie in den Büchsenschlitz.

Was ist daran so unvergesslich obszön? Nicht allein der Kanzler selbst und sein verblüffender Originalton. Nicht allein, dass die dreihundert Mark gar nicht von ihm, sondern aus dem Etat seines Amtes kamen, wie wir später erfuhren. Obszön ist eher das: Ein Politiker führt einem Millionenpublikum vor, wie er, der hin und wieder – für seine Partei – Geldscheine in Briefumschlägen angenommen hat, die Hunderter anzufassen pflegt. Drei Scheine, die nicht recht in den Büchsenschlitz passen – aber in das obszöne Grinsen der Herrenrunde (die einzige Dame blieb im Hintergrund). Gesichter, die auf die Pointe eines Witzes scharf sind, «mal was Gutes tun»! Sie verraten: Es verbindet sie nichts mit denen, für die sie da spenden, nicht einmal Mitleid, nicht einmal ein gutes oder schlechtes Gewissen. Sie sind nicht ahnungslos, sie zeigen sich nur durch und durch schamlos.

AFRIKANISCH

Kein origineller Gedanke, mir kam er auch erst 1998 in Paris: Frankreich wird afrikanischer, Deutschland slawischer, asiatischer. Der Rhein wird zur Grenze zwischen Asien und Afrika. Noch ein Grund für deutsch-französische Freundschaften. (Zwanzig Jahre später fuhren die Züge aus China bis zur Endstation Rheinhafen Duisburg.)

AGAMEMNON

«Er las immer Agamemnon statt angenommen, so sehr hatte er den Homer gelesen.» Als der Schulfreund Karl Globig in den Zeiten, da wir uns mit Homer abquälten, ein schmales Buch mit Aphorismen von Georg Christoph Lichtenberg mitbrachte und ich dessen Namen zum ersten Mal hörte, war es dies Zitat, mit dem die lebenslange Fernliebe zu dem witzigsten aller Aufklärer und Pfarrerssöhne begann. Aus zwei so trockenen Wörtern solche Funken zu schlagen! Fortan gehörten eine Auswahl aus den «Sudelbüchern» zum Haushalt und eine Gedenkminute vor seinem Haus bei Gängen durch Göttingens Zentrum zur Gewohnheit, die Pilgerfahrt zur großen Darmstädter Lichtenberg-Ausstellung 1992 war Pflicht. 1966, in Swinging London, zwischen Beat und Rebellion, erstand ich (obwohl, schon aus Geldknappheit, kein Raritätensammler) in einem Antiquariat für umgerechnet etwa dreißig Euro die ersten fünf Bände der Lichtenberg-Erstausgabe von 1800 ff., mit der handschriftlichen Signatur Friedrich Gundolfs. Immer wieder zwischendurch das Vergnügen, sich von Lichtenberg dopen zu lassen, sogar bei den delikaten Fragen zur Religion: «Gott schuf den Menschen nach seinem Bilde, das heißt vermutlich, der Mensch schuf Gott nach dem seinigen.» Und alles wegen des Schlachtenschlägers, Tochtermörders oder Beinahtochtermörders Agamemnon.

AGENTEN

«Sie brauchen einen guten Agenten in London, ich kann Ihnen da gern helfen», sagte W. G. Sebald im Intercity. Wir hatten uns auf einem Bahnhof getroffen, aber nicht am Gare d'Austerlitz, sondern in Lüneburg. Ohne uns je zuvor gesehen zu haben, hatten wir uns am Bahnsteig erkannt und waren verhaltenen Schrittes neugierig aufeinander zugelaufen, er hatte in Lüneburg gelesen, ich in Schleswig-Holstein. Auf der Fahrt nach Hannover redeten wir unter anderem über die Schwierigkeiten des Bekanntwerdens in anderen Sprachräumen, daher die Agenten, und über seinen Plan, wie Hölderlin einmal von Bordeaux nach Stuttgart zu wandern. Eine knappe, freundliche Stunde im Abteil bis Hannover, 1997, vier Jahre vor «Austerlitz» und seinem Autofahrertod.

AGITATOR

Einst war ich, für knapp zwei Jahre, ein leidenschaftlicher Agitator. Nein, nicht in der Zeit um 1968, sondern weit vorher, als Dreizehn- und Vierzehnjähriger. Nach der Weltmeisterschaft 1954 war die Begeisterung für den Fußball aufgeblüht, die Jungen des Dorfes Wehrda begannen, in jeder freien halben Stunde den Bällen hinterherzurennen. Ich gehörte eher zu den schlechteren Spielern, aber ich hatte es nach langem Sehnen irgendwann geschafft, mit spärlichem Spargeld einen Lederball zu kaufen. Die andern, ob Bauernjunge oder Flüchtlingskind, besaßen höchstens einen Gummiball, nur ich hatte so ein kostbares Stück, also lief kein Spiel ohne mich. Außerdem organisierten ein Freund und ich Spiele gegen Schüler der Nachbardörfer. Die Wehrdaer Schüler waren nicht besonders gut, nicht besonders schlecht, mir war das nicht genug. Trainer gab es nicht. Meiner Mannschaft fehlte, so schien es dem eifernden Knaben, die wirkliche Leidenschaft, es fehlte das, was man später «die Einstellung» und noch später «Mentalität» nannte.

Wahrscheinlich durch einen Schulfreund des Gymnasiums Bad Hersfeld wurde ich auf Sammy Drechsels «Elf Freunde müsst ihr sein» aufmerksam. Lange bearbeitete ich meine Eltern, bis das Buch endlich auf dem Geburtstagstisch lag. Drechsel erzählt die Geschichte von Berliner Schülern in den späteren dreißiger Jahren, die zuerst Bezirksmeister, dann Berliner Schulmeister werden. Sie lernen, trotz aller Widrigkeiten (Vorurteile gegen Fußball, Armut, schlechte Schulleistungen, Rivalitäten, Abwerbeversuche, Überheblichkeit und so weiter) zusammenzuhalten und sich nach oben zu kämpfen und in jeder Krise und vor jedem Siegesglück das Motto «Elf Freunde müsst ihr sein» zu beherzigen. Von Nazis ist in dem Buch übrigens nicht die Rede, das fiel in den fünfziger Jahren nicht weiter auf, den Dreizehnjährigen oder Vierzehnjährigen sowieso nicht.

Ich las diesen Roman gleich zweimal und gab die Parole aus: Jeder in unserer Schülermannschaft muss dieses Buch lesen! Da unser bester Stürmer auch dafür zu gewinnen war, machte dieser «Fußballroman für die Jugend» die Runde als Pflichtlektüre. Auf dem Vorsatzblatt meines Exemplars steht in ungelenker Schülerschrift: «Alle, die dies Buch gelesen haben». Nach meinem Namen folgen, brav nummeriert, noch sechzehn weitere. Einige lasen es zweimal, den Rekord hielt ich: insgesamt fünfmal gelesen. Meine Bibel, mit einer Botschaft. Wer nicht überdurchschnittlich gut ist, kann wenigstens Agitator oder Missionar werden. Manchmal denke ich: Vielleicht mehr als zur mentalen Aufrüstung unserer Mannschaft hat Sammy Drechsel dazu beigetragen, meine sozialen Erfahrungen zu erweitern, gruppendynamische Prozesse besser zu begreifen und über Motivationsmanagement aufzuklären. Größere Ziele erreicht man nur in der Gruppe (heute selbstverständlich: im Team). «Elf Freunde müsst ihr sein, wenn ihr Siege wollt erringen.» An dieses simple Motto glaubte ich insgeheim auch später, in der Gruppe 47, in der Studentenbewegung, bei der Verlagsarbeit, sogar im PEN und anderen intellektuellen Gruppierungen. Ich möchte auch heute noch daran glauben. Die Wirklichkeit sieht anders aus, aber das spricht nicht gegen die aus dem Reichtum der Lektüre gewachsenen Ideale.

AGNOSTIKER

Die Geschichte meines Unglaubens beginnt mit einem Engel. Ungefähr sechs Jahre muss ich gewesen sein, als meine Mutter eines Morgens aufgeregt erzählte, ein Engel habe uns alle gerettet. Am Abend habe der Vater noch lange in seinem Amtszimmer gearbeitet, ganz versunken in eine Predigt sei er gewesen, da sei plötzlich ein Engel im Zimmer erschienen und habe ihm gesagt, er solle sich bitte umdrehen. Da habe er entdeckt, wie das Ofenrohr glühte, wie die Tapete daneben angekokelt war, da habe er sofort einen Eimer Wasser geholt und gelöscht, im letzten Moment ein Feuer verhindert. Ja, wenn der Engel nicht gekommen wäre, hätte das Zimmer, vielleicht das ganze Haus gebrannt, wären wir alle in Gefahr gewesen, der Engel habe uns gerettet. Ich war schwer beeindruckt und dankbar, dass Gott extra einen Engel ins Pfarrhaus von Wehrda, Kreis Hünfeld in Hessen, geschickt hatte, um uns vor dem Feuertod zu beschützen.

Am späteren Vormittag spielte ich mit einem Freund aus der Nachbarschaft und erzählte bei erster Gelegenheit die Geschichte, auch weil ich angeben wollte mit der Sensation: ein Engel bei uns, bei meinem Vater! Der Freund hörte sich das an, und dann lachte er auf: Ein Engel, das ist doch ein Märchen! Er machte mir mit wenigen Worten klar, dass man ein heißes Ofenrohr auch ohne Engel bemerke, wenn man nah am Ofen sitze und es zu heiß werde, drehe man sich um, das sei normal, dafür brauche man keinen Engel. Er verhöhnte mich für meinen Glauben, meinen Kinderglauben, obwohl er auch ein Kind war, so alt wie ich, aber nach seiner schlichten Beweisführung musste ich mich geschlagen geben und war blamiert. An Bibelgeschichten und Engelmärchen war ich gewohnt und hörte sie gerne, doch diesen von meinen Eltern erfundenen Engel empfand ich nun als Lüge, als Betrug. Und sie hatten mich nicht nur belogen, sie hatten auch meinen kleinen, kindlichen, noch nicht entwickelten Verstand beleidigt. Das beschämte mich und beschämte mich doppelt, da dieser Freund, der Flüchtlingsjunge Helge Thieme, sonst nicht als der Schlauste, Schnellste, Beliebteste galt. Er zählte im Dorf weniger als ich – und hatte mir gezeigt, was ich für ein Dummköpfchen, ein Kleinkind war. Kurz, ich spürte den Bruch, auch mit sechs Jahren spürt man solche Einschnitte: nicht mehr die Märchen der Eltern hören, nicht mehr ihren Engelglauben, ihren christlichen Glauben teilen zu können und zu wollen. Seitdem konnte ich nie mehr an Engel glauben, wollte von ihnen auch in der Lyrik, selbst bei Rilke, nichts wissen. Dem sechsjährigen Helge, der meinen nachgeplapperten Glauben verhöhnte und mich anstachelte, mich meines eigenen Verstandes zu bedienen, habe ich wahrscheinlich zu verdanken, dass nun allmählich die lebenslange Zweifelsbereitschaft, ja Zweifelsfreude begann.

Und später: In der Kindheit eine gutgemeinte Überdosis an Religion abzubekommen, das kann einen leicht zum Atheisten machen. Doch die Mühen des Atheismus kann man sich sparen – ich sehe mich eher als heiteren Agnostiker. Habe mich als Jugendlicher genug geplagt mit dem Gedanken: Ich kann nicht glauben, was geglaubt werden soll. Ich kann den Glauben nicht einmal spielen, wenn mein bisschen Verstand vergewaltigt werden soll (▸ ABRAHAM-ISAAK). Noch später habe ich aus der Kirchengeschichte gelernt, dass alle Glaubenssätze auch Machtsätze sind, sie wurden in eher finsteren Zeiten, oft aus finsteren Interessen, von Menschen durchgesetzt – gegen andere Glaubenssätze, die eine schwächere Lobby unter den Kirchenfürsten hatten.

So halte ich es mit dem katholischen Historiker, ▸ AUGUSTINUS-Spezialisten und Philosophen Kurt Flasch, der 2013 das Buch «Warum ich kein Christ bin» veröffentlichte. Er hat keine üblen Erfahrungen mit der Kirche oder Priestern gemacht, im Gegenteil. Er kann, gerade im Alter, die zahlreichen Widersprüche, die sich in der biblischen Botschaft und der kirchlichen Dogmatik auftun, einfach nicht mehr mitmachen und will sie nicht mehr ignorieren. Mit zunehmendem Wissen, Denken, Altern ist er Agnostiker geworden. Aber er fühlt sich so vom Katholizismus geprägt, dass er sich als Kulturkatholiken bezeichnet. In diesem Sinn würde ich mich, geprägt, wie ich nun einmal bin, als Kulturprotestanten betrachten. Vom Glauben und Zwang zum Glauben befreit, muss ich das Protestantische in mir nicht wegleugnen.

AGROBUSINESS

Auch das eine Nebenbeschäftigung, seit Anfang der achtziger Jahre. Als ich den chilenischen Flüchtling Felipe Gerlach zum Mittelpunkt des Romans ▸ ADENAUERPLATZ machte und er einen Beruf brauchte, entschied ich: Agrobusiness, Spezialist für internationale Zuckergeschäfte. Es hätte auch der interkontinentale Handel mit Obst und Gemüse, Getreide, Hähnchen, Kakao oder Blumen sein können. Es war nicht schwer, sich da sachkundig zu machen. In Bielefeld, wo ich damals lebte, entstand gerade das Dritte-Welt-Haus, da gab es Leute mit Kompetenz. In der Zeit erschienen auch die ersten kritischen Artikel und Bücher über die Agrarpolitik der EU und die Praktiken der amerikanischen und europäischen Lebensmittelkonzerne. Schon damals produzierten oder verschärften sie, vereinfacht gesagt, Hunger und Armut in Afrika und Lateinamerika – dieses Fazit war fast auf jedem Geschäftsfeld eindeutig und übertraf das Klischeewissen vom Elend der Dritten Welt.

Natürlich macht man sich damit unbeliebt, so etwas auch nur anzurühren in einem literarischen Text. Ein Teil der Ablehnung des 1984 erschienenen «Adenauerplatz» ist sicher daher zu erklären. Das Thema ließ mich nicht los, und so versuchte ich es trotzig noch einmal mit einer satirischen Zuspitzung. Angeregt von Jonathan Swifts Schrift «Bescheidener Vorschlag ...», in der den Armen empfohlen wird, zur Bekämpfung des Hungers ihre Säuglinge zu verzehren, schrieb ich «Einige Argumente zur Verteidigung der Gemüseesser» (1985). Dort wird aus EU-Perspektive ähnlich argumentiert, eine antimoralische, sachlich immer noch aktuelle, formal etwas verzwirbelt geratene «Denkschrift». Die bewirkte, wie zu erwarten, auch nichts.

Dass die Literatur hier nicht weit kommt, stört mich nicht. Wohl aber das Versagen der Politik seit mehr als vierzig Jahren – noch heute produziert die EU mit ihren hochsubventionierten Agrarüberschüssen nach Afrika die Flüchtlinge, die sie dann nicht haben will. So viel Heuchelei, so viel Verdrängung, und kürzer ist die Liste der Schandtaten des modernen Europa auch nicht geworden.

AHAB

Einige der arrogantesten und romantischsten Köpfe meiner Generation schlossen sich in den siebziger Jahren in der RAF, der «Roten Armee Fraktion» zusammen, um mit ein paar Pistolen und Schnellfeuergewehren eine Revolution herbeizuschießen. Terrorismus, Deutscher Herbst 1977, viele Tote, das ist bekannt. Eine aus diesem Kreis, Gudrun

Ensslin, hatte ich Jahre zuvor flüchtig kennengelernt, wir hatten 1965 mit anderen Autoren im «Wahlkontor deutscher Schriftsteller» für die SPD Werbesprüche geschrieben, sie war mit Bernward Vesper Verlegerin geworden. Ihr romantisches Talent krönte sie damit, rund zehn Jahre später im Hochsicherheitsgefängnis Stuttgart-Stammheim ihren Genossen Namen und Charaktere aus Melvilles «Moby Dick» zuzuteilen. So wurde Andreas Baader am Ende noch als Kapitän Ahab geadelt, was den Wahn oder den wahnhaften Humor der Gruppe verdeutlicht und was sich der Autor von «Himmelfahrt eines Staatsfeindes» nicht entgehen lassen konnte:

«Ja, sie nannten mich Ahab: unter vielen blöden Namen vielleicht nicht der blödeste, eine Taufe in Ehren als Kapitän der *Pequod*, hoch auf den Wellen der Südsee zurück in die fiebernden Jungenträume von der Jagd auf Moby Dick: der Kapitän, keine Frage, war ich, und für die ganze mühsam angeheuerte Mannschaft unserer kleinen Armee reichte der Platz auf dem Walfängerschiff –

Sie nannte mich Ahab: Lisa teilte die Namen wie Orden aus: und ich der Kapitän, obwohl nie zur See gefahren, ohne Leidenschaft für Wale und andere Säugetiere, und keine Beinprothese aus Walzähnen: ein Schuss ins Bein immerhin mit anschließender Beförderung zu lebenslänglichem Knast –

Ahab lenkt das Schiff über das wilde Meer: die Gesellschaft, der Staat, der Imperialismus: immer dachten wir an Maos Bild vom Revolutionär, ein Fisch im Wasser des Volkes, überall Freunde und Verstecke im Schwarm, überall im Wasser die zündenden Ideen und Sprengsätze legen –

Also Schiff und Fisch zugleich: ein endloser Wettkampf auf dem Wasser, im Wasser …»

AHLBECK

Kurz vor dem Mauerbau flieht ein junger Mann aus Ahlbeck in den Westen, träumt immer davon, als Millionär wiederzukommen, wird in Kanada wohlhabend, ein Fast-Millionär, reist nach dem Mauerfall mit seiner Segeljacht über den Atlantik bis in die Ostsee und legt an bei Ahlbeck, am Tag seines fünfzigsten Geburtstags, geht in die Kneipe seines Bruders, um dort zu feiern – und hört dort als Erstes «Ausländer raus!». Eine Geschichte für dich, sagte Carola Stern, die aus Ahlbeck stammte und ebenfalls fortgegangen war und Journalistin, Biographin und Mitgründerin von Amnesty International wurde.

AHLE WORSCHT

Nordhessische Landwurst. Es gibt geräucherte «Stracke», «dürre Runde», auch ordentliche Blutwurst, aber nur die grobe, gut abgehangene, fast harte runde Leberwurst könnte ich meine Madeleine nennen: Allein der Majoranduft dieser Wurst genügt, die Dörfer der fünfziger Jahre zu beschwören, Wehrda, Kreis Hünfeld, und seine Umgebung (▸ AHNUNG, ▸ AMERIKANER 1945). Ein Biss, und schon sind die Äcker, Heuballen, Ställe, Bauernstuben, Mittagsglocken, Kornfelder wieder da, und vieles mehr. – Zugegeben, «Der Sonntag, an dem ich Weltmeister wurde» mit der Geschichte «meines» Dorfes wurde 1992, 1993 ohne Wurst-Doping geschrieben. Erst Mitte, Ende der neunziger Jahre entdeckten Berliner Feinkostläden die Delikatesse der hessischen Landwürste.

AHMAD

Wie froh bin ich über Leute wie Ahmad Mansour, ihre Ansichten und Aktivitäten zur Demokratieförderung und Extremismusprävention (MIND GmbH). Wie traurig, dass wir nicht viel mehr solcher engagierter Menschen sehen. Wie wütend, dass solche eingewanderten Demokratielehrer in Deutschland im 21. Jahrhundert rund um die Uhr Polizeischutz brauchen.

AHNENGALERIE

An einem regnerischen Augusttag des Jahres 1999 betrat ich zum ersten Mal das Königliche Palais von Amsterdam, und als ich es nach gut einer Stunde wieder verließ, sah ich mich zum Enkel der Preußenkönige befördert. Nach der Besichtigung einiger Räume und einer belanglosen Ausstellung über die Oranier und die Musik schaute ich im Museumsshop die königlichen Devotionalien und Schriften an. Ich suchte nach Broschüren und Büchern über König Willem I. (1772–1843), ein Vorfahre, Vater einer illegitimen Tochter, die zur Urgroßmutter meines Großvaters (▸ ADEL, ▸ ADELBERT) geworden war. Als diese Tatsache, der Urenkel eines königlichen Bastardkindes zu sein («Die Liebesgeschichtenerzählerin»), Anfang der sechziger Jahre herauskam, musste der sittenstrenge Mann durchaus schlucken. In dem Shop war jedoch nur ein «Biografisch Woordenboek» sämtlicher zweihundertzweiundsiebzig Mitglieder der Sippe Oranje-Nassau zu finden, von den Anfängen bis heute. Darin drei Seiten über Willem, der als Prinz von Oranien und von Napoleon abgesetzter Statthalter der Niederlande vor allem in Berlin im Exil gelebt hatte, bevor er 1815 König wurde. Verheiratet war er mit seiner Cousine, der Schwester des

Preußenkönigs Friedrich Wilhelm III. Aber auch seine Mutter, das entdeckte ich jetzt, war eine Preußin namens Wilhelmina, eine Enkelin des Soldatenkönigs und Nichte Friedrichs des Großen.

Ich dachte: Gut, ein Detail mehr, aber Stammbäume sind witzlos, führen nur ins Unendliche eines Wahns oder zu irgendeinem König oder zu Karl dem Großen, vergiss es! Ich wollte Näheres über Willem wissen, nicht über die Preußen, und kaufte das teure Buch trotzdem.

Erst draußen auf den Pflastersteinen vor dem Palais mit dem Blick auf den Dam und auf das Denkmal zur deutschen Besatzung, dem einstigen Hippietreffpunkt, verfiel ich in einen Schwindelzustand: Erst König Willem, jetzt stammt der auch noch von den Preußenkönigen ab, langsam reicht es! Da haben ein paar deiner Vorvorfahren nicht nur in diesem Schloss gehaust und regiert, sondern auch in Charlottenburg, Potsdam, Berlin, Oranienburg und so weiter. Ich brauchte die Stammbäume nur nebeneinanderzulegen, um behaupten zu können: Ich bin ein Urenkel mit acht Ur des ersten preußischen Königs Friedrich I. und seiner Sophie Charlotte, ein Urenkel mit sieben Ur des Soldatenkönigs und so weiter, schnell ist man drin im «glitzernden Schauder der Genealogie», wie Nabokov sagte.

Wie geht man mit einer solchen Erbschaft um? Wie könnte man spielen mit diesen Genen, die nur auf dem Papier stehen? Noch dazu als einer, der den zweifelhaften Ruf hat, ein zeitkritischer Gegenwartsmensch zu sein. Ganz einfach, überlegte ich: Diese Konstellation ist eine komische, also soll ihre Komik dynamisiert werden. Sich lustig machen, aber möglichst intelligent. So entstand der Roman «Der Königsmacher», dem ich leider nicht den besseren Titel «Die unechte Tochter» gegeben habe.

AHNUNG

Ganz frühe Erinnerung an erste Ahnungen, erste Sehnsüchte. Ich stehe am Rande des Platzes, der für mich die Mitte der Welt ist, an der Kreuzung in der Mitte des Dorfs Wehrda, wo gelbe Wegweiser die Straßen zu den Nachbarorten Rhina, Neukirchen, Rothenkirchen, Schletzenrod und Langenschwarz zeigen, das größte Gasthaus mit der Bushaltestelle gegenüber der Kirche. Daneben, am Rand der Kreuzung, der Kirchplatz, ein runder, halb mit einer niedrigen Sandsteinmauer eingefasster, mit acht Linden bestandener alter Dorfanger, wie eine Insel leicht erhöht über den Straßen, die hier zusammenlaufen. Da stehe ich, allein unter den Linden am Kirchplatz, ein stiller Vormittag im Sommer, und sehe ein Mädchen mit Ranzen am Milchkannenpodest vorbei Richtung Schule laufen (die erste Klasse hatte damals nur eine Schulstunde, von zwölf bis dreizehn Uhr). Es ist H., ein Jahr älter als ich, die ich nur flüchtig kenne und die nicht zu meinen Spielgefährtinnen gehört, weil sie im Schloss lebt, jüngste Tochter der Baronin, der mächtigsten Frau des Dorfes. Ich sehe nur den Rücken, das unscheinbare Kleid, den Blondschopf, den Ranzen. Ein Mädchen, unerreichbar und wunderbar, tippelt entschlossen voran, und ich kann den Blick nicht wenden, weit hinein in die Straße zur Schule, in die ich aus meiner Richtung schauen kann, bis das Mädchen dann doch hinter einer Hausecke verschwindet. Ich beneide H., ein Jahr muss ich noch warten, bis ich in die Schule darf. Schon wünsche ich, älter zu werden. Schon wünsche ich, Hand in Hand mit ihr zu gehen, zur Schule, ins Weite, ins Leben. Ich spüre: Es gibt so etwas wie Zukunft, Sehnsucht, Zukunftssehnsucht. Und glücklich über diese Ahnung verliebt sich der Fünfjährige in die Sechsjährige und behält das Bild für immer.

AHRENS, INGE

Journalistin von robuster holsteinischer Heiterkeit und langjährige Charlottenburger Nachbarin, mit immer wieder gescheiten Ratschlägen für alle Lebenslagen. Als Reisejournalistin kennt sie etliche der wirklich schönsten und noch bezahlbaren Orte, Hotels und Restaurants Europas, die sie nur engsten Freunden verrät, zum Beispiel ▸ ARTÁ. Dafür verraten wir ihr, einer der strengsten Leserinnen Berlins, die wirklich besten Romane Europas.

AHRENSHOOP, AHLBECK UND ARKONA

Als wir Westberliner diese Orte an der mecklenburgischen und vorpommerschen Ostsee 1990 entdeckten, merkten wir, dass wir sie all die Jahrzehnte vorher, ohne es zu merken, vermisst hatten.

AICHINGER, ILSE

Die alte Dame, wie sie 1995 im Berliner Literaturhaus ihre frühe «Rede unter dem Galgen» liest, wieder ein Beispiel für die Stärke der Fünfziger-Jahre-Literatur. Sie konnte das noch: in einem Satz alles sagen. «Sprache ist, wo sie da ist, für mich das Engagement selbst, weil sie kontern muss, die bestehende Sprache kontern muss.»

Was hätten, dachte ich 2009 beim Wiederlesen des Romans «Die größere Hoffnung» (1948), was hätten sich alles für törichte literarische Debatten, Vorurteile und Aversionen in den letzten fünfzig Jahren vermeiden lassen, wenn dieser Roman besser bekannt und besser verstanden worden wäre. Oder wenn Literaturkritiker ihr Handwerk an diesem Buch geschult und entfaltet hätten. Der Roman widerlegt gleich mehrere gängige Ansichten, wie Romane zu sein hätten. Eine davon: Man könne auf zeitgeschichtliche, auf politische Ereignisse nicht unmittelbar, nicht sofort literarisch reagieren, man brauche Abstand, man nehme sich ein Beispiel an Tolstois «Krieg und Frieden». Ilse Aichinger konnte mitten im nationalsozialistischen Terror, im Krieg und unmittelbar danach große Literatur schreiben. Nicht der Zeitpunkt des Schreibens ist das Kriterium, sondern die richtige Entscheidung über Ästhetik, Stil, Perspektive. Zweitens, man habe sich zu hüten vor der kindlichen Perspektive, sie verfälsche immer, entweder ins Altkluge oder ins Banale. «Die größere Hoffnung» beweist das Gegenteil. Drittens, man könne nicht gleichzeitig über den Massenmord und den Mond schreiben, nicht gleichzeitig dem Politischen und dem Poetischen dienen, siehe ▸ ADORNOS Verdikt über Gedichte nach ▸ AUSCHWITZ. Ilse Aichinger zeigt, wie sich beides bedingt, beeinflusst, befruchtet – wenn einmal eine, man darf hier sagen: geniale ästhetische Lösung gefunden ist.

AIGUES-MORTES

Von Montpellier und Aigues-Mortes machten mein Bruder und ich einen Abstecher zur Cathédrale de Maguelone, eine Freundin aus Berlin hatte das dringlich empfohlen. Ich steuerte meinen Fiat 500 Kombi über einen holprigen, kilometerlangen Feldweg, Oktober 1965, wir waren die Einzigen auf dieser Strecke. Bald aber tauchte hinter uns ein schwarzer Mercedes mit deutschem Nummernschild auf, kam und drängte näher. Ich fuhr an den Rand, ließ den Wagen vorbei. Der überholte und hielt dann. Günter Grass stieg aus – «Delius, was machen Sie denn hier?» Er war mit seiner Frau Anna und dem Verleger Reifferscheid und dessen Chauffeur unterwegs zum selben Ziel wie wir. Ein Treffen auf dem Feldweg, weit und breit keine anderen Touristen.

Nach der gemeinsamen Besichtigung der romanischen Kathedrale lud uns Grass für zwei oder drei Tage in sein Hotel in Montpellier ein, zum Essen und Skatspielen. Er hatte gerade seinen ersten großen Wahlkampfeinsatz für die SPD hinter sich und musste Willy Brandts Niederlage gegen Ludwig Erhard verarbeiten, auch ich, nach so viel Arbeit für die SPD im Wahlkontor (▸ ABSCHIED VON WILLY, ▸ ADENAUER 1, ▸ AHAB), war schwer enttäuscht. Mein Bruder und ich genossen den Luxus, spielten nicht besonders gut Skat, und nach den Tagen im Hotel zelteten wir in der Nähe des Strandes, den auch Grassens und Reifferscheid täglich aufsuchten, Grass viel lesend, seine Frau ▸ ANNA mit Ballettübungen auf dem Sand. Wir wurden eingeladen, wenn Herr Förster, der Chauffeur und Diener des Verlegers, mittags zum Strand kam und zwei Picknickkoffer öffnete – Reifferscheid war ein Gourmet und Grass auf seine Weise auch. Dort in Südfrankreich oder kurz darauf, vermute ich, ist sein Gedicht «Platzangst» entstanden, über «die Söhne aus zu gutem Haus», nicht sehr schmeichelhaft für uns, falls er an uns dachte.

AKADEMIE, DEUTSCHE

Bei der Freien Akademie Hamburg (aus der ich vor Jahren schon wieder ausgetreten bin) musste man sich nicht selbst vorstellen, bei der Deutschen Akademie für Fußballkultur (es lebe das Eigentor!) auch nicht, in der Berliner Akademie der Künste genügten ein paar schlichte Sätze. Die Selbstvorstellung bei der Deutschen Akademie für Sprache und Dichtung dagegen ist sportlich, sie muss in fünf Minuten absolviert sein, ich versuchte es im Frühjahr 1998 bei der Tagung in Budapest so:

«Wenige Tage nach dem Ende der Schlacht von Stalingrad nicht weit vom Vatikan in das warme Frühlingslicht von Rom geboren, die Mutter eine milde Mecklenburgerin, der Vater ein westfälischer Pfarrer, zwischen hessischen Wäldern und Fachwerkhäusern, Bücherregalen und Fußballplatz Lesen und Schreiben gelernt und zugleich stotternd und stumm geworden – wo fängt es an, das Ich, das mit gelähmter Zunge zur Sprache drängt und im Alter von zehn Jahren mit der Schreibmaschine des gefürchteten Vaters sich einen ‹Weltplan› tippt? Und als ‹Beruf› angibt: Dichter.

Dies Rätsel habe ich auch in der Erzählung ‹Der Sonntag, an dem ich Weltmeister wurde› nicht gelöst, und ich will es nicht lösen, denn es treibt mich voran. Wer schweigt und stottert, mag, im Idealfall, ein besonders glühender Liebhaber der Sprache sein. Widerspruch – erst gegen die Sprache der Väter und Götter, dann gegen die Sprachen der Floskeln, der Macht, der Ideologie. Sich am Schopf der eigenen Lyrik aus dem Sumpf ziehen – mit solchem Sublimationsgewinn lässt sich wuchern. Es zog mich ins Zentrum der deutschen Widersprüche, anderthalb Jahre nach dem Mauerbau. Aber was wäre Berlin gewesen ohne den Weg durch die Mauer, ich brauchte Gesprächspartner in beiden Berlins. Doch bei allem bescheidenen Größenwahn hätten wir uns nie vorgestellt, uns dreißig Jahre später in einer Akademie wiederzutreffen.

Der politische Schub von 1965, 1966, 1967, 1968 hat mich nicht gehindert, zehnmal mehr Jean Paul und Fontane zu lesen als Marx. Theorie war meine Sache nie, und der Höhepunkt meiner Studentenbewegung war eine Dissertation über ‹Der Held und sein Wetter›. Eine Maxime von Friedrich Schlegel begleitet mich seit 1965: ‹Jeder Satz, jedes Buch, so sich nicht selbst widerspricht, ist unvollständig.›

Sie sehen, im Grunde wär ich gern ein Romantiker. Bin aber nun etikettiert als literarischer Chronist der Gegenwart, als politischer Autor gar, überdies geadelt von Literatur-Prozessen bis hoch zum Bundesgerichtshof. Ich staune manchmal darüber, eine gewisse politische Wachheit scheint offenbar nicht mehr selbstverständlich zu unserem Berufsbild zu gehören. In Deutschland steckt schnell in der sogenannten politischen Ecke, wer die Auswirkungen historischer Ereignisse auf die Gemütslage und das Verhalten von Subjekten und Figuren nicht vergisst, ja sogar poetisch mitdenkt. Als wäre nicht jede Liebesgeschichte mit gesellschaftlichen Banden beschwert. Zur Abwechslung der Schubladen würde ich gern einmal als heimatloser Heimatdichter wahrgenommen werden: Köln, Bielefeld, Wiesbaden, Ribbeck, Wehrda, Rostock, Hiddensee, Berlin hätte ich zu bieten.

Wo sind denn nun Ihre Wurzeln? Wie links oder rechts sind Sie denn? Wo ist Ihr Standpunkt? Ich fühle mich, obgleich Westmensch, als Einheitsgewinner und Gegner der Jammer-Fraktion. Das neue Jahrhundert hat bereits im Jahr 1989 begonnen. Warum ich trotzdem immer noch kein Zyniker bin, habe ich auf neunundneunzig Seiten zu beantworten versucht. Der Meinungsmarkt schert mich weniger als Fakten, Fragen, Suche und der Humor, nachsichtig oder frech.

Wenn Sie mich zum Beispiel bei Feierlichkeiten, gerade bei akademischen, verhalten oder gar lächeln sehen, dann denke ich vielleicht daran, dass wir zu 98,6 Prozent Schimpansen sind. 1,4 Prozent Mensch, und was für ein unendlicher Raum der Freiheit, der Sprache, der Möglichkeiten!

Sie sehen hier einen Mann, den Sie, nach Akademie-Maßstäben, für verhältnismäßig jung halten werden. Bitte, vergessen Sie nicht, dass Sie einen Veteranen vor sich haben. Einen aus der letzten Generation, die noch ohne Fernsehbilder erzogen worden ist. Aus der Generation, die es so gut hatte wie keine vor ihr und so gut, wie es keine nach ihr haben wird, und die dies Privileg verdammt schlecht genutzt hat. Einen altmodischen Menschen, der die bewusstseinserweiternden Wirkungen von Sprache und Dichtung bei allen Zweifeln lieber überschätzt als unterschätzt. Und der heute immer noch wie der Zehnjährige davon träumt, ein Dichter zu sein.»

AKADEMIE, EVANGELISCHE

Literarischer Lernort in der Jugend, Hofgeismar bei Kassel. Nicht weit von Korbach, darum fuhr ich in den Oberstufenjahren zu fast jeder Literaturtagung dahin, suchte Kontakte, führte zum ersten Mal ein Interview für die Schülerzeitung, mit dem Dichter Karl Krolow. Als Student hielt ich im Dezember 1966 dort die erste literarische Rede, «Von der Tugend des Zersetzens oder Der Belletrist im Wohlstand». Spätere Auftritte in Arnoldshain, Loccum, Berlin, Tutzing vor immer geneigterem oder allzu geneigtem Publikum.

AKAZIENSTRASSE BERLIN

Plötzlich zu einer Hauptstraße des Lebens geworden, die Schöneberger Akazienstraße, seit dort die Enkelin Dalia und ihre Eltern wohnen.

AKTE

«Du musst auch Einsicht in deine Akte beantragen», sagte Jürgen Fuchs im Januar 1992, «die hatten dich bestimmt im Visier mit deinen Autorenkontakten in Ostberlin.» Fuchs, der mit der Staatssicherheit der DDR im Gefängnis die schlimmsten Erfahrungen gemacht hatte und auch danach im Westen immer wieder verfolgt und schikaniert wurde, trieb seit 1990 die Aufklärung über diesen Geheimdienst entscheidend voran. Als die Akten für die Betroffenen zugänglich wurden, dachte ich, den Leuten aus der einstigen DDR erst einmal den Vortritt zu lassen, aber Fuchs drängte auch seine Freunde aus dem Westen, den Antrag auf Akteneinsicht zu stellen.

Im Dezember 1994 sah ich die Papiere durch. Dass sie die Besucher Wolf Biermanns beschatteten, war zu erwarten. Obwohl sie Biermann abhörten, der deswegen immer das Radio laufen ließ, bekamen sie von unseren Gesprächen nichts mit. Dass sie nach der Übergabe zweier Reifen, die Katja Wagenbach und ich für das Westauto von Günter Kunert über die Grenze gebracht hatten und auf einem Parkplatz in der Nähe Biermanns umluden, mit großem Aufwand dem Verdacht eines staatsfeindlichen Manuskript- oder Rohstoff- oder Sprengstoffschmuggels zwischen zwei Dichtern nachgegangen waren, konnte man als Anekdote verbuchen. Erschreckender die Beschattungen der Treffen mit dissidentischen Freunden – aber immer nur bis zur Haustür. Oder die präzisen Listen der Ein- und Ausreisen am Übergang Heinrich-Heine-Straße, Tage, Stunden, Minuten waren erfasst. Doch von der konkreten Arbeit mit Wolf Biermann, Heiner Müller, Thomas Brasch (▸ AUSREISE), Stefan Schütz, Karl Mickel (▸ AN MICKEL) und den anderen wurde ihnen nichts bekannt. Sie vermuteten Konspiration, wo es um Freundschaft ging, sie vermuteten Staatsfeindlichkeit, wo es um Literatur ging. Da ich viel mit dem Auto unterwegs war zwischen verschiedenen Freunden und Kollegen, gaben die Beobachter mir den Decknamen «Fahrer».

Außerdem hatte ich im Zuge meiner Nachrecherchen während des Siemens-Prozesses einmal mit einem sachkundigen Wirtschaftshistoriker gesprochen. Der berichtete der Stasi über mich und mein Denken, gar nicht mal dumm. «D. ist ein typisch deutscher Wissenschaftler, aber von der angenehmen Seite. Er raucht nicht, trinkt wenig, arbeitet viel und ist sehr ehrgeizig. Diesen Ehrgeiz verdeckt er mit Bescheidenheit und Schüchternheit (obwohl er nicht schüchtern ist).» Einen freien Autor konnte sich dieser Historiker offenbar nicht vorstellen, er machte ihn zum «Wissenschaftler» – egal, es blieb zum Glück bei diesem einen Gespräch. Von den Autorinnen und Autoren, auch den Freunden, hat mich, nach Aktenlage, niemand denunziert oder in Schwierigkeiten gebracht. So staatswichtig war man dann doch nicht.

AKTIEN

1971 kaufte ich eine Siemens-Aktie im Nennwert von fünfzig D-Mark, um für die Arbeit an der satirischen Festschrift «Unsere Siemens-Welt» auch die für Aktionäre bestimmten Informationen zu erhalten. Nach dem Prozess verkaufte ich sie wieder. Für mich als kapitalismuskritischen Menschen waren Aktien tabu, aber ich ließ eine Nebenfigur in «Ein Held der inneren Sicherheit» vor sich hin spekulieren. Nach ein bisschen «Manager Magazin»-Lektüre merkt man, wie leicht es wäre, gerade gegen die aktuellen Trends und langfristig auf neue Technologien setzend Gewinne einzustreichen. Hätte ich das getan, was meine Figur sich vorgestellt hatte, wäre ich in den achtziger Jahren ein reicher Mann geworden. Hätte, hätte, Lieferkette. Erst in jüngster Zeit steckt der alte Antikapitalist und vielfache Facharztpatient das wenige Geld, das er übrig hat und sonst als Tagesgeld geparkt hätte, lieber in Pharmaaktien.

AKZENTE

Die in den sechziger bis achtziger Jahren so wichtige literarische Zeitschrift «Akzente» hat zum ersten Mal 1979 etwas von mir publiziert. Als Schüler hatte ich einem der Herausgeber, Hans Bender, Gedichte geschickt, die er im Juni 1961 freundlich ablehnte: «Aufmerksam haben wir Ihre Gedichte gelesen … Da schäumt und brodelt es noch, aber auch noch viel Angelesenes guckt allzu deutlich zwischen den Zeilen hervor. Wir wollen mit einer Veröffentlichung noch warten.» Etwa drei Jahre später, als Student, sandte ich Bender wieder Gedichte, die zwar ihm, nicht aber dem anderen Herausgeber, Walter Höllerer, gefielen. Dann studierte und promovierte ich bei Höllerer an der TU Berlin, da verbot es sich von selbst, ihm etwas für seine Zeitschrift anzubieten. Obwohl das Verhältnis zu Hans Bender immer freundschaftlicher wurde, mied ich auch nach dem Studium die «Akzente», teils wegen der für diese Zeitschrift vielleicht zu politischen Texte, teils weil ich Höllerers Strenge fürchtete und als sein sogenannter Schüler weder einen Bonus noch einen Malus haben wollte. Erst als Michael Krüger Höllerer abgelöst hatte, schickte ich die Gedichte «Deutsches ▸ABENDLIED» und «Chinesisch essen» an die «Akzente», die dann im Oktober 1979 erschienen, achtzehn Jahre nach dem «noch nicht» von Hans Bender.

ALARMANLAGEN

Eine Reise in ungewöhnlich friedlichen Tagen vor den ersten freien Wahlen und der Machtübergabe an Mandelas ANC in Südafrika, organisiert vom Börsenverein des Deutschen Buchhandels, im September 1993 nach Kapstadt, Johannesburg und Pretoria, um mit verschiedenen Autorinnen, Autoren und anderen Buchmenschen zu lesen und zu diskutieren. Es entstand eine längere Reportage für die «Süddeutsche Zeitung», «Der Ritt auf den Rasierklingen». Was ich dort nicht schrieb: Kann ein Land mit so vielen Alarmanlagen je inneren Frieden finden? Ein Land, das schon so kaputt ist von den Folgen und Folgekosten des Rassismus, der Apartheid, der Gewalt einer gespaltenen Gesellschaft? Ein Land mit so viel Armut, wo jedes bisschen Besitz mit Mauern, Stacheldraht, Alarmanlagen und Waffen umstellt ist? Zu viele fromme Wünsche auf allen Seiten.

ALBANO, LAGO

Beim ersten Rombesuch, Schülerfahrt der Korbacher Gymnasiasten 1962, ging es auch zum Lago di Albano und zur päpstlichen Sommerresidenz Castel Gandolfo. Wie reagiert ein protestantischer Schüler auf Macht und Unfehlbarkeit des Papstes? Mit Witzen oder schlichten Understatement-Gedichten. So entstand damals «Lago di Albano»:

Wenn der Papst,
über Castel Gandolfo,
einen Stein in den See
werfen sollte,
wird dieser überlaufen.

Die Uferbewohner seien
gerüstet gegen Naturgewalt,
gab der Osservatore bekannt.

Also steigen
die Grundstückspreise
schneller als böse Gerüchte.

ALBATROS

Als einer der fünf Finalisten eines Albatros-Preises für Reiseliteratur wurde ich 1999 mit dem «Spaziergang von Rostock nach Syrakus» nach Palestrina bei Rom eingeladen. (Thomas und Heinrich Mann lebten eine Zeitlang in Palestrina, daher spielt dort die Szene mit dem Teufel in «Doktor Faustus» in einer Fremdenpension.) Ein halbes Dutzend junger Enthusiasten (Fotograf, Lehrerin, Altenpfleger, Landvermesser etc.) organisierte das Festival, Höhepunkt eine nächtliche «manifestazione» im Tempelhalbrund der Göttin Fortuna, mit Weitwinkelaussicht über das Land bis hin zum Meer. Der Textauszug aus «La passeggiata da Rostock a Siracusa» schien gut anzukommen, mit dem Interview im ungewohnten Italienisch war ich halbwegs zufrieden, aber für das Publikum blieb das natürlich sehr dürftig und hölzern. Es gewann der bekannteste Teilnehmer, Tiziano Terzani. Ich fühlte mich genug beschenkt unterm Sternenhimmel, inmitten der Ruinenmauern, Fortuna war nah, ich wusste, dass mir ein Stipendium in der Casa di Goethe in Rom zugesprochen war für das Frühjahr 2001. Die Gespräche und die Tafeleien mit den jungen Literaturenthusiasten machten Hoffnung auf ein frisches, heiteres, engagiertes Italien. Eine lange Augustnacht auf den Amphitheaterstufen vor dem Palazzo Colonna Barberini, allein die stimulierende, schmeichelnde Luft! Die Entdeckung von Palestrina: Wenn schon eine Göttin, dann Fortuna. So blieb ich noch drei, vier Tage in dieser Kleinstadt, bevor es nach langer Zeit mal wieder mit dem Bus nach Rom ging.

ALBERT 1–6

Albert Schweitzer, der gütige schnauzbärtige medizinische Missionar «im afrikanischen Urwald», ein Vorbild des zehnjährigen Dorfjungen.

Albert Camus, der radikale Fragensteller und Sisyphos-Deuter, ein unbegriffenes Idol des achtzehnjährigen Kleinstadtjugendlichen (▸ ABSCHREIBEN).

Albert ▸ AYLER, der wildeste aller Musiker des Free Jazz, konnte kein Vorbild sein für den dreiundzwanzigjährigen New-York-Besucher und Wortmenschen, aber ein Fixpunkt: Versuche, beim Schreiben nie gefällig zu sein, baue Widerhaken ein, geh zu weit, wenigstens so weit du kannst! («Die Zukunft der Schönheit»)

Albert Gerhardt, der mir als junger Rechtsanwalt im Siemens-Prozess beim Landgericht und Oberlandesgericht Stuttgart fünf Jahre lang zur Seite stand, klug, flink, geschickt der Gegenseite trotzend, der renommierten, mächtigen Stuttgarter Kanzlei Löffler, die für die Siemens AG und die Deutsche Bank (▸ ABS) mit enormem Aufwand die Satire bekämpfte.

Albert Mangelsdorff, der große alte Jazzer, der 1999 bei der Premierenlesung der «Flatterzunge» dem Publikum erklärt und mit seiner Posaune vorführt, wie die Technik des Flatterzungenspiels klingt.

Albert Rusch, Hauptfigur des «Königsmachers», erfolgloser Schriftsteller, der sich in die Familiengeschichte seiner (und meiner) adligen Mutter versteigt und daraus einen Bestseller machen will. Doch die Stammbäume, die bis zu holländischen und preußischen Königen reichen (▸ AHNENGALERIE), treiben ihn in den Größenwahn, er scheitert und reüssiert schließlich als Erfinder des Preußenjahres 2001. Ich nannte ihn Albert, als bessere Variante des scheußlichen ▸ ADELBERT. Ich nannte ihn Rusch, weil die Mutter meines Vaters aus der Familie Rausch kam.

ALBERT 7

Albert Speer ist mir zugelaufen. Als eine Großtante ins Altersheim ging und ihr Bücherregal freigab, griff ich Speers «Erinnerungen» und «Spandauer Tagebücher» heraus, viel mehr interessierte mich nicht. Es war Mitte der achtziger Jahre, die alten Nazis und ihre bürgerliche Herkunft, das blieb ein spannender Stoff. Besonders die aus dem Gefängnis herausgeschmuggelten und 1975, knapp ein Jahrzehnt nach Speers Entlassung, publizierten Tagebücher faszinierten mich: protokollierte Dialoge der sich unschuldig fühlenden alten Verbrecher, anschauliche Beschreibungen, begreifliche Reflexionen, erstaunliche Sätze, strohdummes Zeug, viel Situationskomik. Natürlich auch hier die perfekte Selbststilisierung Speers als «guter Nazi». Es juckte mich sofort, daraus eine Komödie zu machen. Da die Gefangenen Dönitz, Heß, Schirach, Speer jeden Montag ihre eigene Wäsche zu waschen hatten, bot sich ein «Waschtag» an. Das Stück wurde 1988 am Wolfgang-Borchert-Theater in Münster uraufgeführt, viele Wochen lang gespielt, auch auf Gastspielen gezeigt. Doch kein anderes Theater nahm es in den Spielplan. Die Mode, prominente Nazis vorzuführen und zum Gegenstand von Stücken, Filmen, Büchern zu machen, entwickelte sich erst nach der Wende, nach der deutschen Vereinigung, Mitte der neunziger Jahre. «Waschtag» kam zu früh. Und viel zu spät wurde das Ausmaß von Speers Lügen und Verbrechen bekannt. Im Stück sieht man die Komik, wie er und seine Kumpels sich Mühe geben, konservativ im Sinne der fünfziger Jahre zu werden, was nicht gelingt, das Faschistische und das Nazidenken brechen trotz des mühsamen Verzichts auf den Nazijargon immer wieder durch.

ALBERT HALL

Unter den tausend Anregungen im anregungsreichen London-Jahr 1966/67 (‣ ABBEY ROAD, ‣ ÄRSCHE) auch die aus der Royal Albert Hall. Die Sommerkonzerte, die «Proms», waren noch nicht «in», es war ziemlich leicht, Karten zu kriegen, jedenfalls für die Plätze, die für uns Studenten infrage kamen: die Stehplätze im obersten Rang. Dort hörte ich im Sommer 1967 zum ersten Mal eine Mahler-Symphonie. Und den etwas vertrauteren Beethoven, so live, so wild und heiter wie nie. Und die Briten Holst und Elgar («Pomp and Circumstance»). Die elementare Erfahrung: wie auch die klassische Musik Hunderte von Menschen in Rausch versetzen kann.

ALBERTI, RAFAEL

Fünfzehntausend Zuhörer – Arbeiter von bestreikten und besetzten Fabriken, Gewerkschafter, Anhänger und Sympathisanten der italienischen Kommunisten und Linksparteien – jubelten im Palazzo dello Sport erst Sängern und Musikgruppen, dann dem in Rom im Exil lebenden alten spanischen Dichter Rafael Alberti zu (in Spanien herrschte noch Franco). Er las ein Gedicht und sagte einen Satz der Solidarität. In der Mitte der Halle stand er vor dem Mikrofon, kräftige Stimme, entschiedene Bewegungen, weißes Haar, das perfekte Bild eines Dichters. Der rauschende Beifall ließ uns 1972 hoffen, es könne zumindest in Italien produktive Verbindungen zwischen Arbeitern und Intellektuellen, Politik und Poesie geben. Sichtbare, fühlbare Solidarität in buntesten Formen, dazwischen Volkslieder, Partisanenlieder, Gitarrenlieder. So viel Singen und Lachen bei einer Streikveranstaltung, so viele entschiedene, kampfesfreudige Frauen, so wenig papierne Reden. Der enthusiasmierte deutsche Beobachter idealisierte sich das und hielt fest: Die Leute gingen stärker, fröhlicher weg, als sie gekommen waren.

ALBERTO

Auf die Allianz zwischen Arbeitern, Intellektuellen und Partei hoffte auch Alberto Scarponi, mein ältester römischer

Freund neben Peter Kammerer. Und arbeitete daran mit als Übersetzer von Marx und Lukács ins Italienische sowie als Redakteur der Zeitschrift «Critica marxista», die von der Partito Comunista Italiano (PCI) herausgegeben wurde. Mehr Parteilinie oder weniger Parteilinie, das war für ihn die Frage all die Jahre zwischen Pasta und Gelato. Er war offen für die Argumente der Partei-Dissidenten wie Rossana Rossanda – und wusste sie zu widerlegen. Seine erste Frau, Mutter der Kinder, kam aus Deutschland, seine zweite aus Ungarn. Er sprach recht gut Deutsch, bestand aber darauf, Italienisch zu reden. Ich beneidete ihn nicht, aus guten Gründen hatte ich nie die Nähe einer Partei gesucht. Als nach dem Fall der Mauern und Grenzen auch die stolze Volkspartei PCI zerfiel, konnte er seinen Leidenschaften nachgehen, Poesie, die Zeitschrift «Lettera internazionale», der AS Rom und chinesische Gymnastik. Er übersetzte hin und wieder etwas von mir für «Lettera», unter anderem die «Moritat auf Helmut Hortens Angst und Ende». In der deutschen Literatur kannte er sich ein wenig aus, Bachmann und Brinkmann waren für ihn «lacrimisti», Tränenmenschen, Tränendichter. Ich sei kein «lacrimista», meinte er. Das ist kein literarisches Kriterium, sagte ich. Er: Aber ein Kriterium.

ALBERTZ, HEINRICH

Ein Festakt im Schloss Charlottenburg im März 1967, der Regierende Bürgermeister Albertz begrüßt und übergibt die Berliner Kunstpreise der Akademie der Künste. Für Bildende Kunst, Architektur, Musik, Darstellende Kunst, Film- und Medienkunst. Die Künstler, darunter bekannte wie Karl Böhm oder Hans Richter, gehen nach vorn, nehmen die Urkunde, schütteln die Hand. In der Sparte Literatur erhält den großen, nach Fontane benannten Preis Walter Mehring, den «Preis der jungen Generation» der jüngste Autor des Neuberliner Wagenbach Verlags für seine ersten Bücher, «Kerbholz» und «Wir Unternehmer» (▸ ALTKANZLER). Eberhard Lämmert hält die Laudatio. Mein Stolz auf diesen Preis mischt sich mit stillem Spott über die Rituale, den Barocksaal, die Reden, die Anzuggesellschaft, aber die fünftausend Mark nehme ich gern (und der Protestant verjubelt sie nicht, sondern trägt sie am nächsten Tag zur Bank für Gemeinwirtschaft). Während Albertzens Rede meckert hinter mir Mehring nuschelnd über die eine oder andere Formulierung, ich kenne noch kaum die Bedeutung dieses unglücklichen einstigen Emigranten. Neben mir sitzen der gute Wagenbach und meine schöne Freundin A., die nicht meine Geliebte werden will. Selbst der Preis wird bei ihr nicht helfen. Abends lade ich Freunde ein. Am nächsten Abend zum Whisky in Ostberlin mit den Freunden Friedemann Berger, Günter Kunert (▸ ABENDROT), Karl Mickel (▸ AN MICKEL), Bernd Oeburg. Danach zurück nach London.

Drei Monate später, nach dem 2. Juni, dem Tod Benno Ohnesorgs und Beginn der Studentenrevolte, wird Albertz als oberster Polizeibefehlshaber berüchtigt und berühmt. Ich überlege, den Preis aus Protest zurückzugeben, aber es ist ein Preis der Akademie, nicht des Bürgermeisters, außerdem: das Geld. Meine Empörung über ihn, die Berliner Polizei und die Springerpresse (▸ AXEL) lasse ich in einem schwachen Gedicht ab, «Albertzens Auge», ein Beispiel dafür, wie ich, wie unsere Generation nun über innere Aufrüstung nachzudenken beginnt. Noch im gleichen Jahr tritt Albertz zurück und wird wieder Pastor, sozial und nicht nur sozialdemokratisch engagiert.

ALBINATI, EDOARDO

In seinem Roman «Die katholische Schule» (deutsch 2018) beschreibt Albinati das Stadtviertel Trieste in Rom, wo meine Frau und ich sechzehn beziehungsweise zwölf Jahre gelebt haben. Wir haben uns dort sehr wohlgefühlt, weit genug entfernt vom Centro, aber nicht zu weit, nah der Villa Ada (▸ ADA 2) und der Autobahn nach Norden. In den Straßen, die nach Mussolinis Kolonien und beanspruchten Gebieten oder nach italienischen Provinzen und Flüssen benannt waren, sah man die Plakate der radikalen Rechten überall, doch die Leute schienen ruhig und behäbig vor sich hinzuleben, sobald sie bei ihrer Casa waren und den irren Verkehr hinter sich hatten. Ein bürgerliches, katholisches, faschistisches Viertel, vereinfacht gesagt, und Albinati arbeitet auf fast tausenddreihundert Seiten heraus, wie diese Eigenschaften oder Zuschreibungen ineinander übergehen. Was stimmt da nicht, fragt er, wenn einer katholischen Schule, seiner Schule, auffällig viele Mörder entwachsen und auffällig viele Faschisten. «Im Quartiere Trieste war man von Sicherheit geradezu besessen. Man hatte alles darangesetzt, sich ein glückliches, ruhiges Leben aufzubauen, und war dafür bereit, auf jedwede aufregende Neuigkeit zu verzichten. Man hatte die Existenz sorgsam glatt geschliffen und von allen Unebenheiten befreit, die Anlass zur Sorge oder Freude hätten geben können – weg damit, mit dem Hobel drüber. Die Gebete waren erhört worden … Das Viertel hatte sein Image gefestigt und war mit der Wohlstandsgießkanne begossen worden, in den Wohnhäusern rund um den Parco Nemorense, in den Einfamilienhäusern in der Via Arno und der Via Reno und in den großen Wohnblöcken in der Via Eritrea spürte man den Zustrom frischen Geldes, der die ansehnliche Hülle mit dem entscheidenden

Element vollpumpte, um sich wirklich respektabel zu fühlen. Ehrlichkeit, Anstand, Höflichkeit und Arbeit zählen nur bis zu einem gewissen Grad, ab da brauchte es Geld. Daran fehlte es nun endlich nicht mehr.» Bevor der Begriff «toxische Männlichkeit» aufkam, hat Albinati das Phänomen gründlich beschrieben am Beispiel vieler Figuren aus diesem rätselreichen Viertel.

ALBRECHT 1–3

Albrecht Betz, Korbacher Möbelhändlersohn, beide sind wir Doktoranden in Berlin bei Höllerer (▸ ANSTIFTER), wie er vergeblich versucht, mich zu einem Thomas-Mann-Anhänger, drei Semester später zu einem Heinrich Heine-Fan zu machen, und nicht versteht, dass ich zwar ein neugieriger Leser, aber kein Fan sein will.

Albrecht Delius, der Vetter und Automobil-Logistiker, der mir die Just-in-time-Produktion bei Opel in Eisenach erklärt und wegen eines Unfalls seine Hochzeit auf Krücken feiert.

Albrecht Pietzsch, der Landarzt und Lieblingsonkel aus Bockenheim an der Weinstraße, wie er mir 1968 beibringt, den Geschmack von Sylvaner, Weißburgunder und Scheurebe zu unterscheiden – während ich daran leide, zusehen zu müssen, wie die Panzer des Warschauer Pakts die Menschen der ČSSR unterwerfen und terrorisieren, und er sein Bild vom Kommunismus wieder mal bestätigt findet (▸ AUGENZEUGENBERICHT). Und ich kapiere: Aus Moskau und von der Führung in Ostberlin wird nie mehr etwas Gutes im Sinn des Sozialismus kommen.

ALDWYCH THEATRE

Auf den Stufen vor dem Londoner Aldwych Theatre im frühen Sommer 1967, eine Shakespeare-Inszenierung von Peter Brook wird zu sehen sein, plötzlich steht Siegfried Lenz mit seiner Frau neben mir und grüßt. Wir kannten uns flüchtig aus der Gruppe 47. Ein bisschen Konversation, dann kommt er auf «Wir Unternehmer» (▸ ALTKANZLER) zu sprechen, die Dokumentarpolemik über einen Wirtschaftstag der CDU, die im Herbst zuvor, 1966, erschienen war. «Ich bewundere das, ich könnte das nicht, ich würde es nicht aushalten, mit dieser Sprache zu arbeiten», sagte er. Dann labten wir uns, jeder auf seinem Platz, an Shakespeares Sprache.

Merksatz Siegfried Lenz: «Der Autor ist kein Oberkellner, der selbstverständlich das Gewünschte zu liefern hat.»

ALEMANNO, GIANNI

Römische Lehren 2008. Dass Politiker ihr Amt fleißig dafür nutzen, möglichst viele aus ihrer Klientel mit Posten zu versorgen, ist üblich und zur Genüge bekannt. Aber «die Politiker» sind nicht alle gleich, es gibt da große qualitative und quantitative Unterschiede. Einer toppt alles. Gerade zum Bürgermeister von Rom gewählt, lässt Gianni Alemanno auf einen Schlag tausendzweihundert seiner Parteifreunde bei den Verkehrsbetrieben und bei der Stadtreinigung für Bürojobs einstellen, wo sie unqualifiziert sind oder nichts zu tun kriegen und nur Chaos anrichten – so etwas schaffen nur Faschisten und Rechtsradikale. Außerdem will er eiligst eine Straße nach dem Altfaschisten und eifrigsten Mussolini-Adepten der Nachkriegszeit benennen, Giorgio Almirante, und entschuldigt die Jugendbanden seiner Garde, die Läden von Immigranten überfallen. Dazu passt, dass er die etwas strengeren Parkplatzregeln, die sein Vorgänger, Demokrat, eingeführt und damit das Verkehrschaos etwas gemindert hat, wieder abschafft. So viel zu Recht und Ordnung in Rom im frühen 21. Jahrhundert.

ALEPPO

Als im Spätherbst 2016 sich der Krieg in Syrien wieder einmal zuspitzte, als syrisches Militär und russische Bomber Zehntausende Syrer töteten, Zehntausende vertrieben und die Stadt Aleppo dem Erdboden gleichmachten, reichte es uns, einer lockeren Gruppe von mehr oder weniger Älteren, Freunde von Peter Schneider. Lange her, dass unsereiner, ich jedenfalls, demonstriert hatte. Aber hier waren wir uns rasch einig, gegen den Massenmord von Assad und Putin sollten wir zu einer Demonstration vor der Russischen Botschaft Unter den Linden aufrufen – gerade weil in jenen Tagen niemand von den linken oder grünen Friedensfreunden lautstark gegen diesen Massenmord auftrat. Also kurzfristig Anmeldung, Parolen, ein Aufruf, den über das Berliner Literaturfestival zweihundertfünfzig Autoren aus aller Welt binnen drei Tagen unterzeichneten. Es kamen am Ende gut tausend Leute, viele alte 68er-Gesichter und DDR-89-Gesichter und ein paar Grüne, dazu viel Presse – und ein Gegentrupp der Putin-Gläubigen. Kein «Erfolg», aber das alte, ambivalente Demonstrationsgefühl: Wenigstens haben wir an einem Tag nicht geschwiegen, wissend, dass das keinen Herrscher kratzt und das Morden der Bevölkerung gnadenlos fortgesetzt wird.

ALESSANDRA

Alessandra Mussolini, prominenteste italienische Faschistin und stolze Erbin ihres Nachnamens, erscheint auf der Piazza del Popolo bei einer Wahlkampfveranstaltung der römischen Rechten – von den Schläger-Nazis bis zur Berlusconi-Partei. Man wirbt für den rechtsradikalen Bürgermeisterkandidaten ▸ALEMANNO. Die Enkelin des Duce, braun gebrannt, figurbetont gekleidet, steht am Rand, von Fans umlagert. Viele Männer drängen sich, um mit ihr zusammen auf ein Foto zu kommen (es ist noch nicht die Zeit der sogenannten Selfies). Sie steht drei Meter vor mir, einen Moment überlege auch ich, mich mit ihr fotografieren zu lassen, irgendwas Freches müsste mir doch zu ihr einfallen. Mir fällt nichts Freches ein, bin nur angewidert und gucke mir weiter die Leute an, die sich hier versammeln und mich, wenn sie in meinen Kopf schauen könnten, verprügeln, vernichten oder zumindest verbieten würden.

ALESSANDRO 1–2

Alessandro Farnese, drei bedeutende Alessandro Farnese zählt die (Kirchen-)Geschichte, ich denke vor allem an den Namensgeber der römischen Via Alessandro Farnese. Im Haus mit der Nummer 18 bin ich geboren, einst deutsch-evangelisches Krankenhaus, heute Pension Casa Valdese.

Alessandro Sili, wie er, der verarmte Graf, marxistische Soziologe, Formel-1-Fan und Ehemann unserer Freundin Utta, bei unserer Hochzeit (▸AEROPORTO ROMA-FIUMICINO) auf seinem Grundstück bei Primaporta das Lamm auf dem Spieß dreht.

ALEXANDER 1–5

Alexander von Bormann, freundlich-sachverständiger Literaturprofessor, wie er die geheime Geschichte des holländischen Königs, des Gatten der beliebten Regentin Emma (aus ▸AROLSEN), erzählt. Willem III. tat sich bei Jagdausflügen mit seinen Kumpanen als königlicher Vergewaltiger holländischer Dorfmädchen hervor, berüchtigt im ganzen Land. Für seine illegitimen Kinder musste das Königshaus, noch unter Emmas Regentschaft, nachdem Willem früh gestorben war, jahrzehntelang Alimente zahlen. Ein großes Tabu in den Niederlanden bis heute, Alexander kannte einen königstreuen Professor, der die Geschichten recherchiert hat, aber nichts darüber publizieren durfte. Ebenso wenig wie über die Geschichte meiner Ururgroßmutter, der illegitimen Tochter König Willems I. (▸AHNENGALERIE).

Alexander Fest, Verleger, wie er mit feinem Lächeln, intelligenten Komplimenten und sehr hohem Vorschuss den Autor zu seinem Verlag zu ziehen versucht – bevor er dann Chef meines Verlags wurde, was für mich das Beste war.

Alexander Kluge, ein so gescheiter, versierter, flinker Autor, immer mit Vergnügen gelesen (längst nicht alles), seine Filme gesehen, nie habe ich, obwohl es einige Gelegenheiten gab, seine Nähe gesucht, weil ich fürchtete: Niemand wird schneller als er durchschauen, was du für ein naiver, mittelmäßiger Kerl bist.

Alexander Lonquich, Pianist, wie er 1972 mit elf Jahren in der Villa Massimo in Rom (▸ACCADEMIA TEDESCA) mit seinem Vater, dem Musiker-Stipendiaten, Beethoven spielt.

Alexander Völker, als Jungpfarrer Nachfolger meines früh gestorbenen Vaters in Korbach, etwa zehn Jahre älter als ich, wie er meinen groben pubertären Ansichten freundlich und geduldig scheinbar recht gibt, um dann doch mit eleganter theologischer Dialektik (und ebenfalls feinem Lächeln) den Zeigefinger zu heben. Und auf die Ironien bei Johann Sebastian Bach aufmerksam macht – etwa wenn der laute, stimmgewaltige Chor singt: «Herrscher des Himmels, erhöre das Lallen, lass dir die matten Gesänge gefallen.»

ALEXANDER HALL

Nach fünfunddreißig Jahren wieder in Princeton, beim alten Ted Ziolkowski, der als junger Germanist einst die Gruppe-47-Tagung mitorganisiert hatte, er öffnet mir auch die Alexander Hall, wo 1966 an einem Tag die großen Debatten zwischen amerikanischen und deutschen Autoren stattgefunden hatten. Der Ort, wo die Feindschaft zwischen Grass und Fried sich verhärtete und wo ich mich in Susan Sontag fernverliebte, wo der Spott über die Veranstaltung «The Writer in the Affluent Society», von der Ford-Stiftung gesponsert, nahelag. Dort begann ich zu lernen, als Autor im Kapitalismus mit Widersprüchen zu leben. Die Kulissen des Saals waren noch da, Holztäfelung, ein wildes Wandgemälde zu vergessenen griechischen Mythen, Alexander inclusive.

ALFÀBIA

Der arabische Prachtgarten und Park auf Mallorca, den ich, ohne ihn gesehen zu haben, in «Mogadischu Fensterplatz» (1987) als Sehnsuchtsort der im Flugzeug gefangenen Geisel ▸ ANDREA Boländer beschrieben habe. Ungefähr dreißig Jahre später die erste Besichtigung. All die Pflanzenpracht, die Wasserspiele, Supermagnolien, Palmen, sie können die kleine Enttäuschung nicht tilgen: Im Roman, auf ein, zwei Seiten, war alles stimmiger, weitläufiger, ja schöner.

ALFRED 1–4

Alfred Andersch, ▸ ANDERSCH.

Alfred Behrens, vielseitiger Autor, dessen «Fernsehliga» ich als Lektor bei Rotbuch 1974 befeuert und betreut habe. Ein genialer Streich, ein Vorgriff auf die totale Vermarktung des Bundesligafußballs, bei der nur noch Konzernmarken in Fernsehstudios gegeneinander antreten, eine perfekte Satire als Zukunftsvision, im Corona-«Fernsehliga»-Jahr 2020 eindrucksvoll bestätigt.

Alfred Klaus, der hohe BKA-Beamte, der die RAF-Gefangenen Baader, Ensslin, Meinhof und andere recht gut kannte und sogar zu Auskünften über sie bereit war: Erstaunlicherweise schätzte er den Roman «Himmelfahrt eines Staatsfeindes» und fand seinen einstigen Chef Horst Herold alias Schäfer überzeugend beschrieben.

Alfred Döblin, der auch solche Sätze schrieb wie: «Die Deutschen trauern, dass sie befreit sind.»

ALFRED-DÖBLIN-PREIS

Bei dem von Günter Grass gestifteten Literaturpreis, der für noch in Arbeit befindliche, unfertige Manuskripte vergeben wird, war ich zuerst Juror, dann Juror und Kuratoriumsmitglied, dann Kuratoriumsvorsitzender, von 1985 bis 2003. In den wechselnden Jurys haben wir zu dritt meistens um die vierhundert Manuskripte gesichtet, circa hundert gründlich, circa fünfzig sehr gründlich gelesen. Habe stets versucht, die Stimmenmehrheit im Zweifel eher auf die sogenannten schwierigen, schwerer verkäuflichen und seinerzeit noch unbekannten oder kaum bekannten Autorinnen und Autoren zu lenken. So erhielten diesen Preis Stefan Schütz (1985), Libuše Moníková (1987), Edgar Hilsenrath und Einar Schleef (1989), Peter Kurzeck und den Förderpreis Norbert Bleisch (1991), Reinhard Jirgl und den Förderpreis Andreas Neumeister (1993), Katja Lange-Müller und den Förderpreis Ingo Schulze (1995), Ingomar von Kieseritzky und Michael Wildenhain (1997), Norbert Gstrein (1999), Josef Winkler und den Förderpreis Heike Geißler (2001). Grass selbst hatte auf die Auswahl keinen Einfluss und durfte ihn auch nicht haben, aber er beteiligte sich eifrig und konstruktiv an den Diskussionen der Texte der Autorinnen und Autoren, die in die engste Wahl für den Preis gekommen waren und sich einem Publikum aus Kollegen und Kritikern stellten. Wenn irgendwo die gute Tradition der Gruppe 47 des gegenseitigen Kritisierens weitergeführt wurde, dann hier beim Döblin-Preis und nicht beim Spektakel in Klagenfurt: kein Schaulaufen der Juroren, keine Preisjagd, kein Fernsehen, sondern höchste Ansprüche an literarische Kunst und literarisches Handwerk.

ALICE

Carrolls «Alice in Wonderland», übersetzt von Christian Enzensberger, das Lieblingsbuch meiner ersten Frau Gisela und mir, solange es uns noch gelang, unsere Gegensätze mit Humor auszutarieren. So viele treffliche Sätze in jeder einzelnen Episode, nützliche Verwirrungen und witzige Abklärungen für jede Lebenslage. Da wir beide aus der vergleichsweise strengen Studentenbewegung kamen, gab es auch dank Carrolls Alice endlich viel zu lachen und zu relativieren, der Unsinn als Sinn, der Unsinn als Beschleuniger der Emanzipation. Klar, dass Alice einer der Vornamen unserer zweiten Tochter Charlotte wurde (▸ AUGEN).

ALIGHIERI, DANTE

Man kennt ihn als Dante, aber lexikalisch korrekt sollte er unter dem Familiennamen Alighieri stehen. Ich habe ihn einmal, 2015, auf Einladung der FAZ, als Weltenretter gewürdigt, und er gehört hierher als ferner Bekannter mit A.

Im Laufe der Jahrzehnte habe ich immer mal wieder einen Blick in das Fischer-Taschenbuch der «Göttlichen Komödie» geworfen, das mein Vater in den Fünfzigern gekauft hatte. Über die ersten drei, vier Seiten kam ich nie hinaus. Der ans Komische grenzende Reimzwang und das idealisierende, fromm aufgepumpte Vokabular waren alles andere als verlockend.

2001, in Rom, empfahl mir eine deutsche Buchhändlerin die Übertragung von August Vezin bei Herder, auch in gereimten Terzinen, aber etwas frischer, klarer, geschmeidiger. Außerdem waren hier jedem Gesang zwei, drei Seiten Erläuterungen vorangestellt, nicht zu viel, nicht zu wenig. So stapfte ich Schritt für Schritt, mit mäßigem Vergnügen, durch die halbe Hölle und gab dann auf. Das Italienisch zu schwierig, das Deutsch zu verkünstelt.

Es musste erst Kurt Flasch 2011 mit den zwei großformatigen Bänden, mit seiner präzisen Prosafassung und der «Einladung, Dante zu lesen» kommen, damit ich die 14233 Verse noch einmal von vorn und dann bis zum Ende las. Aber warum? Die Lektüre blieb ja strapaziös. Bei aller Begeisterung für poetische Raffinesse, bei aller Bewunderung der Phantasiekraft, bei aller Neugier auf den politischen Dante – es gibt genügend öde Passagen, die uns heutige Leser resignieren lassen. Wir verzweifeln an unserer Unbildung, wir ermüden auf den kosmologischen, philosophischen, mystisch-theologischen Etappen am Läuterungsberg und im Paradies. Warum ich durchhielt, kann ich nur erklären, wenn ich ein Betriebsgeheimnis preisgebe.

Jeden Morgen vor der Arbeit an einem Prosatext pflege ich mich mit einem Klassiker zu stärken. Zwei, drei Seiten, wenige Minuten nur, es kann «Dichtung und Wahrheit», ein Jean-Paul-Roman oder Joseph Roth sein, auch die neuen Übersetzungen der «Kartause von Parma» oder von «Tristram Shandy»; derzeit ist es Jaroslav Hašeks «Die Abenteuer des guten Soldaten Švejk im Weltkrieg». Mit dem Echo solcher Meisterprosa im Ohr wird es leichter, die Kriterien scharf zu halten und die eigene Sprachmelodie zu finden.

Flaschs Dante half 2012 bei der Erzählung «Die linke Hand des Papstes». Ich arbeitete in Rom, jonglierend mit meinen Erfahrungen, Beobachtungen und Entdeckungen aus zwölf und mehr Rom-Jahren. Da tat es gut, jeden Morgen vor der Arbeit einen Gesang, also rund hundertvierzig fein rhythmisierte Zeilen aus der «Göttlichen Komödie» zu lesen, teils im Original, teils im Flasch, teils im Vezin, mit möglichst wenig Kommentar. Schnell war klar, dass Dante ein ferner Verbündeter war. Gegen das, was er seinen Zeitgenossen entgegengeschleudert hatte, war das, was ich meinen romliebenden Helden romkritisch, berlusconikritisch, deutschkritisch und kirchenkritisch aussprechen ließ, äußerst gemäßigt und milde. Ich achtete darauf, nur solche Italienkritik einzuflechten, die Italiener geäußert hatten, so höflich wäre Dante nie gewesen. Gewiss, Rom ist nicht die Hölle. Aber seine höllischen Seiten, Schlünde und Fallgruben werden gern übersehen. Die Kenner wissen: Ein südlicher Vorort, wo nie ein Tourist hinkommt, heißt Infernetto, Höllchen. Nicht weit davon wurde Pasolini ermordet.

Ein spezielles Vergnügen also, im skandalsatten und korrupten Rom den Moralisten Dante täglich zehn Minuten bei seinen Gängen und Visionen zu begleiten, bevor ich daranging, von den Konflikten eines Fremdenführers zu erzählen, vom Geheimnis der linken Hand des Papstes und vom Coup des ▸ AUGUSTINUS, die Erbsünde zu erfinden und diese Idee dank Bestechung mit achtzig arabischen Zuchthengsten bei Kaiser und Papst durchzupauken. Vergil und Dante mit größtmöglichem Abstand und Respekt in heiterer Bescheidenheit zu folgen, das kann auch im 21. Jahrhundert kein Irrweg sein.

Endlich hatte ich begriffen: Hier schreibt der frechste Dichter aller Zeiten. Und das nicht nur als Gesellschaftskritiker, der seine politischen Gegner und die Schufte seiner Zeit, Päpste und Kaiser inklusive, stracks in die Hölle befördert. Seine größte Frechheit ist keine politische, sondern eine theologische.

Der Dichter schwingt sich zum Weltenrichter auf. Mit der Fiktion seiner Wanderung durch Inferno, Purgatorio und Paradiso nimmt er, natürlich in frömmster Absicht, Gott die Arbeit des millionen- oder milliardenfachen Menschensortierens ab und entthront ihn, zumindest vorläufig, auch wenn er ihm inbrünstig unterworfen bleibt. Das ist der erheiterndste Widerspruch der Commedia, die zu anderen Zeiten als Ketzerei verfolgt wurde. Welche Urteile über welche Toten am Jüngsten Tag von Gott oder Jesus oder Erzengeln oder wem auch immer gesprochen werden, wusste um 1300 kein Mensch und weiß bis heute niemand. Aber hier stellt sich ein Dichter hin und arbeitet schon mal vor.

Er bestimmt, in aller Demut und in aller Schärfe, wer in den Himmel, wer in die Hölle kommt. Durch das beflissene Beschreiben dessen, was er bei seiner erfundenen Wanderung gesehen haben will, und durch den Zauber einer bislang ungehörten poetischen Sprache erscheint die Kühnheit der Fiktion als Faktum höchster Selbstverständlichkeit, da die meisten Leser ja mehr an die Fiktion von Himmel und Hölle als an die Kraft literarischer Fiktion glauben. Das Wunder der Literatur, hier wird es Ereignis. Die anschaulich ausgemalten Tiefen der Hölle wirken wie der Gipfel der Wahrheit und sind doch vor allem ein Gipfel der Poesie – und ein Gipfel der Gotteslästerung. Das ungeheure Volumen der Danteschen Phantasien und die bis dato unbekannte detailfreudige Darstellung des Jenseits wirken so überwältigend, ja einschüchternd, dass die Frechheit, sich an Gottes Stelle zu setzen, von vielen gar nicht mehr bemerkt wird. Alle folgenden Gotteslästerungen, die die Kirchen Künstlern vorgeworfen haben, sind nichts gegen diese: Der Dichter wird zum Richter, jedenfalls solange das Weltgericht nicht stattfindet und immer wieder verschoben werden muss.

ALLE

reden vom Wetter. Wir nicht.» So warb in den sechziger Jahren die Bundesbahn – und der SDS, der Sozialistische Deutsche Studentenbund, ab 1967, als er noch über humoristische Energien verfügte. Wo die Bahn eine flotte Lokomotive aufs Plakat gesetzt hatte, sah man nun auf rotem

Grund die Köpfe von Marx, Engels, Lenin. Das wurde das beliebteste Plakat in den Wohnungen und Kneipen der Linken. Ich wollte es nie zu Hause haben, obwohl auch da der Widerspruch reizte: Ich redete durchaus vom Wetter, schrieb von 1966 bis 1970 die Dissertation «Der Held und sein Wetter».

ALLEINSEIN

Alleinsein, Einsamkeit, Abstandhalten, Meinungsvorsicht, Zweifel, Freude am Fragen, Schweigen, das sind die ersten Voraussetzungen, um zu schreiben, und das realisieren zu müssen als junger Kerl, ist ein existenzieller Schock, den ich erahnt habe, an der Hardenbergstraße in Berlin stehend, den Blick auf das ▸ AMERIKAHAUS auf der anderen Straßenseite gerichtet. Einige Studenten hatten sich wegen des Krieges der USA in Vietnam zum Sitzstreik niedergelassen und wurden von der Polizei weggeprügelt, andere warfen ein paar Eier auf das Haus und zogen die Fahne auf halbmast, zwei Jahre vor dem berüchtigten Achtundsechzig. Als ich, der vorher mitdemonstriert hatte und nun vor weiteren Schritten zurückschreckte, stehenblieb und durch Aktionismus alles verraten sah und mich dabei ertappte, ein Zuschauer, nur ein Zuschauer zu sein, da kam mir, noch ehe schlechtes Gewissen sich breitmachen konnte, der befreiende Gedanke: Hier stehst du richtig, einer muss das beobachten, einer muss das vielleicht sogar aufschreiben irgendwann, und wer, wenn nicht du, der Prügeleien meidet, Gefahren ausweicht, kein Blut sehen kann. Der keine schnelle Antwort parat hat, ob diese Aktionen nun richtig sind oder nicht, der nur spürt, wie das, was da vor den eigenen Augen geschieht, schon bald zu Meinungsgefechten und Rechthaberei führen wird. So begann ich zu meiner vertrauten Rolle als Schweiger auch die neue Rolle als Zuschauer zu akzeptieren und mit immer mehr Eigensinn aufzuladen und gegen den bissigen Vorwurf: Du hältst dich raus, du tust nichts! die leise Antwort zu finden: Doch, ich tue was, ich schaue zu, ich schaue nicht weg, ich merke mir das, ich hebe das auf. (Aus der Dankesrede zum Büchner-Preis)

ALLENDE, SALVADOR

Der Präsident Chiles, einst Hoffnungsträger der Linken für einen demokratischen Sozialismus, den die USA keine drei Jahre im Amt ließen, bis sie mit Hilfe der CIA am 11. September 1973 eine Militärdiktatur etablierten. Der 11.9. vor dem 11.9. achtundzwanzig Jahre später. Hoffnungsträger war Allendes Koalition auch für uns im Verlag, bei Wagenbach und dann bei Rotbuch, mit mehreren Büchern und Schriften begleiteten wir die Veränderungen in Chile. Nachdem die Tschechen mit ihrem Ansatz für einen demokratischen Sozialismus fünf Jahre zuvor von ihrer Supermacht unterjocht wurden, widerfuhr das Gleiche den Chilenen von ihrer Supermacht, nur noch brutaler, unter dem Beifall deutscher Christdemokraten. Die Wunden spürten auch wir in der Bundesrepublik noch lange, wovon unter anderem der Roman ▸ ADENAUERPLATZ berichtet.

ALLERLÄNGSTER MITTAGSSCHLAF

Nach einem langen Gespräch über dieses fast fertige Buch mit meinem Freund und Verleger und Lektor Gunnar Schmidt von 11 bis kurz vor 15 Uhr, ich mit meiner brüchigen Stimme, das linke Stimmband gelähmt, nur das rechte arbeitet für zwei, notdürftig, als pfeife man aus dem letzten Loch, dabei saßen wir bei Frühlingssommerwetter unter einer Markise, von frisch gesetzten Frühlingssommerblumen umgeben auf einer Terrasse in Charlottenburg, dem Funkturm (rechts) nahe, den Fernsehturm (links) weit in der Ferne im Blick. Der Mittagsschlaf war überfällig, ich ging zum Bett, stellte den Handywecker auf 16.30 – und wachte gegen 20 Uhr auf. Fünf Stunden, trotz des herrischen Handyweckers. Ich könnte von einem persönlichen Weltrekord sprechen. Noch lieber füge ich an: Es war ein lieblicher Maientag, Silberwölklein flogen, der Samstag vor dem Tag der Befreiung 2022.

Der Tag auch, an dem die «Süddeutsche Zeitung» meinen Text «Das Arnsberger Modell» veröffentlicht hat, wenn auch lädiert, das Literarische journalistisch verschlimmbessert.

ALLES

«Wenn Literatur nicht *alles* ist, ist sie der Mühe nicht wert. Das will ich mit ‹Engagement› sagen.» Jean-Paul Sartre

ALLGEMEINHEIT

Als die renommierten Anwälte der Siemens AG, die gegen «Unsere Siemens-Welt» klagten, 1973 endlich merkten, dass sie es mit einer Satire, also einem literarischen Kunstwerk zu tun hatten, argumentierten sie so:

«Ebenso wie eine Fronleichnamsprozession verboten werden kann, wenn sie in einem Seuchengebiet stattfindet, muss auch eine künstlerische Darbietung unterbunden werden können, wenn sie elementare Belange der Allgemeinheit nachhaltig stört. (...) Ergebnismäßig muss es deswegen auf der Ebene des Zivilrechts möglich sein und bleiben, einen Künstler daran zu hindern, z. B. fremdes Eigentum zu bemalen, ungebeten an ungeeigneter Stelle einen Tanz aufzuführen, durch Ausübung seiner Kunst die nächtliche Ruhe zu stören, Urheberrechte, Warenzeichen oder die Vorschriften des UWG zu verletzen oder – wie hier – den wirtschaftlichen Ruf und die persönliche Ehre eines anderen zu beeinträchtigen.» Die persönliche Ehre eines Konzerns, Siemens als Allgemeinheit – gelegentlich gab man uns auch einiges zu lachen in diesem harten, aufwendigen und für den Rotbuch Verlag und mich sehr teuren (36000 DM) Gerichtsstreit.

ALLGEMEINPLÄTZE, FRANKFURTER

Etwas gegen die FAZ zu schreiben, gehört sich nicht und wird mit mindestens zehn Jahren Nichtbeachtung oder grober Verächtlichmachung bestraft. Dies Risiko war mir bewusst, als ich den Einfall nicht mehr verdrängen konnte, ein Jahr lang, von Januar bis Dezember 1987, sämtliche Kommentare der FAZ aus den Ressorts Politik und Wirtschaft zu lesen, Sätze daraus zu sammeln und zu einer Collage zu verarbeiten. Ich war nie scharf darauf, mir Feinde zu machen. Aber wenn ein Einfall realisiert werden will und dazu einigen Witz verspricht, dann darf es keine Feigheit vor den Mächtigen geben. Hierzulande, in einem Rechtsstaat, sowieso nicht.

Seit 1986 arbeitete ich an einem Computer und gedachte ihn für etwas Neues auszuprobieren, als extrem variablen Zettelkasten. Die Zeitung sollte nur zitiert werden und den Zitaten, nach Themen geordnet, das Gerüst eines Lehrbuchs gegeben werden mit Vokabeln, Sachkunde, Übungen. So entstand aus mehr als tausend solcher Zitate im Laufe des Jahres 1987 «Konservativ in 30 Tagen. Ein Hand- und Wörterbuch Frankfurter Allgemeinplätze». Es begann mit: Der Mensch, Die Natur, Die Gefühlswelt, ging weiter mit Die Frau, Gesundheit, Moral und Werte, Kultur, Fortschritt und Zeitgeist, dann unter anderem Deutscher Charakter und Deutsche Nation, Der Bürger und seine politische Heimat, Politische Gegner, Gewalt und Verbrechen und Geschichte, Umwelt und Technik bis zu Kommunismus, Krieg und Frieden, Europa, Rest der Welt.

Ich hatte bei der FAZ nicht unbedingt entgegenkommenden Humor erwartet, aber doch etwas von der Gelassenheit souveräner liberaler Macht. Das scheint nach dem, was mir zu Ohren kam, keineswegs der Fall gewesen zu sein. Das Ideologische der Leitartikel und Kommentare herauszukratzen, galt offenbar als schwere Lästerung. Die Strafe der Nichtbeachtung beziehungsweise Häme wurde nicht wie erwartet nach zehn, sondern nach elf Jahren (vorübergehend) ausgesetzt mit einem Lob der «Flatterzunge» (1999). Ich neige nicht zu Komplott-Theorien oder Verfolgungswahn, auch im Rezensionswesen nicht, aber Fakt ist: Die meisten Bücher der sehr produktiven Phase der neunziger Jahre wurden in der FAZ ignoriert oder als Kleinzeug abgetan. Mit negativen Folgen für die Rezeption und die Auflagen. Trotzdem würde ich es wieder tun, wenn meine Scheu, mich formal zu wiederholen, nicht größer wäre als die Scheu vor der Macht der geschätzten FAZ oder eines anderen Blattes. Zehn Jahre später, im friedlichen Kontext der Deutschen Akademie für Sprache und Dichtung, hatte ich die erste Gelegenheit, Joachim Fest darauf anzusprechen. Die Älteren hätten das Buch ziemlich ernst genommen, die Jüngeren gelassen, meinte er jovial. Ich war nicht schlagfertig genug zu sagen: Dann zählen Sie sich also zu den Älteren? (Von meinem Verleger Michael Naumann hatte ich gehört, wie Fest sich einst über das kleine Buch empört hatte.)

Anzumerken bleibt, dass Marcel Reich-Ranicki nach Erscheinen von «Konservativ in 30 Tagen» mindestens vier seiner ständigen Mitarbeiter die Bitte unwirsch abschlug, die «Birnen von Ribbeck» (1991) zu rezensieren (was diese vier, ohne voneinander zu wissen, mir nach und nach verständnislos berichteten). Reich-Ranicki warb dann jedoch außerhalb der FAZ, im «Literarischen Quartett», durchaus für die «Birnen». Und wünschte, als wolle er etwas wiedergutmachen, ab 1991 Beiträge für die Gedichtinterpretationen der «Frankfurter Anthologie», die ich ihm gern hin und wieder lieferte.

ALLIGATOREN

1994 an der University of Florida in Gainesville, rundum in den Gewässern lebten die Alligatoren wie die Maden im Speck. Die Tiere stiegen ins Wappen der Uni und ihrer Sportler auf. Als Writer in Residence (215 Dollar am Tag, damals 366 DM brutto), schreibend am «Spaziergang von Rostock nach Syrakus», «Wilhelm Meister» lesend, habe ich versäumt herauszufinden, wie es um die Intelligenz der Alligatoren bestellt ist. Sie gelten als scheue Tiere, als schüchtern, tauchen lieber unter, wenn sich ein Mensch nähert, ganz anders als die amerikanischen Studenten. Einmal las ich schon Alligator statt Allegorie.

ALMUT

Almut S., gut, eine solche Freundin zu haben: die Anfang der neunziger Jahre den Mut hatte, in einer Berliner S-Bahn die Notbremse zu ziehen, als zwei Skins Afrikaner, Geschäftsleute und zu einer Messe in Berlin, mit «Bimbo»-Rufen beschimpften und belästigten. Niemand im Wagen stand ihnen bei, während Almut sagte: «Hören Sie sofort auf, sonst ziehe ich die Notbremse.» Die Täter konnten am nächsten Bahnhof gefasst werden, der eine, Sohn eines SED-Funktionärs und polizeibekannt, konnte sogar vom Gericht verurteilt werden.

ALPEN

Manchmal genügen die Zickerschen Alpen (bis zu 69 Höhenmeter) im Süden von Rügen, in freundlichen oder bissigen Winden die Rundumblicke auf Boddengewässer und nach Usedom hinüber, Ostseeblaugrau, Landzungen, endlose Blumenfelder, den klassischen Klatschmohn, Kiefernwälder, ferne Segelboote und Steilküsten. Gewiss trägt auch der trockene nördliche Humor, selbst auf der Landkarte von Alpen zu sprechen, zu den heiteren Empfindungen bei der Ankunft in dieser Landschaft bei.

ALPENSINFONIE

Ein älterer und ein junger Seiltänzer auf einer schwarzen Bühne bewegen sich auf einem Seil in Zeitlupe, fünfzig Minuten, man hört die «Alpensinfonie» von Richard Strauss. Selten war ich so gebannt von einem Videofilm, selten so gepackt von diesem klassisch modernen Musikstück. Es gelingt selten, eine Kunst mit einer anderen zu kombinieren

(«Cross over» führt oft zu Cross-Kitsch). Und es gelingt nur dann, wenn die eine die andere nicht illustriert oder interpretiert, sondern ein Gegenbild setzt. Und wenn ein Videokünstler und Fotograf wie Christoph Brech am Werk ist. Die Strausssche Bergwanderung aus dem Ersten Weltkrieg wird ohne jedes Gipfelpathos zum Drahtseilspaziergang durch ein Jahrhundert und zur Übung im langsamen Schauen. Chapeau!

ALPHABET

«Kleines Lyrik-Alphabet 1963», herausgegeben vom legendären V. O. Stomps, hieß die erste Anthologie, in der Gedichte von mir erschienen. «Etwa tausend Manuskripte» unbekannter Autorinnen und Autoren, steht im Vorspruch, wurden pro Jahr dem winzigen Verlag Eremitenpresse, den Stomps mit zwei, drei Adepten in Stierstadt im Taunus betrieb, zugesandt. Sie wählten einundzwanzig davon aus, nahmen von jedem vier Gedichte, setzten jede Zeile von Hand, reicherten das Ganze mit Collagen von Sigurd Kuschnerus an, druckten auf der eigenen Presse Bogen für Bogen, falzten, schnitten und banden am Ende zweihundertfünfzig Exemplare. Mehr zur Befriedigung der Autorinnen und Autoren als für den, der uns damals völlig wurscht war, den Markt. Von den einundzwanzig Namen (Jahrgänge 1931 bis 1944, zwei Frauen, neunzehn Männer) sind bis heute zwei bekannt, einer davon Guntram Vesper. Zwei weitere haben ein wenig publiziert, sind aber schon seit längerem im Literaturbetrieb unsichtbar geworden, einer machte wenig beachtete Filme fürs Fernsehen. Aber die anderen sechzehn, was ist aus denen geworden? Warum haben sie aufgehört? Sind sie an ihren Ansprüchen gescheitert oder an harter Kritik? War ihnen die Poesie ein Irrweg und warum? Fanden sie auf anderen Feldern solidere Zufriedenheit? In welchen Berufen und Tätigkeiten? Das wäre mal ein Google-Spaß oder ein kleines Forschungsprojekt.

ALPTRAUM COMPUTER

So 1972 der Titel des berühmtesten Essays von Joseph Weizenbaum, und obwohl für mich der Computer kein Alptraum war oder ist, war ich hocherfreut, den großen alten Mann der Künstlichen Intelligenz nach einer Lesung zufällig in «Wolffs Bücherei» in Berlin-Friedenau zu treffen. Ich kannte sein Buch «Die Macht der Computer und die Ohnmacht der Vernunft» und wusste von seinem ELIZA-Programm, mit dem er die Computergläubigen und die Psychoanalysegläubigen so genial parodiert wie blamiert hatte. Außerdem war er, was ich ihm nicht verriet, eine Nebenfigur in dem ungespielten Konrad-Zuse-Theaterstück «Nacht der Rechner, Tag des Lächelns», das etliche Jahre vor dem Zuse-Roman geschrieben wurde. Wir verabredeten uns, und ein paar Tage später waren wir schnell in herzlichstem Gespräch und nach einigen Anekdoten aus der verrückten Welt der frühen Nerds beim Thema Berlin, wo er 1923 geboren war. Klüger als seine Kollegen in den USA (behaupte ich), blieb er der größte Ketzer unter den KI-Forschern – in den dreißig Jahren am Massachusetts Institute of Technology (MIT) sei er höchstens zu zehn Dinners eingeladen worden, es sei ein ewiger Kampf gewesen, unter den zehn Prozent auf der obersten Pyramidenspitze zu bleiben, das sei kein soziales, kein menschliches Leben mehr gewesen: Jetzt erst, in Berlin, erfahre er wieder Entspannung und Freundlichkeit, sagte er im Mai 1997 am

Ludwigkirchplatz mit nachdenklichem traurigen Gesicht. Ein glücklich heimgekehrter Emigrant, der endlich geehrt, umschwärmt, gehört wurde. Ein Saulus-Paulus-Mann, der nicht verbittert war, sondern ein fröhlicher, kompetenter Dissident der digitalen Welt blieb. Ein Schalk und Bildungsfanatiker.

Beim zweiten Treffen klagte er über seine Schreibblockade, mir fiel kein besserer Rat ein als: Denken Sie an einen bestimmten Menschen, für den Sie das schreiben. Wir sprachen über Konrad Zuse und das Faustische, das wurden Anregungen für den Roman «Die Frau, für die ich den Computer erfand» (▸ ADA 1, ▸ AUDIMAX). Beim dritten Treffen empörte er sich über ein verstecktes Nazi-Denkmal für SS-Leute in Salzburg, beim Thema Antisemitismus rutschte ihm die deutsche Sprache weg. Lange Gespräche über 1968, er erzählte von der Vietnam-Opposition in den USA, von der Feigheit fast aller MIT-Wissenschaftler. Auch von ihrer und der allgemeinen Dummheit, Informationen mit Wissen und Bildung zu verwechseln.

Eine Freundschaft mit dem alten Herrn hätte beginnen können, aber ab 2001 wohnte ich dann überwiegend in Rom, sah ihn während der kurzen Berlinwochen nur noch selten. Als er fünfundsiebzig wurde, meinte er, nun habe er noch sieben Jahre zu leben (es wurden zehn), und gestand, eine Frau zu suchen. Nach allem, was ich weiß, fand er wieder eine Gefährtin, der Alptraum Einsamkeit ist ihm erspart geblieben.

ALPTRAUM KRIEG

Ein tüchtiger Bauer wie der Nachbar in Wehrda, Jakob Döring, in der Nazizeit gleichzeitig Ortsbauernführer und

Schwager des Widerstandsmannes Dr. Groscurth (▸ ANNELIESE), wachte auch zwanzig Jahre nach dem Zweiten Weltkrieg noch jede Nacht schreiend auf von seinen Alpträumen aus den Schützengräben des Ersten Weltkriegs. Doch darüber redete man nicht. Seinem Sohn Wilhelm, der mir dies Geheimnis anvertraute, den Hof übernahm und auf dem Schweinemarkt zwei, drei Jahrzehnte mithielt, verdanke ich die Ahnung, was ein wirklicher Alptraum ist und was der «Schützengraben» bedeutet haben muss – mehr als durch Ernst Jünger.

ALTACHTUNDSECHZIGER

Ich will ja nicht wissen, wie andere, die nicht wissen, dass ich kein Altachtundsechziger bin, sondern ein Altsechsundsechziger, über mich als Altachtundsechziger herziehen, aber eine Bemerkung dazu ist mir auch erlaubt, eine Notiz aus dem Jahr 1993: Warum sehen gerade die Altachtundsechziger so uralt aus, zum Beispiel gestern Fritz Teufel wie sein eigener Urgroßvater, so abgrundmüde, mit abgestandenem Witz? Eine der wenigen Ausnahmen: Daniel Cohn-Bendit hat die flinken, feurigen Augen und den Esprit behalten.

ALTE KLOSTERSCHULE

Gymnasium in Bad Hersfeld, wo Konrad Duden einst Direktor war und zum «Duden» wurde. Hier, in der altsprachlichen Klasse, begann die Karriere als schlechter Schüler (▸ AUSREICHEND) 1953 bis 1957.

ALTE LANDESSCHULE

Gymnasium in Korbach. Hier wurde, nach einem Zwischenspiel von anderthalb Jahren inklusive Sitzenbleiben im Internat Melanchthon-Schule in Steinatal, Kreis Ziegenhain, die Karriere als schlechter Schüler (▸ AUSREICHEND) fortgesetzt in den letzten vier Klassen bis zum ▸ ABITUR.

ALTEN, RIEKE

Dr. Rieke Alten, Rheumatologin und langjährige Tennispartnerin. Wir spielten beide so schlecht Tennis, dass es anderen eine Qual war, mit uns zu spielen, folglich verabredeten wir uns etwa zehn Jahre lang zu entspannten, mittelsportlichen Sonntagabenden. Wir haben fast gleichaltrige Töchter und kämpften beide jahrelang um unsere missratenen Ehen, so wurde das eine sehr solide Freundschaft. Als ich 1999 mit meinem ersten Krebs, einem weit entwickelten Nierentumor, konfrontiert war, vermittelte sie die besten Fachärzte (▸ ÄRZTE), die mir das Leben retteten. Und bei den nicht wenigen Krankheiten danach hätten ohne die von ihr und Helmut Becker empfohlenen Fachleute die Nachrufe lange vor 2011 (Büchner-Preis) geschrieben werden müssen.

ALTENBURG

Die Spielkartenstadt, die Ingo-Schulze-Stadt («Neue Leben») im östlichen Thüringen ist auch eine Großelternstadt. In Altenburg war das Regiment des Urgroßvaters von Quadt stationiert, bis 1914 lebte die Familie dort ihr beschaulich adliges Leben. Der Krieg änderte alles und verkomplizierte die Liebesgeschichten, auch die unserer Großmutter Hildegard von Quadt, siehe «Die Liebesgeschichtenerzählerin», mit dem U-Boot-Kapitän von der Lühe (▸ ADELBERT). Als es endlich zur Hochzeit kam, Weihnachten 1917, war der Termin von dessen komplizierten Dienstplänen abhängig – und die Niederlage allmählich absehbar. Der General und Brautvater war auf einer estnischen Insel eingeschneit. Nur mit größter Mühe ließ sich ein bescheidenes Festmenü zusammenstellen. So entstand das traurigste Hochzeitsfoto, das ich kenne: Uniformen, steife Frauen, ernste Blicke, kein Lächeln. In jedem Gesicht die stumme Empörung, dass der Tod so unerträglich nah ist. Dass der Krieg nicht gewonnen wurde wie versprochen. Dennoch bleibt man in diesen Kreisen kaisertreu. Wenn es nicht so überheblich klänge, müsste man sagen: kaiserdumm, stramm auf Befehle wartend, die nicht kommen. Auch solche Fotos trieben zum Fragen, zum Schreiben.

ALTER

«Unser Blick auf die Wirklichkeit ist darum illusionsbereit und illusionsanfällig, denn er ist durch unsere Zukunft bestechlich. Diese Bestechlichkeit nimmt mit zunehmendem Alter ab, weil wir immer weniger Zukunft haben … Wer nichts mehr will, gewinnt – kompensatorisch – die Fähigkeit, viel zu sehen … Zuweilen verfügen alte Menschen über eine solide Schandmaulkompetenz. Man braucht im Alter keinen Mut mehr, um in Fettnäpfchen zu treten, weil man nicht mehr genug Zukunft hat, um wiedergetreten zu werden.» (Odo Marquard, 1999)

ALTER ST.-MATTHÄUS-FRIEDHOF
in Berlin-Schöneberg, wo drei Gesprächs-Freundinnen liegen oder geistern, Libuše Moníková, Rosetta Froncillo, Silvia Bovenschen. Nicht weit von ihnen die Brüder Grimm, Rolf Hochhuth, Rio Reiser, aber die haben (mir) weniger zu sagen als die drei klugen Frauen.

ALTERNATIVE
Kurz nachdem ich, drei Wochen nach dem Abitur, Ende März 1963 in Berlin angekommen war, schickte ich verschiedene Gedichte an drei Literaturzeitschriften, «alternative», «Neue Deutsche Hefte» und S. Fischers «Neue Rundschau», die damals in Berlin von Rudolf Hartung redigiert wurde. Als Schüler ermuntert von den Zusagen dreier Herausgeber von Lyrik-▸ANTHOLOGIEN («Kleines Lyrik-▸ALPHABET» von V. O. Stomps, «Das ▸ATELIER 2» von Klaus Wagenbach, «Zeitgedichte» von Horst Bingel, alle 1963), suchte der zwanzigjährige Student, noch bevor er an der Uni eingeschrieben war, am neuen, völlig unbekannten Ort sogleich literarische Kontakte. Auch dies Vorpreschen lohnte sich, «alternative» und «Neue Rundschau» druckten je zwei Gedichte, die in der «alternative» erschienen schon im Juni, neben denen von Johannes Bobrowski.

Noch wundersamer war es, bald darauf eine Postkarte zu erhalten, die Redaktion wolle mich gern kennenlernen. Nach einem längeren Gespräch mit dem Lyriker Volker von Törne, dem Essayisten Reimar Lenz und dem Publizisten Stefan Reisner stellte sich heraus, dass die drei ihrer jahrelangen unentgeltlichen Arbeit müde waren, Herausgeber werden wollten und neue Mitarbeiter suchten. So kam es, dass ich als der nun für Lyrik zuständige Redakteur wieder nach Hause fuhr, in mein miefiges Untermietzimmer nach Steglitz. Doch die Tätigkeit als Zuständiger für Lyrik beschränkte sich auf ein einziges Heft. Der Verlag und die Herausgeber hatten noch im Herbst die ganze Zeitschrift der Germanistin Hildegard Brenner verkauft, die Hals über Kopf ein Doppelheft «Schriftsteller in der DDR» plante und mich zu den mir damals nicht bekannten Lyrikern Friedemann Berger und Günter Kunert (▸ ABENDROT) schickte. Den wegen des Mauerbaus 1961 informell geltenden Boykott der DDR-Literatur mochten wir nicht, gerade wegen der mehr oder weniger kritischen Autoren. Zum ersten Mal ging es nach Ostberlin, zum ersten Mal erschlossen sich mir die Nuancen der DDR-Literatur. Das hatte Folgen, geschildert in meinen biographischen Skizzen «Als die Bücher noch geholfen haben» (2012). Das Heft 33/34, in dem erstmals Wolf Biermann, Volker Braun, Franz Fühmann, Hartmut Lange, Heiner Müller, Christa Reinig und andere im Westen gedruckt wurden, machte Furore, aber da Hildegard Brenner aus der «alternative» eine literaturtheoretische Zeitschrift machen wollte, stieg ich aus, auf dieses Feld wollte ich auf keinen Fall. So war nach einem halben Jahr die Redakteurskarriere schon zu Ende, die «alternative» wurde ein Forum der französischen Strukturalisten, Dekonstruktivisten und anderer hochabstrakter und hochakademischer Isten.

ALTERSMILDE, ALTERSRADIKAL

Altersmilde gegenüber menschlichen, kleinen Schwächen und bei Kleinigkeiten. Altersradikal gegenüber den grundsätzlichen ökonomischen, politischen Fragen. Darüber sind sich der jüngere, radikalere Robert Menasse (▸ AUSTERN UND

AUSTROFASCHISMUS) und der zehn Jahre ältere, mildere D. schnell einig, auf neutralem Boden, im altersfreundlichen Kopenhagen. Heute wäre zu ergänzen: altersmilde oder altersweise klingt zu harmonisch, zu passiv. Ich würde, was mich betrifft, vielleicht so differenzieren: Es gibt kein Muss mehr, kein Sollen (was Neugier auf die Welt und andere Menschen nicht ausschließt). Es gibt nur noch: Ich darf, ich möchte, wenn möglich.

ALTKANZLER 1–8

Alle acht Altkanzler erlebt, nur Kiesinger von weitem. Was bliebe, sehr kurz gefasst, über sie zu sagen?

Adenauer: siehe ▸ ADENAUER, KONRAD.

Was war das für ein Vergnügen, die Sprache des zweiten Bundeskanzlers im Buch «Wir Unternehmer. Über Arbeitgeber, Pinscher und das Volksganze» (1966) zu analysieren, aufzuspießen und gnadenlos zu sezieren! Ludwig Erhard hatte auf dem Wirtschaftstag der CDU/CSU 1965 seine berühmte Rede gegen die «Pinscher» gehalten, voller Verachtung für Schriftsteller, die seine Regierung kritisierten und für die SPD warben. Im Buch in «falsche Verse» gesetzt, las sich der Originaltext so: «Heute ist das ja Mode, / daß die Dichter unter den Sozialpolitikern sind. / Das ist natürlich ihr gutes demokratisches Recht, / dann müssen sie sich aber auch gefallen lassen, / so angesprochen zu werden, / wie sie es verdienen, nämlich / als Banausen und Nichtskönner, die / über Dinge urteilen, von denen sie einfach nichts verstehen. / Meine Damen und Herren, / ich habe keine Lust, / mich mit Herrn Hochhuth zu unterhalten / über Wirtschafts- und Sozialpolitik, / um mal ganz deutlich zu sagen, / das Kind beim Namen zu nennen. / (...) Ich meine, das ist alles dummes Zeug. / Die sprechen von Dingen, von denen / sie von Tuten und Blasen keine Ahnung haben. / Die begeben sich auf die parterreste Ebene / eines kleinen Parteipolitikers / und wollen in dieser Rolle mit dem hohen Grad eines Dichters ernst genommen werden. / Nein, so haben wir nicht gewettet. / Da hört der Dichter auf, / da fängt der ganz kleine Pinscher an, / der in dümmster Weise kläfft.» Und so fort mit Geschwurbel und Vorurteil – ein Festmahl für den sehr jungen Sprachkritiker, der aus Erhards Rede und denen der CDU-Wirtschaftsbosse nur geschickt zu zitieren brauchte und polemische Anmerkungen einstreute, fertig war die «Dokumentarpolemik». Und ein großer Gewinn an Selbstwusstsein für den dreiundzwanzigjährigen Studenten: den amtierenden Bundeskanzler sowie die wichtigsten Bosse und Aufsichtsräte der Bundesrepublik «entlarvt» zu haben.

Für Kiesinger gab es nur Verachtung, zugespitzt in der Kurzformel von Wolf Biermann: «der Edel-Nazi-Kanzler». Weiter dachten wir damals nicht.

Brandt: siehe ▸ ABSCHIED VON WILLY.

Nach Willy Brandt hatte Helmut Schmidt es besonders schwer, und wegen seiner scharfen Ablehnung jeder linkeren oder grüneren Meinung habe ich ihm eher misstraut oder ihn für einen Gegner gehalten. Dabei entwickelte sich, mit dem Ende der Spektakel-RAF, zu seiner Zeit die Wertschätzung des Grundgesetzes, der Verfassungspatriotismus. Und erst bei der langen Arbeit an der Trilogie zum «Deutschen Herbst» 1977 (▸ AHAB, ▸ ANDREA) habe ich begriffen, in welchen Konflikten Schmidt steckte. So wuchs der Respekt für ihn. Schmählich, nach einem läppischen Papier des FDP-Grafen Lambsdorff über die wachsende Arbeitslosigkeit gestürzt zu werden – auch weil diese Zahlen unter der CDU/FDP-Koalition weiter stiegen. Später dann seine mehr oder weniger weisen Kommentare zur Weltlage mit provozierender Nüchternheit und Klarheit.

Rätselhaft bleibt, weshalb die Deutschen Helmut Kohl immer noch für einen guten Bundeskanzler halten. Nur weil er die Vereinigung geschickt gedeichselt hat? (Das hätten andere deutsche Politiker wohl ähnlich gemacht wie er, vielleicht in manchem besser, aber hier soll nicht spekuliert werden.) Man putzt ihn zum Denkmal, aber schweigt über seine größten Fehlentscheidungen, die bis heute zerstörerisch auf die gesamte Gesellschaft wirken. Die ideologische Weigerung, das Einwanderungsland Deutschland als Einwanderungsland wahrzunehmen und ein vernünftiges Regelwerk für Immigranten zu schaffen (▸ AUSLÄNDERPROBLEM, DEUTSCHENPROBLEM). Zweitens die Korruption auf höchster Staatsebene – wer sein «Ehrenwort» über seinen Amtseid und die Gesetze stellt, betreibt die Aufwertung des Lobbyismus auf allen politischen Ebenen. «Könnte es sein», fragte 1999 Harald Martenstein, «dass ausgerechnet der christliche Politiker Kohl durch sein Verhalten eine Tendenz verstärkt hat, die, auf Dauer gesehen, unser Leben zur neoliberalen Hölle macht? Es ist die Tendenz zu einer Gesellschaft, in der das Recht des Stärkeren regiert, eine Gesellschaft ohne Regeln, besser gesagt, mit nur noch einer einzigen Regel: Jeder nimmt, was er kriegen kann.» (So auch Politiker, wie etwa die Antidemokraten Berlusconi und Orbán in der «Europäischen Volkspartei», um in Brüssel noch mehr Macht zu haben.) Kohls Machtkopf saß so hoch und fest über seinem mächtigen Körper, dass man dem aufgepumpten Mann, zweimal stand ich neben ihm auf der Buchmesse, nicht einmal die Hand geben mochte.

Rätselhaft bleibt auch, weshalb die Deutschen Gerhard Schröder immer nur für den Hartz-IV-Kanzler halten. Schon die bürokratische Bezeichnung «Hartz IV», für welche Arbeitsmarktreform auch immer, hätte ein guter Kanzler nicht zulassen dürfen. Verheerend war, dass er dem aggressiven Finanzkapitalismus neue Freiheiten gab, Steuern für die Vermögenden senkte. Andererseits brachte Schröder mit den Grünen wie niemand vor ihm Einwanderungs- und Klimaregelungen voran. Und widerstand George Bushs Kriegslust auf den Irak (▸ AFGHANISTAN), im Gegensatz zu seiner Nachfolgerin. Aber seit er 2004, gegen Ende seiner Kanzlerschaft, Putin einen «lupenreinen Demokraten» nannte und dessen List, Tücke und Geld nicht mehr widersprach, wurde er verlogen und verkommen. Und riss damit die SPD in Abstiegsgefahr. Einst Hoffnungsträger, scheint er am Ende nur noch zynisch leer bis zur Kläglichkeit wie im Krieg seines Putin gegen die Ukraine.

Schließlich bleibt rätselhaft, weshalb die Deutschen Angela Merkel noch für eine gute Kanzlerin halten. Immerhin, korrupt (wie Kohl und Schröder) war sie nicht, wenig eitel, sie agierte klüger und geschickter als die höheren CDU-Gockel. Fing vieles gut an, brachte sehr wenig ordentlich zu Ende. Ihr Anstand täuscht über ihre vielen Fehlentscheidungen hinweg, ihre Ruhe über Opportunismus und Lobbyhörigkeit. Sie hat das Beste der rotgrünen Vorgängerregierung zerstört (Einwanderung ▸ ASYL, Klimawende), und sie hat nicht einmal ansatzweise versucht, die größten Fehler Kohls (Einwanderung, Lobbyismus) entschlossen wiedergutzumachen. Sie hat mehr für die Spaltung als für die Stärkung Europas getan.

ALTMAN, ROBERT

Robert Altmans «Short Cuts», solche Filme immer, drei Stunden Szenen aus einem Alltag, den wir sonst nie oder selten sehen – brutal genau, traurig, witzig, böse, menschenfreundlich oder, wie man heute gern sagt: empathisch.

ALTWIEN

Mit dem Wiener Emigranten Egon Schwarz erst im Restaurant Altwienerhof, dann durch sein altes Wien gehend bei Regen, 1995. Er zeigt sein Geburtshaus, das Musil-Haus, das Hundertwasser-Haus, das Wittgenstein-Haus, «dort wurde der ‹Reigen› uraufgeführt, dort hielt Karl Kraus seine Vorträge». Unsicher wird er bei den Hydranten, «ich bin hier sechzig Jahre nicht gegangen, sind die Hydranten noch die alten?»

AM WELLENKOTTEN

Auf halber Höhe über Bielefeld, im Dachgeschoss der Villa eines greisen Fabrikanten (der mit seinen weltberühmten Registrierkassen dramatisch pleitegegangen war, weil er an der Mechanik festhielt und die Elektronik ablehnte). Zweieinhalb Jahre, von 1981 bis 1984, war Bielefeld ein guter Ort für eine junge Familie erst mit einem, dann mit zwei Kindern. Vor der Tür der Teutoburger Wald, wenige Minuten zur Innenstadt und zum Bahnhof, dank der Universität und Hentigs Laborschule viele angenehme, gescheite Leute und Freunde, dazu eine ordentliche Verwaltung, eine vorübergehend respektable Fußballmannschaft (▸ ARMINIA), die ersten Grünen sowie Dritte-Welt-Gruppen. Erfahrungen aus dem Rotbuch-Kollektiv kamen jetzt dem Kinderladenprojekt «Bunter Sandkasten» zugute. Diese Provinz habe ich immer verteidigt, nur ihren häufigen Regen nicht. Und doch schwer zu fassen, dies bundesdeutsche Leben in einer mittelgroßen Großstadt, «Oberzentrum», es brauchte den Roman ▸ ADENAUERPLATZ, um Bielefeld einigermaßen zu verstehen.

AMAZON

Nicht eine Bestellung, kein Cent bis heute. Das soll so bleiben.

AMBULANZA

Ein Märzabend in Rom, 2005, ich gehe durch die Straßen des Salaria-Viertels meiner Frau entgegen, die auf ihrem vierzigminütigen Fußweg von der Arbeit mir entgegenkommt. Noch fünf bis zehn Minuten zu der Stelle, wo wir uns gewöhnlich begegnen. Kurz vor der Ecke Via Salaria/Via Po überquere ich die Straße, denke an meine krebskranke Schwester Brigitte (▸ ANGELIKA), die mir zwei Stunden zuvor eine SMS geschickt hat, und den schwer herzkranken Freund Bernd Oeburg (▸ ALBERTZ), mit dem ich am Abend zuvor telefoniert habe. Es wird mir schummrig, schwindlig, ich versuche, mich an einer Laterne festzuhalten, was nicht gelingt, auch weil der Gedanke sich vordrängt: Aber bitte jetzt nicht sterben! Ich wache auf dem Boden liegend auf, ein Mann fühlt den Puls, Menschen stehen um mich herum, jemand ruft die Ambulanza, ich sage: «No, no, mia moglie viene subito!» Einer meint, ich sei eine Minute, ein anderer, ich sei länger bewusstlos gewesen. Ich liege vor einem Schuhgeschäft, einer sagt:

«Liegenbleiben, Beine hoch!» Man holt Kissen für Kopf und Beine, eine Frau erzählt, wie ich mich gedreht hätte und gefallen sei. Der Bürgersteig ist nicht breit, trotzdem bleiben viele hilfsbereite und neugierige Leute stehen. Dann kommt meine Frau, sieht ihren Mann da benommen zwischen so vielen Zuschauern auf dem Bürgersteig, trotz ihres Riesenschreckens bleibt sie nach außen gefasst. Schon sind Sirenen zu hören, der Wagen der Ambulanza fährt vor, die Sanitäter stellen fest: Blutdruck sehr niedrig, das Herz springt – arhythmisch wie immer. Wir fahren dann doch mit Blaulicht und Sirene den ziemlich langen Weg durch den Abendstau zum Pronto Soccorso der Policlinico Umberto I. Das Chaos beginnt in der Aufnahme ab 19.23 Uhr: Ständig kommen, während man mit einer Ärztin zu sprechen versucht, andere Ärzte, Schwestern, Angehörige, Sanitäter dazwischen, einige nebenher telefonierend, alle mit einem angeblich dringenderen Anliegen, sodass die simple Registrierung des Patienten sich unendlich hinzieht. Der Blutdruck ist wieder in Ordnung, es soll aber der Kopf geröntgt werden, keine Auskunft, ob man dafür eine halbe Stunde oder eine ganze Nacht zu warten hat. Ein schmales Bett ohne Kissen und ohne Ablage ist noch frei, mitten in einem stickigen Raum mit sechzehn Betten, die ständig hin und her geschoben werden, etliche stehen in Nebengelassen und auf dem Flur, für acht Menschen gibt es Liegesitze. Die meisten warten zwei, drei Tage hier, bis auf der passenden Station für sie ein Bett frei wird, Frauen, Männer, Jugendliche, Sterbende, ständig laut Redende, Stöhnende, Schlafende, Unruhige, dazwischen Angehörige, die bei der Pflege helfen oder nur im Weg stehen und quatschen. Meine Frau ruft unseren Hausarzt an, der versucht, uns zu beruhigen: «Es wirkt alles chaotisch, aber die Kardiologen sind gut dort, keine Sorge!» Niemand, scheint mir, ist für mich zuständig, alle Ärzte sagen nur «Pazienza!». Wenn sie jemanden behandeln, meist ohne Paravent zwischen den Betten, kriegt das die ganze Nachbarschaft mit. Auch am späten Abend noch muss man gleichzeitig mehreren Handygesprächen zuhören. Meine Frau geht um Mitternacht, für mich wird es mit dem ständigen Gestöhne, Geröchel, Gequatsche eine Horrornacht im stickigen Raum ohne Fenster. Jemand stirbt, jemand reißt sich blutige Schläuche vom Leib, eine Greisin neben mir schreit ständig nach Wasser, darf aber nichts trinken. Einmal werden die Angehörigen, weil sie zu viele und zu laut sind, nach draußen gescheucht. Nach und nach kommen sie einzeln wieder herein, und es ist so laut wie vorher. Im Bad keine Seife, keine Papierhandtücher, nur ein dreckiges Handtuch für fünfundzwanzig Patienten und ihre Angehörigen. Am Morgen endlich das Kopf-CT, weiter stundenlanges Warten auf den Befund. Erst als meine Frau sich aufdringlich wie alle Angehörigen den Ärzten in den Weg stellt und meinen Willen bekräftigt, die Klinik sofort auf eigenes Risiko zu verlassen, kommt nach weiterer Warterei der Endbefund. Zwanzig Stunden, keine mehr hätte ich ertragen.

AMEN

Wir sind in puncto Familie und Herkunft Spätzünder. Nicht nur Schriftsteller, jedefrau und jedermann begreifen meistens erst in der zweiten Lebenshälfte, wie wichtig die Prägungen von Familie und Herkunft sind, auch und gerade, wenn man sich heftig und still dagegen und gegen jedes Amen gewehrt hat. Ich weiß mittlerweile, dass ich dem Vater, der mich mit seiner von der ganzen Christentradition gefütterten Sprachmacht so eingeschüchtert und stumm gemacht hat, etwas Entscheidendes verdanke: die Sensibilität für Sprache. Was ich aufgefangen und gelernt habe von der sakralen Sprache, dem saftigen Lutherdeutsch, von starken Sätzen, kluger Metaphorik, lyrischen Psalmen und so weiter, hat erst das Wohlgefallen an ordentlich gebauter, kräftig-poetischer oder genialisch wilder Literatur ermöglicht. Noch wichtiger aber war: bereits in der Jugend ein Gehör für Phrasen, Hohlheit, Euphemismen, Vertuschungen von Interessen entwickelt zu haben, kurz: für falsche, schlechte, verlogene Sprache, meistens gebraucht mit üblen Absichten oder von Hohlköpfen. Oder in den Abgrund der Wörter zu schauen. Amen zum Beispiel, lernte ich früh, heißt: Es werde wahr.

Es ist mir erst spät aufgefallen, warum ich mich als sehr junger Autor so heftig auf die Sprachen der Macht gestürzt habe. Da ich mit dreiundzwanzig und neunundzwanzig noch nicht gegen die Eltern- und Kirchensprache rebellieren konnte, mussten wohl erst einmal in den Satiren «Wir Unternehmer» und «Unsere Siemens-Welt» die verlogenen Sprachen der Macht und der Wirtschaft aufgespießt werden und danach die Sprachen der Politik. Es brauchte erst die Reibungen am Dokumentarischen, bevor ich noch einmal zehn Jahre später zur Freiheit der Fiktion beim Romanschreiben fand, zur Entwicklung einer sogenannten eigenen Sprache. Erst mit ihr, mit dem eigenen Rhythmus, konnte ich dem Vater, den Eltern, dem Großvater mit Hilfe der autobiographischen Erzählungen Paroli bieten. Schon witzig, wie sich Kreise schließen, oder sagen wir: die Ellipsen.

AMERICA

«God bless America», ein begreiflicher Wunsch, aber wenn zum Beispiel in St. Louis / Missouri auf den öffentlichen Bussen nicht nur das Fahrziel mit der Nummer der Linie angezeigt wird, sondern abwechselnd immer wieder «God bless America» ebenfalls für eine halbe Minute, dann wünscht sich der Europäer doch ein bisschen mehr Verständnis für die Internationalität oder Globalität welcher Gottheiten auch immer. Wie wär's mal mit der Zeile «God bless Africa» oder «God bless Asia» auf einem Bus in St. Louis?

AMERICAN COLONY

Einmal im berühmten American Colony Hotel, knapp im arabischen Viertel in Jerusalem, fünf Tage wie ein Edeljournalist verwöhnt und gefährdet, auf Kosten von «Merian» unterwegs für einen Beitrag im «Jerusalem»-Heft 1995 über die Judäische Wüste. Mit der sechzehnjährigen Tochter Mara im Auto über Asphalt und Sand durch das besetzte, damals relativ friedliche Westjordanland und abends im Luxushotel, ein neutraler Ort im arabischen Viertel, Gespräche mit Tom Segev, Moshe Zimmermann und anderen. Eine Ausnahmezeit, ein Ausnahmehotel, ein Ausnahmeort, auch der Artikel eine Ausnahme: Delius und die Wüste.

AMERICAN LIBRARY

Der kleine Stolz, ein Buch in Amerika in der German Library (der deutschen Literatur vom Mittelalter bis zur Gegenwart) zu haben, im achtundachtzigsten von hundert

Bänden, zusammen mit Peter Schneiders «Lenz» (▸ ANSPRACHEN) und Martin Walsers «Ein fliehendes Pferd» (▸ ANSTRENGEND): The Sunday I Became World Champion.

AMERIKAHAUS

Nach dem Versuch, im «Sonntag, an dem ich Weltmeister wurde» den Wurzeln meines Verhältnisses zur Sprache und zum Schreiben nachzugehen, musste der Versuch begonnen werden, in «Amerikahaus und der Tanz um die Frauen» den Wurzeln des politischen Denkens und Handelns und meinem unreifen Verhalten gegenüber zwei Freundinnen (▸ ANNA) auf die Spur zu kommen. Wie verarbeitet einer die politischen Schübe durch den 17. Juni 1953, den 13. August 1961, den SPD-Wahlkampf 1965, die frühen Proteste gegen die Notstandsgesetze und die SPD, den 5. Februar 1966 mit der ersten Berliner Demonstration gegen den Vietnamkrieg? Ich konnte zum ersten Mal auf meine Kalender und Tagebücher zurückgreifen und im FU-Archiv gegenrecherchieren, was das Gedächtnis gespeichert hatte. Mit der Er-Form gelang ein wenig Abstand vom Ich und seinen Peinlichkeiten. Das Wichtigste war, erst im Lauf der Arbeit zu entdecken, wie sehr ich mich damals auf die Rolle als Beobachter einstellte (▸ ALLEINSEIN).

Das Buch wurde, soweit ich das weiß, von vielen dogmatischen Antiachtundsechzigern ebenso abgelehnt wie von dogmatischen oder ex-dogmatischen Achtundsechzigern. Marcel Reich-Ranicki zog im «Literarischen Quartett» ein treffendes Fazit: «Alles Politische ist hier erotisch, alles Erotische ist hier politisch.»

AMERIKANER 1945

Als die Amerikaner einmarschierten in Wehrda am 30. März 1945, blätterte ich in der Kinderbilderbibel. Soweit die Anekdote, die schriftlich belegt werden kann, da meine Mutter, was sie sonst nie tat, in den letzten Kriegstagen und ersten Nachkriegstagen Tagebuch führte. Die ersten Schwarzen, die sie sah, verkörperten für sie den Untergang Deutschlands, bald irritiert von der Lässigkeit und Freundlichkeit dieser Soldaten. An jenem Tag, als die ersten Jeeps und Panzer ins Dorf kamen, war ich zwei Jahre alt, hatte Fieber, lag im Bett, Mandelentzündung. «Da F.-C. jetzt ruhig ist und sich still die Bilderbibel ansieht, gehe ich auch mal auf den Hof, wo Groscurths schon stehen.» Das sind Dr. ▸ ANNELIESE Groscurth, deren Mann ein Jahr zuvor von den Nazis hingerichtet wurde, und ihre Mutter. Drei Frauen beobachten den zentralen Dorfplatz, den noch so genannten Adolf-Hitler-Platz (▸ AHNUNG), wo «ununterbrochen Panzer, Panzerautos und kleine, wendige Wagen durch unser Dorf in Richtung Rhina-Neukirchen fahren. Frau Dr. Groscurth weint, und ihre Mutter sagt zu mir: ‹Hätten sie nicht ein Jahr früher kommen können, dann lebte mein Schwiegersohn noch.› Ihr Gerede konnte ich nicht weiter anhören. Ich stellte mich abseits von ihnen. Da kamen auch mir die Tränen, aber wahrhaftig aus anderen Gründen. Armes Deutschland! All die Opfer, die die Menschen im Krieg bringen mussten!»

Eine Weile überlegt, die Geschichten der beiden jungen Frauen in einem Roman zu erzählen. Aber das wäre ein ständiges Vergleichen gewesen, bei dem Frau Groscurth besser weggekommen wäre. Jede der beiden brauchte ein eigenes Buch, Anneliese Groscurth «Mein Jahr als Mörder» (2004), Ria Delius «Bildnis der Mutter als junge Frau» (2006).

AMERIKANER 1991

Ein Mensch von einem anderen Kontinent reist, mit der Bahn aus Österreich kommend, nach Berlin. Im südlichen Deutschland betreten vier junge Männer das Abteil des dunkelhäutigen Ausländers. Die vier beginnen, den Fremden erst mit Witzen, dann mit blöden Drohungen zu belästigen. Sie schlagen ihn, im Zug, wo er nicht fliehen kann, und sie schlagen ihn noch auf dem Bahnsteig in Berlin-Lichtenberg, wo ihm niemand hilft, auch die Polizisten in der Nähe nicht.

Solche Geschichten passieren täglich, wenige stehen in der Zeitung, und auch die mag man ja nicht mehr lesen. Jeder hat so etwas mal beobachtet oder von Bekannten gehört. Die Reaktion ist meistens eine mit Achselzucken gemischte Empörung über die nach Schema Nazi beurteilten Skins. Die Bösen, das sind die anderen. «Ich bin öfter verprügelt worden», sagt der Geprügelte, ein Bürger aus den USA, «aber bei uns zu Hause bilden sich schnell zwei Parteien. Da gibt es sofort welche, die zu dir halten oder dazwischengehen. Aber hier in Berlin: Da stehen die Leute um dich rum, im Sicherheitsabstand – und keiner verteidigt dich. Du bleibst allein. Das ist der Unterschied.»

Ein kleiner Unterschied mit großen Folgen. Viel wird darüber spekuliert, ob und wie Berlin nun zur großen europäischen Metropole wird. In der Tat begeistert es viele Leute, auch mich, dass Berlin, aus dem Zustand der künstlichen Idylle entlassen (so die West-Perspektive), den so rauen wie herzlichen Wind einer Weltstadt zu spüren bekommt. Aber manchmal beschleicht einen der Verdacht, dass uns Berlinern für die Rolle der Weltstädter noch die eine oder andere Kleinigkeit fehlt. Der verprügelte Amerikaner hat mich wieder darauf gebracht. Was uns fehlt, was sich im Osten nicht entwickeln konnte und im Westen nie so recht gefragt war, ist eine Tugend, für die wir nur ein Fremdwort haben: Zivilcourage. Wenn die Mehrheit aus Angst wegschaut, während die Minderheit verprügelt wird, sind nicht mehr die Skins das Problem, sondern die fehlende Courage der Zivilisten. Nicht nur dann, wenn die Polizei-Uniformierten, die der Amerikaner «skins with a job» nannte, ihren Amtseid vergessen.

AMERY, CARL

Wie Jean Amery änderte auch er seinen Mayer in Amery. Ein Autor aus der Gruppe 47, der ganz untypisch für diese Gruppe war, lachender Linkskatholik, Romancier und Satiriker («Leb wohl, geliebtes Volk der Bayern»). Später ein kluger Vorsitzender des Schriftstellerverbandes, da lernte ich ihn schätzen. Vor allem war er ein entscheidender, leider völlig vergessener Vorreiter der ökologischen Bewegung. «Die Grenzen des Wachstums» lagen seit 1972 auf den Tischen, und Amery legte in seinem Bestseller «Natur als Politik» den Akzent auf das Politische. Seine Forderung «Die Ökonomie als irrationale Leitwissenschaft der Politik muss der rationalen Leitwissenschaft Ökologie weichen» steht seit 1976 im Raum.

AMMONIT

Ein Ammonit aus Aalen, hundertsiebzigtausend Jahre alt, ein Geschenk des Kulturmanagers der Stadt, nach der Verleihung des Schubart-Preises 2007. Ich frage, was für ein Tierchen war das, das hier so schön versteinert ist? Ein Kopffüßler, ausgestorben, wie alle Kopffüßler.

AMOUR FOU

Die eine oder andere. Mehr muss nicht verraten werden, auch hier nicht.

AMRUM

Rückenwind ist mir, ehrlich gesagt, doch lieber als Gegenwind.

AMSEL

Hoffnungston nach durchwachter Nacht, die ersten Auffrischtöne am frühen Morgen.

AMTSGERICHT

Im August 1978 den lang gefassten Vorsatz hinter mich gebracht: zum Amtsgericht Charlottenburg gegangen und aus der Kirche ausgetreten. Als ich aus dem Gericht kam, summte ich trutzig und erleichtert die Melodie des Chorals «Wer Gott, dem Allerhöchsten, traut». Die mitgedachte zweite Zeile «der hat auf keinen Sand gebaut» änderte sich wie von allein zu: «der hat auf einen Sand gebaut».

AN MICKEL

1968, als der Dichter und Freund Karl Mickel aus Ostberlin wieder einmal Ärger mit seinen Zensoren hatte und ich den studentenbewegungsfeindlichen Regierenden Bürgermeister Schütz als Gegner ansah, entstand das Gedicht «An Mickel»:

Schütz salutiert, es salutiert Berlin. Doch hier
In deinen Sesseln sitzen Biographen, die
Sich anerkennen, die sich was erzählen. Lebhaft
Gestaltet sich im Bereich der Ringbahn der
Kulturaustausch. Fixiert aufs Grundrecht Kunst
Trinken wir auf Zukunft und auf
Die metrischen Anstößigkeiten gegen
Den laufenden Geschmack. Jeder entscheidet für sich,
In welche Richtung der Trinkspruch abgehn soll:
‹Fuck off!›, so hallts noch lange durch die
Beste aller Lüfte.

ANAGNI

Eine Ohrfeige für den Papst in Anagni. Auch wenn es lange her war, 1303, und der Name des Papstes, Bonifatius VIII., mir noch nichts sagte, mit diesem «schiaffo» wurde die Neugier auf die Geschichten hinter der römischen und der katholischen Geschichte geweckt. Wir waren an einem Frühjahrstag 2004 nach Anagni gefahren, rund achtzig Kilometer südlich von Rom, besahen erst den romanischen Dom, im Museum wurde etwas verschämt an diese historisch so bedeutsame Ohrfeige erinnert. Der Papst, ein Caetani, von den Familien Conti und Colonna verfolgt und gefangen, habe seinen Nacken für einen Schwertstreich hingehalten, sei aber nur geohrfeigt worden von einem Herrn Colonna. Nach zwei Tagen sei er von den Einwohnern aus Anagni wieder befreit worden und nach Rom zurückgekehrt. Eine rätselhafte, uralte und belanglose Geschichte ohne Lehre oder Witz, dachte ich zuerst. Doch schrieb ich zu Hause ins Notizbuch: Die Ohrfeige von Anagni, als wollte ich eine Erzählung, einen Roman darüber schreiben.

Was wäre da alles zu holen: Bonifatius VIII. war ein PR-Genie, erfand im Jahr 1300 das Heilige Jahr, der Ablass für Rom-Pilger füllte die Kassen, er machte die Kirche zur Marke. Er baute den Torre delle Milizie, noch heute in Rom unübersehbar, um sich vor den Colonna zu schützen. Kaum schaut man bei einem Papst mal näher hin: Abgründe von Privatinteressen. Das ist nicht neu, aber die Details sind jedes Mal wieder unterhaltsam: Andere Päpste hatten ständig ihre Machtkämpfe mit den rivalisierenden Familien, Bonifaz führte richtige Kriege gegen sie. Wer für ihn kämpfte, bekam Ablass, wer gegen ihn, die Exkommunikation. Das zentrale katholische Dogma Una Sancta, alle menschliche Kreatur sei dem römischen Papst unterworfen, stammt von diesem Räuber (ein Jahr vor der Ohrfeige), war zuerst nur ein Mittel seiner Kriegskunst und diente seiner Besitz- und Herrschgier gegen die Colonna. Die Ohrfeige am Ende eine symbolische Racheaktion einer anderen Raubritterfamilie, die auch gern den Papst gestellt hätte. Aber die Folge war sechs Jahre später die Spaltung der Kirche, Avignon. Dante ▸ ALIGHIERI steckte den achten Bonifaz deshalb in den achten Kreis der Hölle, verurteilte aber die Ohrfeige gegen einen Papst. Unerschöpfliches Anagni!

Es war, als hätte die Ohrfeige mich geweckt: Schreib über Italien, lass dich ein auf die Orte hier, auf Rom, auf dein Rom, auf Land, Leute und die Labyrinthe der Geschichte!

ANALPHABETISIERUNGSKAMPAGNE 1981

Als neugieriger Neubielefelder ging ich 1981 zu einem Medienkongress der CDU und hörte zu. Einiges irritierte mich, deshalb schrieb ich einen Bericht darüber und schickte ihn an die «Zeit». Die historische Bedeutung dieser Tagung war mir damals noch nicht klar, ich kannte nicht einmal die Hintergründe: Die SPD/FDP-Regierung Schmidt hatte im April 1981 den systematischen Ausbau des Glasfaserkabelnetzes beschlossen, bis 2020 sollte die (alte) Bundesrepublik internetfähig sein (wie wir heute sagen), eine wegweisende technische Lösung. Ein Jahr nach dem Bielefelder Kongress kippte die neue CDU/FDP-Regierung Kohl diese Pläne im Sinn der «geistig-moralischen Wende»: Stattdessen wurden Kupferkabel für die geplanten Privatsender, für Medienunternehmer wie Leo Kirch gelegt, viele CDU-Leute hassten die öffentlich-rechtlichen Sender. Wie ideologisch der Kampf der CDU um die Meinungshoheit war, konnte man trotzdem schon in Bielefeld nicht übersehen:

«Auf dem Bielefelder CDU-Medienkongress versprach der Chef vom Dienst der FAZ, Ratzke, nun fünfzig bis sechzig Fernsehprogramme bis zum Ende dieses Jahrzehnts. Im Namen des Marktes und der Freiheit forderte er einen Zustand, in dem kein Jugendlicher mehr die Freiheit haben wird zu sagen ‹im Fernsehen ist nichts los›. Den Schwärmern von der Vervielfachung der Programme reichen offenbar die durch das Fernsehen begünstigten psychischen und gesellschaftlichen Deformationen noch nicht. Es gibt ja Untersuchungen in den USA, nach denen die Menge des Fernsehkonsums von Kindern und Jugendlichen in direktem Verhältnis zu ihrer Sprachunfähigkeit und Ausdrucksunfähigkeit (nicht: Intelligenz) steht. Viel Fernsehen erschwert den Spracherwerb, produziert Quasi-Analphabeten – aus keinem anderen Grund müssen Colleges in den USA heute schon Schreib- und Lesekurse für ihre Studenten anbieten. Da die Stunden des Fernsehkonsums bei sechzig Programmen auch hierzulande nicht gerade abnehmen werden, tritt der Mann der FAZ, die in ihren Leitartikeln und Feuilletons den Verfall von Bildung und Kultur wortreich beklagt, im Namen der ‹Informationsbedürfnisse› für den Abbau des Wortschatzes, für die schleichende Analphabetisierung ein.

Ich will hier nicht einstimmen in das alte Lamento über die Folgen der Fernsehkultur. Als Literat mit dem anachronistischen ‹sentimentalen Verhältnis› zum Papier kann ich mich jedoch nicht damit begnügen zu wissen, welche wirtschaftlichen und politischen Interessen hinter den Rednern stehen, die uns mit den Kommerzsendern Freiheit und nichts als Freiheit bescheren wollen. Wenn ich solche Reden höre, denke ich nebenbei auch an die Folgen für die Literatur. Die Literatur selbst, so vermute ich, wird vielleicht sogar aufleben, auf jeden Fall wird sie sich gegen hundert Fernsehprogramme nicht schlechter behaupten, als sie sich gegen Kaiser und Zensoren, gegen Diktatoren und Didaktiker behauptet hat. Denn je mehr die passivmachenden Medien durch unterirdische Kabel und Satelliten ‹am Himmel› (wie Ratzke immer wieder betonte) auf uns einstrahlen, desto eher werden das vergleichsweise aktive Lesen, die vergleichsweise lebendigen und anregenden Bücher als produktive Formen der Verweigerung, als unentbehrliches Futter für Phantasie und Verstand gefragt und gebraucht werden. Allerdings werden immer weniger Leute die Fähigkeit entwickeln und behalten können, die schon heute rapide abnimmt, die Fähigkeit und die Geduld, zu lesen und sich auf Kompliziertes einzulassen.

Die Absage an das Gutenberg-Zeitalter scheint also zum Einstieg in ein neues Mittelalter zu werden: Eine Handvoll Gelehrter und Literaten kann ein blühendes Geistesleben in kleinen Zirkeln entfalten, die menschlichen Errungenschaften des Denkens, Staunens und Phantasierens bewahren – und 95 Prozent der Bevölkerung bleiben in der allein seligmachenden Fernsehkirche. Auf dem Schriftstellerkongress 1980 hatte Jürgen Lodemann gesagt: ‹Wer ausgerechnet in diesen Anfangsstadien einer nationalen Legasthenie statt endlich weniger nun noch mehr, ja ein Vielfaches an Fernsehen durchpaukt und das dann auch noch mit Stolz und mit landesväterlichen Gnadengebärden seinen Bürgern verkündet, der hat allerdings die seelischen Qualitäten eines Massenfolterers. Die eines Kinderschänders sowieso.›» (Letzte Runde für Gutenberg? Die Zeit, 1981.)

ANDEN

Nie in den Anden, auf den Antillen oder nah der Antarktis. Neugierig auf Argentinien oder Aberdeen oder Alexandria. Immer noch nicht fertig mit ▸ ALTENBURG, Arles, Arezzo, Antwerpen und ▸ ANAGNI.

ÄNDERN

«Du musst dein Leben ändern» – es gibt Leute, die dem Imperativ Rilkes und Sloterdijks ziemlich abrupt gehorchen. Als Autor erschrickt man aber doch ein wenig, wenn aus dem Publikum ein Leser auf einen zutritt und sagt: «Ihr Buch hat mein Leben verändert.» Er meint «Unsere Siemens-Welt», das habe er als achtzehnjähriger Siemens-Lehrling gelesen, es habe ihn erschüttert, er wollte mehr von der Welt wissen, mehr lernen. So habe er auf dem zweiten Bildungsweg Abitur gemacht, sei Lehrer geworden, inzwischen pensioniert und Kunde in der Georg-Büchner-Buchhandlung in Berlin-Prenzlauer Berg.

ANDERSCH, ALFRED

Der große Alfred Andersch witterte beim kleinen Lyriker D. Linksfaschismus, nachdem 1968 im berühmten «Kursbuch 15» unter anderm das Gedicht «Armes Schwein» (▸ ARMES SCHWEIN) veröffentlicht war. Er reagierte in der «Süddeutschen Zeitung» empört, fühlte sich an SA-Überfälle erinnert und ging zu seinem alten Freund Enzensberger auf Distanz, weil der das Gedicht überhaupt gedruckt hatte. – 1976, als Andersch für sein Gedicht «artikel 3 (3)» heftig angegriffen wurde, schrieb ich ihm als Lektor für Literatur im Rotbuch Verlag und bat um die Genehmigung, sein Gedicht in unserem «Roten Kalender für Lehrlinge und Schüler» nachzudrucken. Sehr freundliche Zustimmung, erst danach war ich so frei, seine bedeutenden Romane zu lesen und zu schätzen.

ANDERSEN, HANS CHRISTIAN

Roman, ungeschrieben. Hin und wieder glaubte ich, Andersens Märchen von der «Prinzessin auf der Erbse» wäre ein guter Gegenwartsstoff, und dachte an eine bestimmte weibliche Figur. Dann schenkte mir Günter Grass (als Dank für die jahrelange Arbeit mit dem Alfred-Döblin-Preis) seine Radierung einer Prinzessin auf ihren vielen Kissen im Bett, gefertigt im September 2001, kurz nach oder vor dem schrecklichen 11. September. Irgendwann las ich, dass Odo Marquard das Prinzessin-auf-der-Erbse-Syndrom entdeckt und beschrieben hat, die Fähigkeit des Menschen, «unter immer weniger immer mehr zu leiden». Schließlich die intelligente Zuspitzung der Marquard-Erkenntnis durch Thea Dorn im schrägen Jahr 2020: «aggressive Mimosen». Des Märchendichters Bilder sind unerschöpflich. Dagegen kann ein Roman mit erbsengepeinigter Dame heute nur blass oder polemisch werden.

ANDREA 1–3

Andrea Boländer, Hauptfigur in «Mogadischu Fensterplatz», mit der radikal subjektiven, weiblichen, ergiebigsten Perspektive auf das, was man Terror nennt.

Andrea Buch, Ärztin und Ehegefährtin des Autorfreundes H. C. Buch (▸ ARTMANN, ▸ ARSCH), wie sie als Studentin auf den S-Bahnhof Savignyplatz und als ältere Dame auf den S-Bahnhof Bellevue herunterblickt.

Andrea Z., erste Fernliebe in der Konfirmandenzeit, als die Schönen des Mädcheninternats Hohenwehrda zu den Konfirmandenstunden hinunter ins Dorf Wehrda in die Schule kommen mussten – und ich mir ein Gesicht suchte, um nicht von lauter Glaubensbekenntnissen, Geboten, Bergpredigten und Chorälen eingeschnürt zu werden. Hier war mein Pfarrervater der Lehrer, ich stand unter seiner Kontrolle, da gab es nur die Flucht nach innen, zur Phantasie. Die zielte auf das schönste Gesicht der sechs oder sieben schönen Gesichter der feinen Schülerinnen. Nie wagte ich, A. anzusprechen. Als höchsten Liebesbeweis, ich war dreizehn, dachte ich mir einen ▸ ANDREA-Z.-POKAL aus. Jahrzehnte später entdeckte ich, dass auch sie schrieb, falls sie es war – bei «Bild».

ANDREA-Z.-POKAL

Vier Jahre lang frühmorgens, oft in der Dunkelheit, eine Stunde und frühnachmittags eine Stunde im blausilbernen Mercedesbus von Dorf zu Dorf über die Schlaglöcher geschaukelt, oft stehend und gequetscht und mit dem deutlichen Gefühl, zu wenig zu wissen, zu wenig zu können und auch an diesem Tag nicht vom schlechten Schüler zum etwas weniger schlechten Schüler der ▸ ALTEN KLOSTERSCHULE Bad Hersfeld aufzusteigen. Den ganzen Schultag lang war ich, außer in den Pausen, möglichst still geblieben, hatte mich als sprachgehemmter und in allen Fächern schwacher Schüler so unauffällig wie möglich verhalten und nur einmal gemeldet, kurz vor dem Ende der sechsten Stunde, um zu sagen «Ich muss jetzt gehen», weil der einzige Nachmittagsbus um Punkt 13 Uhr abfuhr. Fünf Minuten zum Marktplatz rennen, dann die kleine Erleichterung, die Stunde der Entspannung bei den Rückfahrten auf der immer gleichen Strecke Bad Hersfeld, Asbach, Kohlhausen, Hilperhausen, Holzheim, Kruspis, Stärklos, Wetzlos. Schletzenrod, Wehrda. Immer auf der Suche nach Fluchtwegen aus der kindlichen Traurigkeit, über die auch der Wahn, Fußballweltmeister zu sein, oder die Comics Tarzan, Akim und Micky Maus, die beneideten Freunden gehörten, oder die Bücher zu Hause nur schwer hinwegtrösten konnten, fing ich mit dreizehn Jahren an, die Straßenbäume zwischen den Dörfern zu zählen und mit den Zahlen statistisch zu spielen. Als das zu öde wurde, zählte ich die in jedem Ort aussteigenden Fahrgäste.

An jeder Haltestelle prägte ich mir diese Zahlen ein oder notierte sie heimlich, und wenn ich zu Hause war, wertete ich sie wie Tore in einem Fußballspiel Dorf gegen Dorf, beispielsweise Holzheim gegen Schletzenrod 4:2. Die Partien waren vorher festgelegt nach einem ordentlichen Spielplan wie in der Fußball-Kreisklasse. So baute ich aus diesen Spielen der neun Dörfer eine Tabelle mit Punkt- und Torwertungen. Die größeren Dörfer mit vielen Fahrgästen durften nicht immer gewinnen und wurden deshalb noch einmal unterteilt in Mannschaften der Frauen, der Männer und Schüler, damit einigermaßen Gleichgewicht herrschte und genügend Überraschungen blieben. Bald gab es zwei, bald drei Klassen mit Auf- und Absteigern, A, B und C, außerdem eine Pokalrunde, den Andrea-Z.-Pokal, sodass ich oft, statt Griechisch oder Englisch oder den Großen Katechismus zu pauken, zwei Stunden am Nachmittag damit beschäftigt war, die Ergebnisse einzutragen, für A-, B- und C-Klasse den neuen Tabellenstand zu ermitteln und die nächste Pokalrunde auszulosen. Mit glühendem Eifer waltete ich auf dem Arbeitsfeld der losschießenden Zahlenphantasien, und an diesem vorderhand sinnlosen Tun lag mir mehr als an den dringend nötigen Anstrengungen, die miserablen Schulleistungen zu verbessern oder für die Konfirmandenstunde zu lernen.

Es war beglückend, Herr und Meister über ein ausgeklügeltes, in sich stimmiges und rational funktionierendes System zu sein. Und es befriedigte noch mehr, dass dies alles in süßer Heimlichkeit geschah, sogar vor dem Bruder im gleichen Zimmer, den ich, wenn ich einmal über dem Rechenheft mit den Tabellen der Dorfnamen ertappt wurde, mit der Ausrede fernhielt, das sei eine Statistik. Immer in der Gefahr, entdeckt und nach dem Zahlenwerk befragt zu werden, auch im Bus, wenn ich so unauffällig wie möglich die Zahlen der Ausgestiegenen notierte, ließ ich doch von diesem Projekt einige Monate lang nicht ab, opferte viel Zeit dafür, baute es mit absurdester Gewissenhaftigkeit aus und freute mich, wenn meine Mannschaft, Wehrda I, die Schüler von Wehrda, also auch ich, Meister wurde oder den Andrea-Z.-Pokal gewann. Gewiss hatte ich Angst, ausgelacht zu werden für die sinnlose Hingabe an diese sinnlosen Spiele, doch solche Angst förderte nur die Spiellust. Die Leidenschaft war gut getarnt. Für die Eltern sah ich aus wie ein fleißiger Schüler am Schreibtisch, mit Hausaufgaben beschäftigt.

Ich hatte etwas entdeckt, was wichtiger als alles andere war: die ersten Ahnungen, dass ich hier an einer eigenen Welt bastelte, in die niemand hineinreden konnte, nicht die Eltern, nicht die Schule. Ein Geschenk, das ich mir selbst gemacht hatte. Ich war der Gott meines Systems, und erst als das Zahlenspiel Routine wurde, die Zahlen sich zu oft wiederholten, als die Zahlen zum Wahn zu werden drohten oder nichts mehr zu sagen hatten, wagte ich mich an die Buchstaben. Die statistischen Phantasien mit dreizehn, vierzehn Jahren, angeregt durch die täglichen Busfahrten, waren eine Vorform des Schreibens mit sechzehn, siebzehn Jahren, stupide und beglückende Versuche, eine Fiktion zu schaffen und auszubauen. Beides, die Versenkung in die Zahlen- und Tabellenspiele und die Versenkung in die Buchstabenspiele, war von höchster Peinlichkeit besetzt, von Wellen des Schamgefühls begleitet. Auch die ersten Zeilen und Gedichte waren von gleicher wunderbarer Nutzlosigkeit, von gleicher Gefühlsunsicherheit motiviert, von gleicher Sehnsucht nach einer eigenen inneren Welt beflügelt und mit gleicher Heimlichkeit und Scham durchsetzt.

ANDREAS 1–4

Andreas Fimmel, Mitgründer des Rotbuch Verlags, geschickter Buchgestalter und Vertriebsmann, begeisterter Kollektivist, Designer, wie er plötzlich mit einem neuen Nachnamen kommt: Schwarz.

Andreas Isenschmid, Literaturkritiker, wie er schon vor

neun Uhr morgens im Lietzenseepark, während er seinen Hund den Ball jagen lässt, zu jeder Proust-Auskunft fähig ist.

Andreas Nachama, Rabbiner und (einstiger) Chef des Dokumentationszentrums Topographie des Terrors, wie klug er unserem Neffen Noah die Bar-Mitzwa-Fragen stellt.

Andreas Störmer, der zweite von zweiundzwanzig Vettern und Cousinen der mütterlichen Familie, der stirbt; mit zwanzig, von einer Lawine verschüttet.

ANEMONENWIESEN

In den Wäldern hinter dem Schloss und Landhaushotel Kölzow in Mecklenburg die schönsten Anemonenwiesen. Sie sind natürlich auch deshalb die schönsten, weil dies Anwesen einst, vor Jahrhunderten, der Familie mütterlicherseits, von der Lühe, gehörte. Und heute von einem Lühe gekauft und wiederbelebt wurde, der «den Chinesen das Kaffeetrinken beigebracht hat», wie er sagt. So viel zur Globalisierung: ohne Filterkaffee von Melitta aus Minden und eine Handelsvertretung in Hongkong keine Bewunderung der Anemonen von Kölzow.

ANFANG

«Der Anfang ist immer das Entscheidende», sagt unser aller Fontane, «hat man's darin gut getroffen, so muss der Rest mit einer Art von innerer Notwendigkeit gelingen, wie ein richtig behandeltes Tannenreis von selbst zu einer graden und untadeligen Tanne aufwächst.»

Auch wenn das Zitat auf die Entstehung der Erzählung

«Schach von Wuthenow» gemünzt ist, es gilt natürlich für jeden Autor und für jeden Redner sowieso und für alle untadelige politische oder gesellschaftliche Aktivität erst recht. Der Satz «Der Anfang ist immer das Entscheidende» stimmt heute ebenso wie vor hundertfünfundzwanzig Jahren.

Wie kriegt man mit den ersten Sätzen, der ersten Seite die geneigten Leserinnen und Leser an die Angel einer aufregenden, einladenden und unerhörten Geschichte? Die Frage ist heute, da sich die Konkurrenz der Medien und die Konkurrenz der Romanautoren vervielfacht hat, noch entscheidender als damals. (Aus der Rede zum Fontane-Preis 2004)

ANFÄNGE

Es gibt kein Ende, es gibt nur Anfänge.

ANFÄNGER

Niederländisch für Anfänger, Gedicht von 1979, geschrieben während des zweijährigen Aufenthaltes in den Niederlanden, in Beek bij Nijmegen. Die Schlusszeilen:

Es bleibt das breite Ja auf den Gesichtern
Und grüne Grüße die um jede Ecke rollen
Noch eine Pappel gepflanzt und dann werden wir leise
Und höflich wegschleichen im Rücken geselligen Wind.

ANGEBER

Jeder Autor, jede Autorin fühlt sich unterschätzt, mehr oder weniger an den Rand gedrängt. Künstler stehen rund um die Uhr in einem Verdrängungswettbewerb, der so stark ist, dass sie ihn verdrängen müssen. Das kompensieren sie hin und wieder mit Angeberei. Doch vor anderen gehört sich so was nicht, vor sich selbst darf man. Wenn ich zum Angeber werde, fallen mir zuerst längst vergangene Nebenverdienste ein, etwa diese:

Der einigermaßen erfolgreich überstandene Siemens-Prozess (▸ ABS, ▸ ACCADEMIA TEDESCA, ▸ AKTE, ▸ ALLGEMEINHEIT) als endzwanzigjähriger Bursche. Die Entdeckung des ersten migrantischen Autors ▸ ARAS ÖREN. Lektorat und Mithilfe bei der Beförderung von Peter Schneiders «Lenz» (▸ ANSPRACHEN) zum Bestseller, der dem Rotbuch Verlag in den ersten Jahren die Existenz sicherte. Die fünfjährige Arbeit, von 1973 bis 1978, mit Heiner Müller an seiner Werkausgabe, lange bevor er zur Kultfigur wurde. Die Entdeckung Thomas Braschs und die Publikation seiner Erzählungen «Vor den Vätern sterben die Söhne» (▸ AUSREISE). Der Sieg gegen Horten, der wegen der «Moritat auf Helmut Hortens Angst und Ende» vor Gericht gezogen war, 1982 vor dem Bundesgerichtshof in Karlsruhe. Die erste Vision von Einwandererströmen aus den armen und diktatorischen Ländern nach Deutschland und Europa in ▸ ADENAUERPLATZ, 1984. Die Entdeckung Herta Müllers in Rumänien und die mehrseitige «Spiegel»-Rezension ihres Erstlings «Niederungen» 1984, Auftakt zu ihrem Ruhm. Wahrscheinlich als Einziger in unseren Literatenkreisen (erfolglos) versucht zu haben, in Anlehnung an Vilém Flusser die Veränderungen des menschlichen Bewusstseins durch die Digitalisierung vorsichtig zu reflektieren und zum Diskussionsthema zu machen beim Europäischen Schriftstellerkongress «Ein Traum von Europa» im Mai 1988 (▸ APPARATE). In dem «Zeit»-Artikel «Der Westen wird wilder» im Februar

1990, wenige Monate nach dem Fall der Mauer, mit der These zu schließen: «Je mehr die Dissidenten des Ostens Erfolg haben, desto wichtiger werden die Dissidenten des Westens» (▸ AUFRÄUMEN).

Und die Bücher? Ja, wohl doch eine Reihe – drei, vier, fünf, sechs – von haltbaren, gut gelungenen Erzählungen und Romanen in die vergessliche Welt gesetzt zu haben.

ANGEBOTE

Als ich mich, der anhaltenden Ehekrise wegen, besonders unglücklich fühlte, 1993, kamen fast gleichzeitig drei Rollenangebote: PEN-Präsident zu werden, eine Professur für Vers- und Sprechtechnik an einer Berliner Hochschule, drittens das seltsame Ehrenamt als Vorsitzender der Deutschen Literaturkonferenz. Alles sofort abgelehnt, vor allem wegen der Maximierung der Belastung für die Familie und der Minimierung der Schreibzeit, kurz: jede Rolle hätte mich nur noch mehr überfordert. Es war auch zu viel Ironie im Spiel: der Stotterer als Sprechlehrer, der allzu geduldige Einzelgänger als Leithammel ehrgeiziger, ungeduldiger Einzelgänger. Nein, nein, nein, da mochte ich lieber nicht. Besser beim Leisten bleiben und den «Sonntag, an dem ich Weltmeister wurde» voranbringen.

ANGELA 1–3

Angela Krauß, die viellachende, strenge Autorin aus Leipzig.

Angela Merkel, zu der nicht mehr viel zu sagen, aber noch viel zu fragen wäre. Nur die eine Frage, «Kann Angela

Merkel eine Romanfigur werden?», habe ich mir schon beantwortet, mit einem klaren Nein – um die Theorie gleich mit dem Roman «Wenn die Chinesen Rügen kaufen, dann denkt an mich» zu widerlegen.

Angela Winkler, wie sie im fast leeren Berliner Ensemble Else Lasker-Schüler rezitiert, einen Text über das hektische Berlin, wo alle nach Wundern schreien und nach der Uhr fragen: «Wie viel Uhr Kunst ist es?»

ANGELIKA

Jüngste meiner Geschwister, Mathematiklehrerin i.R., achtfache Großmutter, geboren 1952, nach der Schwester Brigitte (1949–2006) und dem Bruder Eberhard (1945) (▸ AIGUES-MORTES, ▸ ANTINAZIS).

ANGENEHME WEITERREISE!

Der Abschiedsgruß der DDR-Grenzpolizisten nach kürzeren oder längeren Kontrollen der Papiere (und des Autos, in den sechziger Jahren auch des Gepäcks) an den Grenzkontrollstellen der DDR, wo man bei der Fahrt zwischen der Bundesrepublik und dem westlichen Berlin zu halten und sich der geordneten Willkür zu unterwerfen hatte: «Angenehme Weiterreise!» Zwischen 1963 und 1989 gewiss mehr als hundert Mal gehört, im sachlich freundlichen Ton mit sächsischer, thüringischer oder brandenburgischer Färbung, auch dann, wenn die Kontrolle unangenehm schikanös war. Als der Verleger Christoph Links anregte, die fünfundzwanzig Jahre Erfahrung auf den Transitstrecken in einem Essay für den Fotoband «Transit Westberlin. Erlebnisse im Zwischenraum» (2000) zu verarbeiten, zögerte ich nicht lange. Diese Grenzerfahrungsepoche und -groteske habe ich gern beschrieben. Der Titel konnte nur lauten: «Angenehme Weiterreise!»

ANGESCHNITTENER HUMOR

«Angeschnittener Humor» sagte Peter Rühmkorf einmal über «Die Flatterzunge». Eine brauchbare Floskel, die ich gern öfter gehört hätte.

ANGST 1

Heute wundert mich, wie oft das Wort Angst in den frühen Gedichten auftaucht. Mit achtzehn oder neunzehn entstand «Geburtstag», das so beginnt: «Meine Angst hat / im Februar Geburtstag. / Zur Feier zeche ich / mit all meinen Feinden / abendlang –» Es endet mit: «Ich möge zufrieden sein und / meine wieder so reich beschenkte Angst / zurücklegen ins Herz.» Auch die vielfach nachgedruckte «Hymne» von 1964: «Ich habe Angst vor dir, Deutschland / Wort, den Vätern erfunden, nicht uns …» Wahrscheinlich hat hier doch der sonst von mir eher verabscheute Hermann Hesse recht: «Man hat nur Angst, wenn man mit sich selber nicht einig ist.» Erst in den frühen siebziger Jahren die etwas platte Gegenwehr, die Angst den anderen zuzuschreiben: «Moritat auf Helmut Hortens Angst und Ende» oder «Ein Bankier auf der Flucht».

ANGST 2

Salman Rushdie, 1992 nach Ajatollah Khomeinis Fatwa zum ersten Mal in Deutschland, höchst konspirativ, Gespräche in

Bonn, für den Abend lädt der PEN zum Essen, erst ein Hotel in Bad Godesberg, dann eins im Norden, schließlich ein Hotel in Königswinter, sechs Leibwächter am Nebentisch. «Ich habe beschlossen, keine Angst mehr zu haben, mein Leben zu leben, soweit das geht», sagt er und möchte endlich wieder als Literat wahrgenommen werden. Ich bewundere seine flotten Sneakers, «to improve my running away». Am liebsten hätten wir, statt mit der Vorspeise zu beginnen, erst mal eine Runde Tischtennis gespielt. Auf dem Flug nach Bonn hatte ich sein kaum bekanntes Buch «Harun und das Meer der Geschichten» gelesen, «at least one who read at least one of my books». Verspätet kam der würdige Lew Kopelew an den Tisch, und Rushdie musste wieder ernst werden.

ANGSTHASEN

Die Religion der Angsthasen ist der Nationalismus.

ANGUILLARA SABAZIA

Der See, das Städtchen nördlich von Rom, die Traumwohnung eines deutschen Korrespondenten, erworben dank des ergiebigen Jahres 1978 mit sattem Honorarglück für die Bedienung der Neugier deutscher Radiohörer und Zeitungsleser auf den italienischen Terrorismus, die Entführung und Ermordung Aldo Moros – und das Aufeinanderfolgen dreier Päpste binnen weniger Monate (Paul VI., Johannes Paul I., Johannes Paul II.). «Es lächelt der See, er ladet zum Bade», auch hier an einem herrlichen Sonntagmittag bleibt Aldo Moro im Kopf. So viele Jahre vorbei, und immer noch sind die größeren Rätsel des 20. Jahrhunderts nicht gelöst: Wie weit haben welche Geheimdienste die bewaffnete «Linke», die Roten Brigaden, die RAF und so weiter unterwandert und geführt? Schon Leonardo Sciascia zeigt, dass der Moro-Mord anders keinen Sinn macht. Viele Indizien, wenig Beweise, die Geheimdienste haben offenbar ohne Fehler gearbeitet.

ANKOMMEN

Berlin, sechziger Jahre: Ausgestiegen unter dem Dach des Bahnhofs Zoo nach einer taglangen Reise, müde von der langsamen, rüttelnden Fahrt, müde vom störrischen Halten unterwegs vor Signalen und Grenzen, gleichgültig geworden nach den zweifachen, vierfachen Kontrollen des Gesichts, des Passes, betäubt vom Geruch brauner Kunstlederpolster, zugiger Toiletten und grimmiger Desinfektionsmittel, erschöpft von der Enge des Abteils voll mit älteren Leuten, Wettergesprächen und verängstigter Dienstfertigkeit vor Uniformmenschen mit Hammer und Zirkel auf dem Mützenschädel, erheitert von den Bahnhofsschildern wie Niederndodeleben, Kirchmöser, Golm, mäßig ernährt von Wurstbroten, Käsebroten, Apfelsinen und einem Kaffee im Mitropa-Speisewagen, immer mal wieder einige Atemzüge lang verstört von der realen Unwirklichkeit eines Interzonenzuges, der trotz des Untergangs des Deutschen Reiches im Namen einer Deutschen Reichsbahn, die der Zone genannten DDR gehörte, die Reisenden von Westen in den Westen Berlins oder weiter in den Osten verfrachtet, eingeschachtelt vom Regen und mäßig gewappnet gegen die Lächerlichkeiten des Alltags mit der Lektüre des Taschenbuchs «Leben und Meinungen von Tristram Shandy», schläfrig vom regelmäßigen Schlag der Räder auf Schienenlücken und von der Dunkelheit der letzten ein, zwei Stunden der immer längeren acht oder zehn Stunden vom Waldecker Land bis ans Ziel, von sekundenlangen Blicken auf winzige Lichtpunkte in einer totenstarr liegenden Landschaft, aufatmend im endlich erreichten Westen vor den ersten hellen Fenstern und Laternen in Wannsee, beim langsamen Rollen durch Charlottenburg, beim Quietschen der Bremsen und beim Anblick des langen Bahnsteigs. (▸ ANSTIFTER)

ANKUNFT

Achtziger Jahre. Nach sechs Wochen auf einem anderen Kontinent in Berlin-Tegel die ersten deutschen Wörter, die hängenbleiben: Ist-Analyse, Bedarfsermittlung. Heimat, deine Sterne!

ANLEHNUNG

Friedhof in Weißensee, Beerdigung des Dichters und Freundes Peter Brasch. Thomas Brasch, der alte Freund, den ich in den letzten Jahren seltener gesehen hatte als seinen jüngeren Bruder, steht da mit starrem Blick, schwer schnaufend an einen Baum gelehnt, wie ein Achtzigjähriger. Offenbar ein Schwächeanfall, aber er bleibt auf den Beinen. Ich drücke ihm die Hand, die er lange nicht loslässt, stehe ein paar Minuten so neben ihm. Fünfundzwanzig Jahre ist es her, dass er sich an mich und an den Rotbuch Verlag lehnte, um mit seinem Buch «Vor den Vätern sterben die Söhne» aus der Wilhelm-Pieck-Straße in den Westen und im Westen groß rauszukommen (▸ AUSREISE). Um nach drei Tagen im Westen sich schon zum Suhrkamp-Autor zu erklären. Ein Verrat, den ich ihm verzeihen konnte (Genies sind so, auch die, die Genie sein wollen, versuchte ich mir einzureden). Ein paar Wochen zuvor hatten wir uns zuletzt getroffen, er konnte nicht aufhören, von seinem riesigen «Brunke»-Roman zu erzählen, und hatte «Für meinen ersten Verleger» in das schmale Suhrkamp-Buch geschrieben. Er schnauft, ich halte weiter die Hand. Eine Freundin fragt: Geht's, Thomas? Er nickt, sie geht vorbei.

Vier Monate später liegt auch er im Grab, auf dem Dorotheenstädtischen Friedhof, Herzversagen mit sechsundfünfzig.

ANMUT

Merksatz Joachim Kaiser: «Wenn ein Satz weder Anmut hat noch eine neue Information enthält, dann darf man ihn nicht schreiben.»

ANNA 1–4

Anna D., mit der ich in der frühen Studentenzeit gern ein Paar gewesen wäre (doch sie liebte einen älteren, leider sympathischen Herrn), zumal wir nach außen hin als solches galten, selbst von Ingeborg Bachmann als «schönes Paar» bewundert, wie Klaus Roehler später behauptete.

Anna Grass, wie sie am Strand in Südfrankreich (▸ AIGUES-MORTES) ihre Ballettsprünge machte.

Anna Jonas (1944–2013), vergessene Autorin der achtziger und neunziger Jahre, als Vorsitzende des Berliner Schriftstellerverbands Kämpferin gegen die Neigungen zu DDR-Meinungen im Bundesvorstand, was zu dessen Niedergang führte, auch ich trat 1988 aus.

Anna Thalbach, die ich als Kleinkind 1976 mit ihren Eltern Kathi Thalbach und Thomas Brasch (▸ ANLEHNUNG, ▸ AUSREISE) früh um halb sechs am Bahnhof Zoo an dem Tag abholte, als sie die DDR verließen, und die 2001, direkt nach dem 11. September, im Schloss Charlottenburg bei der Buchpremiere aus dem «Königsmacher» las.

ANNE 1–2

Anne Duden, Mitgründerin des Rotbuch Verlags, Presse und Lizenzen, eine Frau, in die sich die Feuilletonredakteure reihenweise verliebten, dann Autorin. Selten habe ich einen Menschen so lange und so heftig leiden sehen wie sie, nachdem bei einem Streit zweier Gruppen vor einer Schöneberger Disco 1978 ausgerechnet sie, unbeteiligt, neben ihrem Bruder den Schauplatz verlassend, getroffen wurde von einer Eisenstange, die ihr alle Zähne ausschlug, den Kiefer und die Seele brach. Der bleibende, unaufhörliche Schmerz trieb sie zum Schreiben, sie wurde eine große Dichterin des Leidens.

Anne M., der ich als sechzehn- und siebzehnjähriger Schüler ein gutes Jahr lang Briefe schrieb und die ersten Gedichte schickte. Nach einer Lesung in Minden 1996 überreichte mir eine Frau ein Bündel mit Briefen meiner Handschrift und verschwand. Da waren sie wieder, die allerersten peinlichen Gedichte – die ich als Student schon einmal im Kachelofen verbrannt hatte, und nun eher ungern. Dazu die fürchterlich eitlen, angeberischen Briefe, Dokumente pubertären Suchens, aber auch einer merkwürdigen Entschiedenheit, alle Energie auf die Literatur werfen zu wollen.

ANNEKE

Zu den Freuden des Kinderkriegens gehören die Freuden der Namensfindung und Namensgebung. Als wir hörten, dass unser erstes Kind ein Mädchen werden sollte, waren die ersten beiden Vornamen bald gefunden. Kinder brauchen aber drei Vornamen, das war ich gewohnt, und auch unsere Tochter sollte von dieser kleinen Großzügigkeit profitieren: zur Not den vielleicht ungeliebten Rufnamen wechseln, sich selbst in spielerischen Varianten und als Möglichkeitsform sehen können. Mara, in mehreren Sprachen: die Frau, das Weibliche, und Elisabeth standen schnell fest, der dritte erforderte längeres Nachdenken. Wir wohnten damals, 1978 bis 1980, in den Niederlanden, im Grenzgebiet zwischen Kleve und Nijmegen (‣ ABEND, ‣ ANFÄNGER), einen Kilometer von der Grenze und vier vom deutschen Kranenburg entfernt, wo die Geburt stattfinden sollte. Dankbar für das Leben in bequemer Zweistaatlichkeit und in der Landschaft Berg en Dal, in der wir zu Gast waren, wollten wir dem an der Grenze geborenen Kind auch einen holländischen Namen geben. Zudem war man damals als Deutscher in den Niederlanden immer noch Kind der Besatzer und Naziterroristen, da war jedes Zeichen des auch sprachlichen Entgegenkommens, des Verständnisses ein erhoffter Schritt in Richtung Lockerung. So kam es zu Anneke, eine heitere Variante zu den deutschen Annas und Annes.

Am Tag nach der Geburt, ich fühlte mich als der stolzeste aller Väter, saß ich vor dem Standesbeamten in Kranenburg, Kreis Kleve, und meldete die neue Bundesbürgerin an. Als ich nach dem Vornamen gefragt wurde, nannte ich feierlich nicht nur einen, sondern gleich drei, Mara, Elisabeth, Anneke – und setzte spontan noch einen vierten hinzu: Johanna. Spontan, aber nicht zufällig. Denn wir hatten zu Anfang der Schwangerschaft, falls das Kind ein Junge werden sollte, nicht sehr originell an den Namen Johannes gedacht. Es hatte mir solchen Spaß gemacht, diese kleine, aber folgenreiche Macht über die Namen zu spüren, dass ich mit dem dritten noch nicht aufhören konnte und, ohne meine im Krankenhaus liegende Frau zu fragen, einfach einen vierten nannte, selber überrascht von dem kurzen Sprung eines Gedankens, von der kleinen Schnapsidee zur amtlichen Geburtsurkunde. So wurde Anneke leider etwas entwertet, und meine Tochter muss im offiziellen Schriftverkehr die unnötige, hinderliche Johanna mitschleppen. Und alles wegen der väterlichen Euphorie!

ANNELIESE

Anneliese Groscurth, Ärztin, Mutter meiner lebenslangen Freunde Peter und Jan, Witwe des von den Nazis 1944 hingerichteten Arztes Georg Groscurth, der zusammen mit Robert Havemann und anderen in der Gruppe «Europäische Union» jahrelang das tat, was man Widerstand leisten nennt. Die Geschichte von Anneliese und ihrer Familie, die Aktivitäten der «Europäischen Union» und die Verfolgung dieser politischen Ärztin in der Nachkriegszeit in Westberlin sind im Roman «Mein Jahr als Mörder» dargestellt. Lange Zeit dachte ich über einen anderen Titel nach, «Die Ärztin» oder, provozierender, «Die gute Ärztin». Dem wäre hinzuzufügen: Anneliese, 1944 nach der Hinrichtung ihres Mannes mit den beiden Söhnen nach Wehrda in Hessen gekommen, anfangs mit uns im gleichen Haus wohnend (▸ AMERIKANER 1945), nach ihrer Rückkehr nach Berlin 1946 in allen großen Ferien der fünfziger Jahre mit den Söhnen da, diese heitere, weltoffene, selbstbewusste, politische, kämpferische Frau empfand ich des Öfteren als eine Art alternative Mutter. Als sie 1996 im Alter von sechsundachtzig Jahren starb, dachte ich: Du kanntest sie länger als deine Eltern. Noch heute, da ich fast täglich an der Ecke Kaiserdamm 109 vorbeikomme, wo sie jahrzehntelang Praxis und Wohnung hatte, gehen die Gedanken an sie und bis ins Jahr 1959 zurück, als ich die Groscurths zum ersten Mal besuchte und mit Peter Berlin entdeckte, noch ohne Mauer. Dass ich heute zwei Minuten entfernt von der Wohnung meines ersten Berlin-Aufenthalts wohne, in Witzleben, könnte der These «So schließen sich die Kreise» Auftrieb geben. Aber es ist kein Kreisverkehr, es sind wohl eher die Spiralen des Lebens und des Witzes. Voraussichtlich mit der Pointe, am Ende auf dem gleichen Friedhof zu liegen, an der Heerstraße.

ANNEMARIE LIEBRICH

Über den Sportreporter Rudi Michel und eine Leserin aus Kaiserslautern lernte ich Annemarie Liebrich kennen, die Witwe des Weltmeisters und «Stoppers» von 1954, Werner Liebrich. 1997 besuchte ich sie. Sie erzählte, dass Liebrich kurz vor seinem Tod 1995 den «Sonntag, an dem ich Weltmeister wurde» noch mit viel Rührung gelesen hatte, befriedigt auch darüber, dass seine Rolle im Endspiel von Bern einmal ausführlich gewürdigt wurde und nicht immer nur die von Fritz Walter, Helmut Rahn und Toni Turek (Liebrichs Name, hat mal jemand gezählt, kommt achtundzwanzigmal im Buch vor, Fritz Walters vierzehnmal – weil sich der Elfjährige mit Liebrich identifiziert). Er habe noch vorgehabt, mir zu schreiben, aber sei am Ende zu schwach dafür gewesen.

Es ärgerte Liebrich, dass Fritz Walter das Deutungsmonopol über 1954 hatte und die Medien sich immer wieder nur auf ihn bezogen. Der endlose Rummel um den Sieg von Bern störte ihn sowieso, er mochte keine Reliquien aus dieser Zeit, «ich lebe hier und jetzt, das interessiert mich», zitierte ihn seine Frau. Er wollte nicht dauernd mit Fußball-Leuten zu tun haben, er heiratete sie auch, weil ihr, der Leichtathletin, der Fußball gleichgültig war. Nachdem er als Trainer gearbeitet hatte, betrieb er eine Lotto-Toto-Annahmestelle. Ein Mann mit Humor, ein Katzenfreund, er muss ein nachdenklicher, ruhiger Mensch gewesen sein, links, SPD, sein Vater ein von den Nazis schwer gequälter Kommunist. Liebrichs hatten ein Haus in Schweden, in Mariefred, dem Tucholsky-Ort, waren an Kunst und Literatur interessiert. Frau Liebrich sprach auch von dem Drama vieler dieser Weltmeister, das in der Öffentlichkeit kaum bekannt ist: die Hepatitis. Die Fußballer hatten 1954 Spritzen mit Traubenzucker bekommen, offenbar legales Doping, aber es gab keine Einwegspritzen, sodass die halbe Mannschaft mit einer einzigen Spritze behandelt wurde, die andere Hälfte mit einer anderen, und die dritte war allein für Fritz Walter. Mehrere bekamen die Gelbsucht, bei den meisten lange unentdeckt, einige starben später an den Folgen, auch Werner Liebrich an Hepatitis C und nicht, wie es offiziell hieß, am Herzen. Ein Skandal hinter dem «Wunder von Bern», noch so ein deutsches Tabu.

Annemarie Liebrich hätte mir sicher noch mehr erzählt, eine starke Frau. Ich spürte, das könnte ein Roman werden, der Titel: «Liebrichs Katze». Vielleicht hätte ich ihn in Schweden angesiedelt und nicht in der Eisenbahnstraße in Kaiserslautern. Aber die Projekte mit biographischen

Fäden wie «Der Königsmacher», «Mein Jahr als Mörder» und «Bildnis der Mutter als junge Frau» gingen in jener Zeit vor.

ANREGUNG

Kein kurzer Text hat eine so anhaltende Wirkung auf mich gehabt wie Wolfgang Koeppens langer Satz «Ein Kaffeehaus», zuerst gelesen 1965 in Wagenbachs Anthologie ▸ ATLAS. Warum? Weil ich hier zum ersten Mal kapiert habe, dass das Politische und das Ästhetische nicht zu trennen sind, nicht nur bei Koeppen, der so zum anregendsten Vorbild wurde.

ANRUFBEANTWORTER

Aus der Vor-Handy-Zeit: Dem Anrufbeantwortertext «Bin unterwegs oder unter 322 xxxx zu erreichen» antwortete der israelische Lyriker und Übersetzer Natan Zach mit dem entwaffnenden Satz «Wir sind alle unterwegs, lieber Delius!»

(Tage zuvor waren ihm auf dem Antiquitätenmarkt an der Straße des 17. Juni viertausend Mark gestohlen worden, darauf er: «Meinen Eltern hat man mehr genommen.»)

ANSPRACHEN

«Ansprachen» (1970) war das erste Buch von Peter Schneider und das erste Buch, das mich Klaus Wagenbach, bei dem ich gerade als Halbtagslektor für Literatur begann, lektorieren ließ. Es gab nicht viel zu tun, die meisten Texte waren Reden und Aufsätze, gut geschliffen und gebaut.

Auch an seinen «Notizen», deutschen Ordnungswahn betreffend, und den drei Gedichten fand ich nur wenige Details zu verbessern. Wichtiger war, dass wir uns gut verstanden und er mir bald anvertraute, an einer größeren Prosaarbeit, an «Lenz» zu sitzen. Es dauerte eine Weile, bis er dem Lektor und dem Verleger ein paar Seiten zu lesen gab, wir waren sofort überzeugt von diesem ganz neuen Ton in der Nachkriegsliteratur. Ein vielversprechendes Projekt, mit dem der skrupelbeladene Autor nur langsam vorankam, das dann (aus Gründen, die in «Als die Bücher noch geholfen haben» beschrieben sind) nicht mehr bei Wagenbach, sondern im Herbst 1973 im ersten Programm des Rotbuch Verlags erschien. Ein Bestseller, der für den Start, das Ansehen und die Konsolidierung unseres neuen, kollektiv geführten Verlags enorm wichtig war. Und dem ein zweiter Bestseller folgte, «Schon bist du ein Verfassungsfeind», danach die Erzählungen «Die Wette» (1978), bevor meine und seine Zeit bei Rotbuch endete.

ANSPRUCH

Anfang der neunziger Jahre, nach dem Fall der Mauern und strengeren Grenzbestimmungen, in einer Phase hoffnungsvoller Nüchternheit, saßen der polnische Lyriker, Übersetzer und Verleger Ryszard Krynicki, damals Posen, heute Krakau, und ich, beide Kinder des Kriegsjahrgangs 1943, in einer Wohnung in Berlin, wo Krynicki Gast des Berliner Künstlerprogramms des DAAD war, und sprachen über das Schreiben, was naheliegend scheint, aber unter Autoren recht selten vorkommt, weil es auch für uns das diffizilste aller Themen ist. Wir beide sind äußerst schüchterne Menschen, und Ryszard ist ein noch begabterer Schweiger als ich, also verstanden wir uns bestens. Weil wir unsere Worte mit produktivem Schweigen rahmten, gewannen sie ein besonderes Gewicht, nein, nichts Schweres, sondern eine schöne leichte Heiterkeit. Irgendwann flog mir ein schlichter Gedanke zu, den ich sogleich aussprach: Was wir tun, ist eigentlich nur das eine: zwischen zwei Punkten möglichst viel Sinn speichern. Ryszard lächelte, nickte und verstand sofort, was ich mit Sinn meinte: Sprache, Phantasie, Bild, Witz, Metapher, Präzision, Rebellion, Vernunft, Wahn, Deutung, Bedeutung, Andeutung und so weiter. Ein Wink genügte, und wir waren uns ohne viele Worte einig: Literatur, ob Lyrik oder Prosa oder Dialog, wird nicht mit Handlung, mit großartigen Ideen oder mit guten politischen Absichten gemacht, sondern zuerst mit der sprachlichen Spannung zwischen zwei Punkten. Der Satz, jeder einzelne Satz entscheidet, sonst nichts.

ANSTALT, MORALISCHE

Kurz nach dem 11. September 2001 notiert: Es kommen moralische Zeiten auf uns zu. Das Leben wird wieder zur moralischen Anstalt.

ANSTÄNDIG

In der Botschaft Israels wurden im Sommer 2006 fünf Mitglieder der Widerstandsgruppe «Europäische Union», Georg Groscurth, Robert Havemann, Paul Rentsch, Herbert Richter und Anneliese Groscurth (▸ ANNELIESE), von Yad Vashem als «Gerechte unter den Völkern» geehrt. In der Rede, die ich hielt, hieß es:

Wenn Menschen sich versammeln, um andere Menschen auszuzeichnen, die sich, wie wir zu sagen pflegen, menschlich verhalten haben, dann hat das leicht etwas Befremdliches, zumindest etwas Steifes. Es gibt – aus guten Gründen – eine Verlegenheit vor dem Guten und vor den Guten. Wie soll man auftreten und was soll man sagen, wenn wie hier fünf Menschen geehrt werden, die in finstersten Zeiten offenbar zu den Ausnahmen gehörten, obwohl sie für uns hier keine Ausnahmen waren, sondern Vater oder Mutter oder Mann oder Verwandte oder Freunde, die sich gegenüber anderen Menschen nichts weiter als normal, also hilfsbereit, anständig, freundlich, solidarisch benommen und dafür ihr Leben riskiert haben?

Das Wort Widerstandsgruppe führt leicht zu Missverständnissen. Es ist wichtig zu betonen, dass die Geehrten schon lange, einige Jahre vor der formellen Gründung der EU, die erst im Juli 1943 erfolgte, im Sinn der heutigen Auszeichnung tätig waren: Juden verstecken oder Verstecke für sie organisieren, Lebensmittel für die Versteckten beschaffen, falsche Papiere für sie besorgen oder die in ihren Verstecken tagsüber Eingesperrten mit Diaabenden aufmuntern, andere unter falschem Namen ärztlich behandeln, das gehörte fast zum Alltag dieses Freundeskreises, zu dem wir auch die tapferen Frauen Antje Havemann, Grete Rentsch und Maria Richter zählen dürfen. Außerdem horchten sie hohe Nazis aus, halfen jungen Männern, bei der Musterung der Wehrmacht durchzufallen, oder jungen Frauen, die von der Gestapo gesucht wurden, weil sie Juden versteckt hatten. Erst im Juli 1943 also, nach Mussolinis Sturz, formierte sich der Viererkern zur «Europäischen Union». Sie wählten diesen Namen, weil zumindest Havemann und Groscurth sicher waren, dass ein antinazistisches Deutschland nur in europäischer Kooperation aufgebaut werden könne. Nun halfen sie auch Widerstandsgruppen ausländischer Zwangsarbeiter, formulierten in Flugblättern ihr Programm – und suchten weiterhin verfolgte Einzelne zu verstecken und zu retten.

Das Gute, sagte ich, bringt uns in Verlegenheit – oder die Guten bringen uns in Verlegenheit. Nicht nur, weil hier in Deutschland Menschen, die sich Mühe geben, nicht nur an sich und ihren Besitz zu denken, also die Scheuklappen des Egoismus zu überwinden, von feuilletonistischen Zeitgeistvertretern gern als Gutmenschen denunziert werden. Sondern weil die, die wir «Gerechte» oder «Gute» nennen dürfen, ja selbst immer wieder betont haben, dass sie nur das Normale, das Selbstverständliche getan haben. Es gab keine Helden in der «Europäischen Union» und ihrem Umkreis, keine heroischen Einzelfiguren, keine großartigen Kämpfer des Widerstands. Es war eine Gruppe von anständigen Leuten, die sich aufeinander verlassen konnten, eine eher lockere Gruppe mit politischem Verstand, guten Nerven und Instinkt, die zu ihrem Mut auch noch Glück hatte – aber das leider nur bis zum Sommer 1943, als ein geschickter Nazispitzel daherkam.

ANSTIFTER

Als ich oder wir, nach achtstündigem Rütteln und Schütteln und Rollen, aus den Interzonenzügen stiegen, die billigen Koffer, beschwert mit der Unschuld der Taschenbücher aus Kleinstadtbuchhandlungen und mit viel zu weißer Wäsche, zogen uns hinab in den Bahnhof Zoo (▸ ANKOMMMEN) und in die Stadt, und den Bus mit der richtigen Nummer und die ersten Ziele einer ängstlichen Neugier suchten, und als wir, ausgestattet mit Waisengeld, Fersengeld und dem Ehrgeiz, alle Energie auf die Phantasie und ihre Göttin Literatur zu richten, noch benebelt von der Blasiertheit der frischrasierten Zwanzigjährigen, die alles sein wollten, nur nicht provinziell, als wir so, unentdeckt und ohne Anstiftung zur Entdeckung, durch Dahlemer Hörsäle irrten, in denen der Staub und die Jahreszahl und die Unterwürfigkeit vorherrschten, und als wir nach diesen Umwegen wieder in der Gegend des Bahnhofs, in der Straße des 17. Juni in den oberen Stockwerken, angelockt und eingeladen, angekommen waren, da staunten wir, dass wir plötzlich erwünscht und willkommen waren, das war eine der wichtigsten Gesten des Anstifters Walter Höllerer im Literaturland Berlin Mitte der sechziger Jahre, auch das Lachen, mit dem er begrüßte, was uns so ernst und wichtig war, und das Abschmecken der Kleinigkeiten und die fragezeichendrohenden Stirnfalten, die jedes Interpretationspathos zunichtemachten, so lernten wir dann doch von einem ordentlichen Professor, der listig genug war, gerade die Leute für eine querköpfige Literaturerforschung einzuspannen, die sich in ihren Studentenzimmern mit dem Verfertigen eigener Gedichte und Erzählungen abmühten, und lernten von einem außerordentlichen Professor, dessen Verdienste um die Erweiterung der literarischen Weltbilder so bekannt sind, dass ich hier nicht die hundertdreiundneunzigste Laudatio schreiben werde, von dem aber doch das eine wiederholt gerühmt werden muss: Er brachte uns bei, dass es stets darauf ankommt, wie ein Autor schreibt, und nicht nur darauf, was er schreibt, und der uns vorführte, dass ewig ein literarischer Hornochs bleibt, wer nicht gleichzeitig die Fähigkeiten der Alten (nehmen wir Jean Paul) und die der Modernen (joy with Joyce) und die der Zeitgenossen (z. B. Peter Weiss) zu schätzen vermag, sodass wir endlich begriffen, was wir schon in den Interzonenzügen ahnten und immer neu begreifen mussten, dass Literatur alles ist oder nichts.

ANSTRENGEND

Wie anstrengend, wie lästig sind mir diese Lesungen, moserte der alte Nörgler Martin Walser, als wir 1998 auf unseren Doppelauftritt warteten vor fünfhundert Leuten in Dresden. Dabei ließ er wohl keine gutbezahlte Lesung aus und erschien stets mit möglichst junger weiblicher Begleitung. Ach was, Lesungen sind Erntereisen, entgegnete ich spontan, der Bauer erntet um seinen Hof herum, wir reisen halt ein bisschen, um auch auf den ferneren Äckern zu ernten, in Dresden und anderswo. Er lächelte, seiner Begleiterin gefiel der Vergleich nicht, was ich nicht gleich verstand: So frech, mit der Ernte auch auf die überall frisch gepflückten jungen Frauen anzuspielen, war ich gar nicht gewesen. Es war noch nicht die Zeit, in der Walser zusehends verwalserte.

ANSTRENGUNG

Was ist die größte Anstrengung im Literaturbetrieb? Erst die Anstrengung, dazuzugehören? Dann, dort nicht an den Rand gedrängt zu werden? Oder endlich die Anstrengung, sich da rauszuhalten? Sind das überhaupt Anstrengungen?

ANTHOLOGIE, FRANKFURTER

Von Marcel Reich-Ranicki erfundene, gegen großen Widerstand in der FAZ durchgesetzte und betreute Rubrik mit einer samstäglichen Gedichtbesprechung von wechselnden Autoren. Reich-Ranicki lud alle halbwegs bekannten Menschen aus der Literaturbranche zur Mitarbeit ein, ab den neunziger Jahren auch mich (▸ ALLGEMEINPLÄTZE, FRANKFURTER). Ich schrieb über Gedichte von Bert Papenfuß, Peter Huchel, Rolf Haufs, Else Lasker-Schüler, Christoph Meckel. Letzte Erinnerung an den alten MRR: Bei der Verleihung des Frankfurter-Anthologie-Preises 2008 im Frankfurter Literaturhaus sitze ich, weil Stadtschreiber von Bergen-Enkheim, in der ersten Reihe und sehe die Rührung in den Zügen des Alten über seine Großtat für die Lyrik. Dieses Engagement begründete er am liebsten mit der Ironie der Prosa, mit Schiller zum Beispiel: «Ein poetisches Werk muss sich selbst rechtfertigen, und wo die Tat nicht spricht, da wird das Wort nicht viel helfen.»

Ich verzieh ihm plötzlich einen Teil seiner dummen Verrisse. (Da MRR inzwischen heiliggesprochen ist, redet ja keiner mehr darüber, dass bei der Beurteilung unbekannter zeitgenössischer Autoren wohl kein Kritiker seiner Generation so oft danebenlag wie er.)

ANTHOLOGIEN

Natürlich wird man ein Freund von Anthologien, wenn man schon als Anfänger gleich in dreien vertreten ist (▸ ALPHABET, ▸ ATELIER 2 und «Zeitgedichte», alle 1963). Und kurz darauf in den ▸ AUSSICHTEN, in Wagenbachs ▸ ATLAS und «Tintenfisch», der jedes Jahr wieder ein breites Publikum auf die Vielfalt und Frische der Gegenwartsliteratur neugierig machte. Heute, nach Heinz Ludwig ▸ ARNOLDS Auswahlbänden der deutschen Literatur, traut sich niemand mehr an Sammlungen von Prosa und Essays heran, als müsse die neue Unübersichtlichkeit auch in der Literatur bestätigt werden. Nur Lyriker leisten hier noch Großes, zum Beispiel Joachim Sartorius (‣ ACHIM) mit «Niemals eine Atempause» und Jan Wagner mit «Grand Tour».

ANTIANTISEMITISMUS

Bei der Arbeit an der «Jerusalemer Krawatte» und dem ‣ ABRAHAM-ISAAK-Mythos können dem ‣ AGNOSTIKER schon mal etwas andere konstruktive Gedanken dazwischenkommen:

Einfacher Vorschlag, den Antisemitismus in Deutschland (und Österreich und anderswo) abzuschaffen: Die protestantischen, die katholischen, die muslimischen und die freidenkerischen Deutschen treten freiwillig zum Judentum über, je nach Wunsch eher zum liberalen oder orthodoxen. Das hätte für alle erhebliche Vorteile, Christen brauchten sich mit den theologischen Absurditäten ihrer Religion nicht mehr herumzuschlagen, Muslime könnten den Hass auf Andersgläubige ablegen, die eher fanatischen bei den Orthodoxen unterkommen, Freidenker haben im jüdischen Leben immer ihren Platz gehabt. Die Gleichgültigen dürften, was sie wollen, auch gleichgültig bleiben. Wer Argumente braucht, dem könnten Theologen klarmachen: Das Christentum widerspricht dem Judentum, aus dem es stammt, nicht wesentlich, das Gebot der Nächstenliebe ist kein christliches Alleinstellungsmerkmal. Für den Islam gilt, grob gesagt, das Gleiche. Wenn schon Monotheismus, dann einer und nicht drei, wenn schon, dann der älteste und der menschenfreundlichste. Der Glaube, der sich in der Regel dem Zufall des Geburtsorts verdankt, wird ohnehin überschätzt, und die jüdische Religion ist von allen dreien so klug, das zu wissen. Nachteile also für niemanden, und was für Gewinne an innerem und äußerem Frieden!

Solch ein Vorschlag sei absurd und unrealistisch? Wie absurd ist es denn, dass hierzulande nicht einmal zweihunderttausend Juden leben? Und mindestens zwanzig Millionen laute oder leise Antisemiten?

ANTINAZIS

kommen in der Nachkriegszeit ins Irrenhaus, das zeigt Wolfgang Neuss in seinem erstaunlichen Film «Wir Kellerkinder» schon 1960 mit hellsichtigem Witz. Wer sich gegen die alten und geschäftstüchtigen Nazis wehrt, wird kaltgestellt. In den Herbstferien 1960 waren mein Bruder und ich eine Woche bei Verwandten in Bielefeld und sahen den Film bei einer sogenannten Uraufführung in einem großen, fast leeren Kino. Nach der Vorstellung stand dieser uns unbekannte Wolfgang Neuss vor dem Vorhang und beantwortete ein paar Fragen aus dem Publikum, kleines Pflichtprogramm und doch überzeugend. Er tat mir leid, vor fünfzehn oder zwanzig Leuten sprechen zu müssen. Keine Ahnung mehr, wer oder was uns beide, fünfzehn und siebzehn Jahre alt, motivierte, an diesem Nachmittag ausgerechnet in dies Kino zu diesem Film zu gehen. Woher wussten wir von Wolfgang Neuss und seinem wichtigen, witzigen Film? Von den Groscurth-Brüdern? Aus der Lokalzeitung? Verwandte, Eltern, Lehrer haben uns gewiss nicht dazu animiert.

ANTIQUITÄTENLADEN

«Junge Frau im Antiquitätenladen», Gedicht von 1971:

Zwischen dem üblichen Kram
(den ich nicht weiter aufzähle)
steht die junge Frau
(die eine andre Gesellschaft will,
aber nicht weiß, ob sie
den Mann zu Haus noch will,
der auch eine andre Gesellschaft will)
und sieht sich um und
steht vor dem Antiquitätenhändler
(der ihre Zuneigung weckt, indem
er ihr sehr altes Spielzeug vorführt,
der keine andre Gesellschaft will,
ihr aber die Enttäuschungen ansieht).
So steht sie unschlüssig und
schon bereit, sich ihm hinzugeben,
weil er von ihr was zu kapieren scheint,
dreht dann aber doch ab und
macht die Tür von außen zu.

ANTJE 1–2

Antje Kunstmann, Verlegerin und hochgeschätzte Fern-Freundin, kennengelernt, als ich 1974 in München den halben Preis der «Literarischen Hefte» erhielt, wie konnten wir lachen über schlechte Sätze in den Büchern von mehr oder minder gefeierten Zeitgenossen, sie baute in München ihren feministisch inspirierten Verlag auf, ich half in Berlin, den kollektiven Rotbuch Verlag zu etablieren, beide der Arbeit fest verbunden. In den siebziger Jahren, den Mauerzeiten, war das Wasser zwischen München und Berlin ziemlich tief, es blieb der «Mondscheintarif», fast kostenlose lange Telefonate zwischen 18 und 24 Uhr, und bis heute erfreulich viel Übereinstimmung.

Antje Vollmer, Bielefeld, eine der ersten Bundestagsabgeordneten der Grünen, die erstaunlicherweise Humor zeigte, als ich ihr nach einer für die neue Partei enttäuschenden Wahl Anfang der achtziger Jahre einen Brief (wegen irgendeiner vergessenen Bielefelder Angelegenheit) schrieb und unterzeichnete mit «Ihr Wähler».

ANTONIONI, MICHELANGELO

Michelangelo Antonionis Film «Blow Up» von 1966, in London gedreht. In London gesehen im gleichen Jahr: Was siehst du, wenn du siehst? Siehst du auf den Fotos mehr als auf dem, was du fotografierst, oder weniger? Wann musst du vergrößern, wann verkleinern? Erst Jahrzehnte später merkt man, wie wichtig es war, von solchen Filmen gebannt gewesen zu sein, die so heiter, spielerisch und radikal ästhetische Fragen verhandeln. (Ähnlich, wie ich es in der Musik von ▸ AYLER war.) In der Literatur dauerte es noch etwas, bis ich zum Beispiel Julio Cortázar entdeckte, von dem die Vorlage für diesen Film stammt.

ANWOHNER, LITERARISCHE

Rund um den Lietzensee wohnten und arbeiteten einst Georg Heym, Ernst Rowohlt, Ferdinand Bruckner, Armin T. Wegner, Erich Maria Remarque, Ludwig Greve, Margret Boveri, Hans Scholz, Sarah Kirsch, Silvia Bovenschen, ein paar Schritte weiter auch Alfred Döblin und Erich

Kästner. Und mittendrin, direkt am See, die Redaktion der «Weltbühne» mit Siegfried Jacobsohn, Carl von Ossietzky und Kurt Tucholsky. Alles gute Geister über den Wassern. Heute sind die schreibenden Nachbarn Verena Auffermann, Irene Fritsch, Andreas Isenschmid, Thomas Lehr, Manuela Reichart, Helke Sander, Ingo Schulze und gewiss einige weniger bekannte Leute. Zum Glück hat noch kein Lokalfeuilleton hier ein «Dichterviertel» entdeckt.

ANZIO

Auch das meine ich, wenn ich gelegentlich den Opa-Spruch loslasse, dass unsere Generation es so gut hatte und hat wie keine vor ihr (und keine nach ihr): Anzio, zum Beispiel, das Hafenstädtchen südlich von Rom. Auch im Fischrestaurant sehe ich hier den jüngeren Bruder meiner Mutter vor mir, der mit achtzehn Jahren im Januar 1944 als deutscher Soldat in der Schlacht von Anzio eingesetzt war, um die Landung der Amerikaner und Briten zu verhindern. Eine kurze Schlacht, er wurde am Arm verletzt, Durchschuss, fiel in Ohnmacht. Er erwachte von den Schreien «Hands up!» und merkte, dass er nur noch einen Arm heben konnte. Die Amerikaner nahmen ihn gefangen, brachten ihn nach Afrika, dann in die USA. Dort lernte er, sich vom dumpfdeutschen Denken zu befreien. Bis Mai 1945, erzählte er, sei es erträglich gewesen, aber nachdem die Fakten aus Dachau, Buchenwald, Auschwitz bekannt wurden, bekamen sie Verachtung, Strenge, Schikanen zu spüren, verständlicherweise. Als er nach zwei Jahren entlassen wurde, ging der Transport durch Frankreich. Eine französische Behörde, die weitere deutsche Gefangene als Arbeitskräfte rekrutieren wollte, schickte den letzten Waggon des amerikanischen Zugs zum Tunnelbau in die Pyrenäen, in ihm saß der junge Onkel. Ein weiteres Jahr härtester Arbeit folgte, ehe er schwerkrank und entkräftet zurückkam. Er hatte noch so viel Glück gehabt. Und seinen Humor behalten. Er wurde Exportkaufmann bei Agfa.

ANZUG

Gelegentlich dachte ich in Rom daran, mir einen Anzug nach Maß schneidern zu lassen, einmal im Leben. Erst der Büchner-Preis gab den letzten Anstoß, zu einem Schneider an der Piazza Istria (▸ ALBINATI) zu gehen.

APFELBAUM

In Plötzin steht auf dem Obsthof Deutscher ein Apfelbaum der Sorte Elstar, am Stamm ein Schild mit meinem Namen. Ich habe ihn nicht gepflanzt (ich glaube auch nicht an den Weltuntergang), sondern der Obstbauer mit Namen Deutscher. Der Baum ist ein Dauergeschenk der Tochter Charlotte (▸ ALICE, ▸ AUGEN), seit 2004 jedes Jahr zwanzig Kilo Äpfel vom gecharterten Baum aus dem Havelland.

APHRODITE

In einem vollgestopften Saal im British Museum in einer Sonderausstellung «Griechische Körper» eine hockende Marmorfrau, Aphrodite. Nur ein kleines Schild: im Besitz der Queen. Die Schöne neigt sich zum Bade, ganz auf sich konzentriert, die Zehen gespannt im angewinkelt geneigten, ruhenden Fuß. Die ganze Erotik kulminiert in den Zehen. Auch da steckt ein ungeschriebener Text, denke ich in törichter Kühnheit 2015 und kehre aus der Cafeteria noch einmal zurück in den Saal mit der fast versteckten Aphrodite. In keinem Katalog, auf keiner Ansichtskarte ist diese Skulptur zu finden, als sollte sie Geheimnis bleiben. Wie langweilig dagegen die ewigen Männerprügeleien auf dem berühmten Fries der kämpfenden Kentauren. Wenn aus der «linken Hand des Papstes» etwas werden kann, warum dann nicht aus den «Zehen der Aphrodite»?

APIXABAN

Seit Mitte der neunziger Jahre laufe ich mit arhythmischem Herzen durch die Welt, zur Sicherheit mit verdünntem Blut. Vor Herzinfarkt oder Schlaganfall rettet mich einstweilen Apixaban.

APOKALYPSE IM VATIKAN

Die Fachleute sind empört, aber aus schlichter Geldgier schleust der Vatikan viel zu viele Besucher durch sein Museum. Überall Stau und Geschiebe, auch zum Laokoon muss man sich durchkämpfen fast wie Laokoon. In jedem Raum ist man eingezwängt nicht nur von schwitzenden Menschen, auch von Kinderwagen, Rucksäcken, Krückstöcken, Kameras. Alles drängt zu Michelangelo in die Sixtinische Kapelle. Die kleine Apokalypse: auf dem Weg zum Jüngsten Gericht totgetrampelt.

APOLL 1

Chef der Musen und Gott der Selbstüberschätzung. Wegen seiner Herkunft aus Delos wird er unter anderem bei Horaz und Kleist auch «Delius» genannt («Wenn Mars entrüstet oder Delius / Den Stecken nicht ergreift …», Kleist, Penthesilea). Von Göttern und ihrer Leier sollte man sich als Dichter möglichst fernhalten, auch von diesem. Dagegen sind die Musen immer willkommen, die brauchen eine Mutter, Mnemosyne, die Erinnerung, aber keinen Chef.

APOLL 2

Als Rausschmeißer jedoch hätte er heute viel zu tun: «Ein Schriftsteller, der weniger auf die Nutzbarkeit und innre Fürtrefflichkeit seines Werkes, als auf die Lobeserhebung der gewöhnlichen Zeitungsklitterer achtet, ist in unsern Augen ein verächtliches Geschöpf, den Apoll samt allen Musen aus ihrem Reiche stoßen sollten.» (Schiller)

APORIEN

Gut leben von Aporien. (Notiz 1964)

APPARATE

Bei dem von den Freunden Hans Christoph Buch (▸ ARTMANN), Anna Jonas, Hans Joachim Schädlich und Peter Schneider (▸ ANSPRACHEN) organisierten, vom Berliner Senat finanzierten, von György Konráds «Mitteleuropa»-Konzept angeregten großen Schriftstellerkongress «Ein Traum von Europa» im Mai 1988 kamen rund vierzig Autorinnen und Autoren in der Berliner Kongresshalle zusammen. Einige aus der ČSSR, der Sowjetunion und der DDR durften nicht ausreisen. Die Spaltung Europas und die Einheit Europas waren die Themen, anderthalb Jahre vor dem Sturz der Mauer. Von Aharon Appelfeld, Peter Bichsel, Efim Etkind, Jiří Gruša, Ágnes Heller, György Konrád, Maria Antonietta Macciocchi, Claudio Magris, Libuše Moníková (▸ ATOMBOMBE), Harry Mulisch (▸ ATTENTAT), Adolf Muschg und so weiter bis Susan Sontag, Andrzej Szczypiorski (▸ ARM) und Tzvetan Todorov war alles vertreten, was Rang und Namen hatte.

Auch ich sollte ein Statement zur Debatte stellen, aber was konnte ich dazu beitragen? Das Naheliegende – Jalta, Europäismus, Dissidenz – sollte es nicht sein. Da ich mich gerade mit Vilém Flusser beschäftigt hatte, sagte ich unter anderem dies:

«Wir befinden uns mitten in einer stummen Kulturrevolution, in einer neuen Mutationsphase des Menschen. Träger dieser Kulturrevolution sind die technischen Bilder. Das mag in den USA und in Japan deutlicher sein als in Europa. Weil diese Revolution nicht von den Intellektuellen ausgeht, haben gerade die europäischen Schriftsteller (Ausnahmen Italo Calvino und Hans Magnus Enzensberger) noch die größten Schwierigkeiten zu verstehen, was um sie herum, gegen sie, mit ihnen stattfindet. Vilém Flusser schreibt:

‹Wir sind daran, eine Bewusstseinsebene zu erklimmen, auf welcher das Erforschen der tieferen Zusammenhänge, das Erklären, Aufzählen, Erzählen, Berechnen, kurz das historische, wissenschaftliche und textuell lineare Denken verdrängt wird … Alle Erkenntnistheorie, Ethik und Ästhetik, und vor allem das Lebensgefühl als solches, sind im Umbruch begriffen. Wir leben in einer eingebildeten Welt der technischen Bilder, und wir erleben, erkennen, werten und handeln immer häufiger in Funktion dieser Bilder.›

Ich begrüße diese Mutation nicht, aber ich will versuchen,

sie nicht länger zu ignorieren. Denn sie wird nicht abwendbar sein. Sie wird jeden Menschen in jedem Winkel Europas erreichen ... Denn die Sehnsucht nach dem ‹glücklichen Dämmerzustand›, der von den technischen Bildern kommt, geht über alle Grenzen hinweg. ‹Menschliche Erleichterungen› sind das, die alle Europäer zu erwarten haben. Wenn es eine Konvergenz geben wird, dann die der bildreichen Leere und Zerstreuung, die im einträchtigen Interesse der kapitalistischen und der sozialistischen Nomenklatura liegt. Kurz, auf die Zerstörungen aus ideologischen Motiven (Folge der Teilung Europas, Folge von Jalta, Folge von Hitler und so weiter) folgen die Zerstörungen unideologischer, nämlich technischer Art. Und das erfordert ein neues Niveau der ideologisch-intellektuellen Debatten.

Ob Schriftsteller dabei noch mitreden wollen und können, weiß ich nicht. Ob sie mehr zu bieten haben als die Antworten ihrer Bücher, weiß ich auch nicht. Aber ich wünsche mir, dass sie hin und wieder die Kraft und den Spaß aufbringen, diesen Debatten Zunder zu geben und nicht immer nur hinterherzuhinken.

Ich schlage vor, in folgende Richtungen zu denken. Die Kulturrevolution in ihrer ganzen Wucht und Tiefe erkennen und zur Rede stellen, das heißt zum Thema machen. Die Computerkultur als eine nicht nur potentiell, sondern prinzipiell demokratische Kultur verstehen. Technische Fragen auch zu politischen machen, also auch zu literarischen. ‹Die Technik ist gegenwärtig eine viel zu ernste Sache, um Technikern überlassen werden zu können.› (Flusser) In Konkurrenz zu den Bildern, im Kampf mit den Bildern (nicht gegen sie) das Potential der Phantasie der Worte neu entfalten. Das Verhältnis Mensch-Apparat neu bestimmen helfen, nicht gegen die Apparate, jedenfalls nicht gegen alle. Den

Versuch einer Allianz Technik – Intellektuelle (die Nichttechniker), um gegen die Bilder- und Informationshierarchien die ‹dialogischen Fäden› (Flusser) zu ziehen.

Genau darin sind wir ja, ohne uns dessen immer bewusst zu sein, Experten. Weil die Literatur nicht teilt, nicht angleicht, sondern ein klassisches Medium des Dialogs ist. Sie hält, in den Worten von Elias Canetti, ‹die Zugänge zwischen den Menschen offen›. Die künftigen Gesellschaften, wenn sie demokratische sein sollen, brauchen massenhaft genau das Element, das unter anderem der Literatur in winzigen, weil individuellen Einheiten ihre winzige, dennoch ungeheure Sprengkraft gibt.»

Susan Sontag neben mir auf dem Podium zeigte sich trotz oder wegen der Übersetzung ungeduldig. Eine Diskussion fand nicht statt. Das Thema war zu komplex für diese Veranstaltung, Mai 1988.

APPELLHOFPLATZ KÖLN

Achtziger und neunziger Jahre, wie sprühte man da in den Rundfunkanstalten vor Ideen und Anregungen! Gute Zeiten für Hörer und Macher, und die beste Adresse war der Appellhofplatz in Köln, der WDR. Hier war es zum Beispiel möglich, mit dem Bielefelder Soziologen Niklas Luhmann, dem ich in Bielefeld nie über den Weg gelaufen war, und zwei Kollegen vor dem Mikrofon zu sitzen, über Studentenbewegung und Terrorismus zu diskutieren und von der Zustimmung des Professors zu dem sonst so geschmähten Roman «Himmelfahrt eines Staatsfeindes» (1992) (▸ AHAB) zu erfahren, die Mischung aus «Empathie und Borniertheit der Studentenbewegung» sei genau getroffen. Da dieser Roman von rechts wie links, von den verschiedensten Kritikern (große Ausnahme Klaus Modick) niedergemacht wurde, habe ich das seltene Lob nie vergessen. Wir sprachen im Radio, aber erst in der Kantine bekannte der freundliche, bescheidene Luhmann, der große System- und Weltenerklärer, keinen Fernseher und auch kein Radio zu besitzen.

APPIA ANTICA

Im Dezember 2001 ist die Entscheidung längst gefallen, der Liebe wegen die meiste Zeit des Jahres in Rom zu leben, aber erst bei unserem Gang über die Via Appia Antica an einem sonnigen frühwinterlichen Sonntag wird mir ein Nebenvorteil klar: In Deutschland fühle ich mich für die wachsenden Reibungen, die neoliberal motivierten Zerstörungen, die schleichende Entdemokratisierung und vieles andere mitverantwortlich, muss und will darüber zumindest nachdenken, manchmal auch schreiben. In Italien dagegen bin ich für die Politik und das «casino», wie man den Schlamassel nennt, nicht verantwortlich. Also weniger Kopf-Stress, mehr Praxis im Sichgewöhnen (abituarsi) und Sicharrangieren (arrangiarsi).

Und mehr Zeit für Fragen wie die Hannibal-Fragen, die schon Freund Peter Kammerer und Heiner Müller beschäftigten: Wo ungefähr stand Hannibal hier draußen auf der Via Appia «ante portas», vor den Toren der Stadt? Wie klug war seine Entscheidung, als militärischer Sieger so weise und rücksichtsvoll zu sein, das große Rom mit seiner großen Kultur nicht zu erobern und zu zerstören und sich wieder zurückzuziehen nach Capua und Karthago? Er schont die Römer. Einige Jahre später kommen die Römer und zerstören Karthago ein für alle Mal.

APPLE

Seit Mai 1986 habe ich als Schreibgerät einen Computer, damals einen Apple Macintosh des ersten Jahrgangs 1984. Ein Student hatte ihn in den USA gekauft, auf Deutsch umgerüstet, in Berlin als Grundstock für seine Einzimmer-Computerwerkstatt benutzt und, als meine elektrische Schreibmaschine nicht mehr vernünftig zu reparieren war, mir zwei Wochen zum Ausprobieren überlassen und dann als gebraucht verkauft. Aus seiner Werkstatt wuchs die renommierte Computerfirma, die heute Gravis heißt. Mein Gerät wurde bald von 512 auf 1024 KB hochgerüstet, auf einer Diskette konnte ein ganzer Roman geschrieben und bearbeitet werden. Dieser Fortschritt wollte mit Fleiß gefeiert werden.

Die Vorteile waren noch nicht selbstverständlich: schnelleres Tippen, einfacheres Korrigieren, leichteres Tauschen von Absätzen oder Kapiteln, Namen, einzelnen Wörtern. Es gefiel mir, jederzeit an jeder Stelle fugenlos etwas einfügen oder streichen zu können. Ich merkte, wie die Aufmerksamkeit beim Schreiben noch mehr auf Sprache und Gedanken gelenkt wurde. Dazu der Vorteil, neue Varianten leichter durchspielen zu können, eine Passage an eine andere Stelle zu setzen, nur mal zur Probe. Von Anfang an hatte ich die Befürchtung, ich könnte mich zu schnell mit dem erschreckend oder verdächtig sauber Geschriebenen und Gedruckten zufriedengeben. Aber das Misstrauen gegen den druckreif scheinenden Text förderte eher die Leidenschaft des Änderns und Besserns.

Nach einem Jahr allerdings der GAU: Der Roman «Mogadischu Fensterplatz» (▸ ANDREA) war im Frühsommer 1987 so gut wie fertig, ich hatte ein halbes Jahr gründlich korrigiert und wollte zwei Tage vor der Abgabe noch eine Zeile verschieben (es ging um die Jeansmarke, die der Terroristenanführer trug, JESUS, diese Ironie der Banalität musste noch ins Buch). Ich sah die Zeile erst größer werden, dann den ganzen Text verschwinden, dann war alles blockiert. In der Werkstatt konnten die beiden Spezialisten keine Hoffnung machen, die Diskette war nicht mehr lesbar, und ich war gründlich blamiert: Ich hatte den Rat, den Text regelmäßig auf einer weiteren Diskette zu speichern, ignoriert, die letzte Fassung war fast ein halbes Jahr alt. Ich sah den Roman verloren oder mich monatelang in der Galeere der Wiederholung der Verknappungs- und Korrekturarbeit. Ausgerechnet der Roman über eine Entführung war mir durch eigene Dummheit von der Technik entführt worden. Und es gab keine GSG 9, ich war hilflos als Täter und Opfer zugleich. Nach zweieinhalb Tagen der Anruf: Wir haben den Roman wieder! Er konnte wie geplant im Herbst 1987 erscheinen.

Das sind Lehren fürs Leben, das passiert einem (hoffentlich) nur einmal. Am Hecheln der Freaks nach den jeweils neuesten Verbesserungen der Hardware und der Software habe ich mich trotzdem nie beteiligt. Das Schreibgerät ist ein freundlicher Knecht, der mir ein paar Unbequemlichkeiten abnimmt und «lesen», kopieren, verschönern kann. Das Beste und Schwerste beim Produzieren – Phantasie, Handwerk, Denken, Fleiß, Formulieren – bleibt meine Sache, zum Glück.

Der alte Macintosh samt Tastatur mit Schweißspuren ist inzwischen im Literaturarchiv Marbach zu besichtigen.

APPLE COUNTY MIT HITLERTEST

«Hitler, he was an important man», sagte der alte Bauer und schaute mich von der Seite an, bevor er mir die violettroten Braeburn-Äpfel empfahl. Wir standen in einer offenen Verkaufshalle für Obst und Gemüse an der Landstraße Nr. 94 im südlichen Pennsylvania. Ein strahlender Maientag 2000, um uns herum blühende Apfelbäume, gepflegte Obstplantagen und frische Felder in einer gefälligen Hügellandschaft. Eine Gegend, die man auf den ersten und zweiten Blick idyllisch nennen könnte, eine fremde und vertraute Landschaft auf dem amerikanischen Kontinent, fern der europäischen Engen und deutschen Querelen – und dann kommt einem so ein Obstbauer mit Hitler.

Ich war nicht zum ersten Mal im Fruit Market des Bauern Peters. Als Gast des Dickinson College in Carlisle gönnte ich mir hin und wieder das Vergnügen, aus dem Städtchen zwanzig Meilen nach Süden zu fahren, in bequemer Geschwindigkeit mit dem Auto über die Hügel zu schaukeln und mich dann beim Bauern Peters mit Äpfeln, Birnen, Marmeladen und Gemüse einzudecken. Nicht nur, weil alles besser schmeckte als die Supermarktware. Schließlich war ich mitten im Apple County, einem Zentrum der nordamerikanischen Obstindustrie, wo es Apfelblütenfeste, Apfelköniginnen und ein National Apple Museum gibt. Mit Mr. Peters hatte ich mich fast ein wenig angefreundet, schon beim ersten Besuch hatte er mich in kuriose Debatten über Hindenburg und das Luftschiff, Eisenhower und ▸ ADENAUER verwickelt. Ein Hobbyhistoriker, wie es schien, der sein Wissen aus dem Fernsehen bezog. Wir sprachen uns bereits nach Landessitte mit Vornamen an. Er war stolz auf seine deutschen Vorfahren und eine alte Lutherbibel, die er nicht lesen konnte und mir eines

Tages zeigen wollte. In der Nachkriegszeit hatte er im Schwäbischen als Soldat der US-Army gedient. Und nun machte er mit mir den Hitler-Test. «Ein wichtiger Mann», damit sagte er nichts Falsches, da konnte man nicht direkt widersprechen, aber der Akzent dieser scheinbar neutralen Wertung war deutlich: So schlecht war dieser Hitler nicht. Während John Peters die Äpfel wog, sagte ich zwei, drei Sätze, die im Amerikanischen nicht ganz so anklägerisch wirken wie im Deutschen: Gewiss sei Hitler ein wichtiger Mann gewesen, einen größeren Verbrecher und Mörder habe es, neben Stalin, in der Geschichte nicht gegeben, und so weiter. John Peters erklärte, was er mit wichtig meinte: Hitler habe mit seinen Untaten ja nur erfüllt, was den Juden vor zweitausend Jahren als Schicksal prophezeit worden sei. Ich holte noch einmal aus mit einigen Argumenten, aber es war klar, dass bei diesem Mann keine Argumente mehr halfen. Der suchte einen Verbündeten für seinen antisemitischen Quatsch und merkte nun, dass er, obwohl er einen deutschen Kunden vor sich hatte, an die falsche Adresse geraten war.

Ich gebe zu, ich war mehr amüsiert als betroffen von der blödsinnigen Geschichtsklitterung des Obstbauern. Mitten im beschaulichen Apfelparadies von Pennsylvania musste ich an Martin Walser (▸ AMERICAN LIBRARY, ▸ ANSTRENGEND, ▸ ASCHAFFENBURG) denken, der sich wahrscheinlich auch hier belästigt gefühlt hätte. Hat er nicht in seiner berühmten Friedenspreisrede von 1998 wortreich geklagt, wie unerträglich es sei, bei jeder Gelegenheit an jedem Ort in jedem Medium und von jedermann auf die Naziverbrechen gestoßen zu werden? Nein, dachte ich, Walser irrt auch darin, nicht nur in seinen selbstgefälligen Übertreibungen. Es ist keineswegs unerträglich, ich finde es sogar immer wieder lehrreich, auf Hitler angesprochen zu werden. Natürlich ist es nicht angenehm, in allen Landstrichen der Welt mit diesem vor Jahrzehnten von anderen Deutschen erwählten größten Mörder aller Zeiten in Verbindung gebracht zu werden. Aber es ist unvermeidlich, dieser Mann lässt sich einfach nicht aus dem Gedächtnis der Völker löschen, und wir können uns nicht von ihm befreien, wie Walser wünschte. Und weil es unvermeidlich ist, ja normal, eine Art Gesellschaftsspiel, dürfen wir ruhig etwas gelassener damit umgehen. Denn der Teufel mit Schnurrbart, der da aus dem Kasten springt, sagt mehr über den aus, der ihn beschwört und braucht und mit ihm provozieren will, als über uns, die Kinder und Enkel der Nazigeneration. John braucht Hitler, ich nicht. Wir sollten nicht so viel darüber jammern, dass wir es uns nicht aussuchen können, ob aufgeklärte, zumeist sympathische Leute uns wegen der Verbrechen der Väter- und Großvätergeneration in Verdacht nehmen oder ob dumme, zumeist unsympathische Leute uns in eine schäbige Kumpanei ziehen wollen. Beide Fraktionen irren sich.

John Peters fragte, ob ich noch eine Apfeltorte haben wolle, geschenkt, und natürlich sagte ich Ja. Ich hatte ihn nicht überzeugt. Gewiss gibt es schwierigere Diskussionspartner als diesen Obstbauern an der Landstraße 94. Ein treuer Wähler der Republikaner und amerikanisch frommer Mann, ein hilflos geschichtsblinder Mensch, der sich einen Reim auf die unerklärliche Welt macht, dabei seinen Unsinn redet und Muster für das Gute und für das Böse braucht. Für ihn ist Hitler ein populäres Reizwort, die Puppe des Bösewichts im Kaspertheater, immer für eine Provokation gut. Deshalb ist es so töricht, jedes Mal, wenn die zwei Silben Hit und ler fallen, sofort mit Schuldgefühl und Schwermut zu reagieren. Außer alten und neuen Nazis muss sich niemand angegriffen und belastet fühlen.

Hier liegt der größte Flurschaden, den Walser zweieinhalb Jahre zuvor angerichtet hatte: Bei jeder solchen Gelegenheit sich selber, pars pro toto, als unfreiwilligen, niedergedrückten Lastenträger, als spätes Opfer der einstigen Verbrechen darzustellen, das genug geschleppt und bewältigt hat und nicht mehr belästigt werden will. Walser hat von «unserer geschichtlichen Last» gesprochen, als mache historisches Wissen den Wissenden zum Sklaven. Als wären Wissen und Kennen der «Schande» nur negativ konnotiert. Kein Gedanke, dass Wissen etwas Produktives, Erleichterndes, Befreiendes sein kann, ein bereicherndes, notwendiges Ferment im demokratischen Alltag. Ist die Kenntnis der Fakten über eine verbrecherische deutsche Diktatur nicht eine einmalige Chance, ja fast ein Privileg unserer Gesellschaft? Woher können die Deutschen besser lernen, was sie an ihren demokratischen Freiheiten haben und wie viel Einsatz, Kritik und Lebendigkeit diese fordern?

So etwas Ähnliches hätte ich John vielleicht noch gesagt, wenn ich es in einfachen Sätzen hätte sagen können. Als wir seine Apfeltorte aßen, beim Abendessen mit Freunden, erzählte eine Lehrerin, die von den Sioux abstammt, wie sie in einem Restaurant in der Universitätsstadt Carlisle nicht bedient worden sei, wegen ihrer Hautfarbe und des indianischen Gesichts.

APRIL

Ein Tag im April 1964 in Tübingen, weil im Nachbarort Pfullingen der Verleger Günther Neske Interesse an meinen

Gedichten gezeigt hatte. Aus dem Gedichtband bei Neske, damals eine erste Adresse für Lyrik, wurde nichts, aber aus den Stunden in Tübingen ein wegen seiner Hölderlin-Anspielung auch im Hölderlinturm ausgestelltes Gedicht, das mit den Zeilen beginnt:

Kaum wechselt April
die Fakultät – schon
promoviert der Neckar
vor seinem breiten
Auditorium
auf den belesenen Mauern.

Es geht akademisch weiter, mit einem versteckten Hölderlin-Zitat: «Ein denkender Tag genügt: / Zitate und immer wieder Zitate», und in der letzten Strophe macht es sich der Autor, würde ich heute sagen, mit dem Namedropping doch etwas zu leicht:

Stift und Jens,
Schloß und Bloch.
Hölderlin, Stipendium
auf immer,
dreht sich im Turm
und sucht einen Reim auf Osiander.

AQUARIUS
Wenn schon ein Sternbild, dann dieses.

AQUILA

Erdbeben in L'Aquila 2009, über dreihundert Tote, wir wachen hundert Kilometer entfernt in Rom auf, das Bett hat sich bewegt, ich sehe oder «sehe» die Wand wackeln, sich ausbuchten und wieder gerade werden, als setze die Erschütterung der Erde auch die Sinne neu zusammen. Im Wohnzimmer fallen zwei schwere Bücher, in einem Schuber vereint, vom höchsten Regalbrett zu Boden, während alle andern auf ihrem Platz bleiben: Victor Klemperers Tagebücher, Dresden, 1933–1945.

ARABISCH

Zum ersten Mal Graffiti beachtet in den siebziger Jahren in London, auch solche mit arabischen Schriftzeichen. Wie beunruhigend muss das für die traditionellen Engländer sein, die Welt nicht mehr zu verstehen, dachte ich. Dabei meinte ich mehr mich als die Engländer. Es beunruhigte, dass mir da jemand zu verstehen gab, dass ich ihn und die Welt nicht mehr verstehen sollte. Oder Arabisch lernen, gefälligst.

ARACOELI

Auf dem Kapitol vor der Kirche Santa Maria in Aracoeli an einem Sommerabend auf der obersten Stufe der langen, breiten Marmortreppe sitzen. Unter der Kirche Reste eines Junotempels, menschlichen Blicken für immer entzogen. Links unten Marc Aurel, der Germanenschlächter und Philosoph, auf dem Ross, rechts an der Ecke die Piazza Venezia. Im Rücken die Kirche, aus der Rossinis «Stabat Mater» heranweht, die Religion ist zur Oper geworden. Abendblick über die scharfen Lichtkonturen des alten, des uralten, des gegenwärtigen Rom. Autolärm, die Kulissen mit dem halben Mond darüber. Die Selbstverständlichkeit, die Aufgeräumtheit der Ruinen im Scheinwerferlicht scheint niemanden zu irritieren. Cäsar, die Vandalen, Päpste und Könige und Staatspräsidenten, alle Figuren, die ich mir vorstelle, wandern einträchtig über den Platz, den erst Michelangelo so perfektioniert hat. Hier oben hält man sich gern für unverletzlich, meint sogar, der Welt da unten etwas Wichtiges mitteilen zu sollen – und schweigt umso mehr. Von dieser Treppe sprach Cola di Rienzo, Volksheld und Tyrann, zu den Römern hinunter. Ansonsten wurden auf den Stufen jahrhundertelang Geschäfte gemacht. Im hinteren Konservatorenpalast zur Linken neben dem Rathaus die Neugründung Europas mit den «Römischen Verträgen». Dort hielt ich bei einem internationalen Schriftstellerkongress den Vortrag über den Reichtum Europas. Im vorderen Palast das Standesamt, wo wir beiden Deutschen italienisch geheiratet haben.

Lass die Blicke, die Erinnerungen schweifen, raffe diese Szenen, sauf die Musik und schätze dich glücklich, Edeltourist, du weißt gar nichts!

ARAS ÖREN

«Ein verrückter Wind eines Tages / wirbelte den Schnurrbart eines Türken, / und der Türke rannte hinter seinem Schnurrbart / her und fand sich in der Naunynstraße.»

Diese vier Zeilen auf den ersten Seiten eines Poems, sie wirbelten einen damals noch so genannten Gastarbeiter Niyazi Gümüşciliç in die Poesie, dessen Erfinder Aras Ören in seinen ersten Verlag und in die deutsche Literaturlandschaft.

Ich sehe ihn genau vor mir, den großen, starken, gut dreißigjährigen Mann mit dem Schnurrbart und den «Koteletten bis unter die Ohren» wie Niyazi, mit seinem und meinem Freund Johannes Schenk, beide aus Kreuzberg in die Jenaer Straße in Wilmersdorf in den Verlag Klaus Wagenbach gekommen, um dem Lektor Delius ein Manuskript anzubieten. 1970, ein Jahr zuvor, waren wir uns zum ersten Mal begegnet, Schenk stellte mir Ören als türkischen Dichter vor, und ich war so forsch, ihm zu sagen: «Schreiben Sie doch über Ihre Landsleute hier in Berlin, wir wissen gar nichts über sie.» Und er: «Bin schon dabei» – am Anfang von «Was will Niyazi in der Naunynstraße» arbeitete er bereits, fühlte sich ermutigt und brachte nun eine vielfach korrigierte Übersetzung.

Ein Poem? Diese Form war auch einem studierten Vielleser nicht vertraut. Doch die vier wirbelnden Zeilen und die weitere Beschreibung der Anfänge des türkischen Lebens in Kreuzberg waren stark genug, um den skeptischen Lektor zu überzeugen, denn auch der Stil war von einem frischen, lyrisch erzählenden, einem «verrückten Wind» getragen. Wer so loslegt, voll Poesie und Schwung und Witz, der hat noch mehr drauf: eine neue literarische Perspektive, den überraschenden poetisch-präzisen Blick eines Türken aus der bis dahin schweigenden Mehrheit der ersten Generation der Gastarbeiter auf Berliner und deutsche Realitäten, multiperspektivisch, klassenkämpferisch getönt und doch tagträumerisch, mit bunt gemischtem Personal. Nicht Schablonen traten hier auf, wie es in der damaligen Arbeiterliteratur üblich war, sondern Individuen mit all ihren Schwächen, Illusionen, Sehnsüchten: Türken und Deutsche, türkische Frauen und deutsche Witwen, Arbeiterinnen, Arbeiter und Arbeitslose, Schläger, Gewerkschafter, Messerstecher, Schlitzohren, Säufer, Anpasser und beste Freunde, alle versammelt, mal nebeneinander, mal gegeneinander, mal miteinander, ohne Multikulti-Folklore. Dazwischen die Brücken der Erinnerungen von Berlin nach Istanbul und Anatolien und unter dem Pflaster und hinter den Fassaden Kreuzbergs die Schichten der deutschen Geschichte. Der Bosporus und der Mariannenplatz, vereint im Gedicht.

An der Übersetzung musste noch viel getan werden, das Buch erschien dann im Herbst 1973 im ersten Programm des neuen Rotbuch Verlags, dem Verlag der ehemaligen Wagenbach-Mitarbeiter, als literarischer Titel Nummer 1, unter anderem neben Peter Schneiders «Lenz». Und wurde das, was man heute einen Klassiker nennt und was Ludwig Fels damals schon in einer Rezension einen «geheimen Bestseller» nannte: «Wer diesen Band liest, für den wird nichts mehr beim Alten bleiben.»

Mit diesem Poem, das mit den folgenden «Der kurze Traum aus Kagithane» und «Die Fremde ist auch ein Haus» zur Berlin-Trilogie wuchs, und einem Dutzend weiterer übersetzter Bücher, Romane, Erzählungen, Gedichte hatte Aras Ören jahrelang ein Alleinstellungsmerkmal, wurde der erste Träger des ▸ ADELBERT-VON-CHAMISSO-PREISES. Als 1995 der Roman «Berlin Savignyplatz» erschien, ein melancholisch-ironischer Blick auf türkische und deutsche Westberliner, für die sich nach dem Mauerfall das Leben von einem Tag auf den andern geändert hatte, war Ören bereits zum Erzvater der türkisch-deutschen oder deutschtürkischen Autoren, ja der deutschsprachigen Migrantenliteratur geworden.

Da ich das Wurzelgerede und Hintergrundstempeln nie mochte, nannte und nenne ich ihn, obwohl er nach wie vor auf Türkisch schreibt, den am besten türkisch sprechenden deutschen Autor.

ARBEIT

«Kunst ist schön, macht aber viel Arbeit», der immer wieder schlagende Satz von Karl Valentin, warum kommt er mir ausgerechnet am Mainufer in Würzburg so passend vor, in den unproduktiven Nachmittagsstunden, zwischen Zugfahrt, Hotelschlaf, Stadtspaziergang und vor einer Lesung in der Sparkasse? An dieser Stelle am Ufer, Blick hinauf zur Festung Marienberg, stand ich schon einmal, 1958, auf Radtour entlang der vielbefahrenen, gefährlichen Bundesstraße 27 mit Freund Salzmann, von Wehrda bis Rothenburg ob der Tauber, von Jugendherberge zu Jugendherberge. Damals kein Gedanke an Kunst, aber an die unermessliche Arbeitslast, aus dem schlechten Schüler (▸ AUSREICHEND) einen etwas weniger schlechten zu machen.

ARBEIT DER ARBEITSLOSEN SOZIOLOGIN IM MAKLERBÜRO

Du merkst es an der Freundlichkeit,
ob Leute links sind: stehst zum Beispiel
beim Immobilienmakler vor dieser Angestellten,
da braucht es kein Parteiabzeichen. Wir sind,
denkst du, schon weit, Linke in diesen Büros!
Nach einer Woche erzählt sie
ihre Geschichte: nie was erfahren
über die Gesellschaft, also Soziologie studiert,
ein bisschen was gelernt über die Gesellschaft,
    also

zu viel, und die Gesellschaft rächt sich, macht
sie arbeitslos, oder fremde Briefe soll sie tippen
oder …

(Gedicht zur Lage, 1974)

ARBEITERSTAAT 1

«Zu einem richtigen Arbeiterstaat / Gehört ein richtiger Kartoffelsalat.» Mit diesen Zeilen aus Richard Leisings Gedicht «homo sapiens», 1966 gelesen in ▸ AUSSICHTEN, war über die Zukunft des «realen Sozialismus» eigentlich schon fast alles gesagt: «Richtiger Kartoffelsalat» war nach allem, was man hörte, in der DDR kaum zu kriegen. Richard Leising war auch nicht zu kriegen. Während der fünf Jahre als Rotbuch-Lektor versuchte ich ständig, mit ihm über einen Gedichtband zu reden, es gab nur ein schmales «Poesiealbum» von ihm, seine Freunde Karl Mickel und Sarah Kirsch drängten ihn dazu und schwärmten von seinen versteckten Texten. Doch Verabredungen hielt er nicht ein oder weigerte sich, seine Mappe zu zeigen, auch Whisky oder Rotwein förderten seine Bereitschaft nicht.

ARBEITERSTAAT 2

«Stücklohn» von Miklós Haraszti, die radikalste dissidentische Analyse eines «Arbeiterstaates», lag 1974 eines Tages in einer Rohübersetzung auf meinem Schreibtisch im Verlag. Hans Magnus Enzensberger, der Suhrkamp beriet, war das Manuskript des 1945 geborenen ungarischen Lyrikers zugespielt worden. Wegen einer Demonstration gegen den Krieg in Vietnam, die nicht von der Partei gelenkt war, hatte man ihn von der Universität relegiert, daraufhin verfasste er eine Satire auf die Bürokratie, die ihm den Vorwurf eintrug, für «uferlose Demokratie» und «revolutionären Asketismus» einzutreten. Man stellte ihn unter Polizeiaufsicht, nur durch «Bewährung» in der Produktion konnte er sich davon befreien.

Haraszti ging also in die Fabrik, ein Jahr arbeitete er im Traktorenwerk Roter Stern in Budapest und hielt seine Erfahrungen in «Stücklohn» akribisch fest. Der Text bewies uns moderaten Linken, wie blauäugig die waren, die den osteuropäischen Sozialismus damit verteidigten, dass die Produktionsmittel in der Hand des «Volkes» oder der «Arbeiter» statt in der von «Ausbeutern» waren. Gut hundert Seiten nüchterner Beschreibung der Arbeitswelt – das zielte direkt auf den angeblich guten Kern des Sozialismus, Produktion ohne Ausbeutung. Mitte der siebziger Jahre trösteten sich noch manche kritische Westler damit, dass in den von der Sowjetunion beherrschten Ländern zwar vieles, eigentlich fast alles im Argen liege, aber der Widerspruch zwischen Kapital und Arbeit sei aufgehoben. Haraszti raubte diese letzte Illusion. Er zeigte sehr genau, wie die Arbeiter den Arbeiterstaat betrügen, ja betrügen müssen, weil der Arbeiterstaat sie auf neue Art ausbeutet. Er protokollierte, wie gesellschaftliche Verlogenheit entsteht und warum es sozialistischen Gemeinsinn nur noch als Notwehr, als Sabotage, als Widerstand gegen die Funktionäre gibt. Und das im Jahr 1972. Ein Text, der im Untergrund kursierte und eine Weile brauchte, bis er in den Westen geschmuggelt, rohübersetzt und in Enzensbergers Hände gelangt war.

Ein Wallraff aus Ungarn, aber literarisch weit besser und dichter, politisch radikaler und bitterer – da kniff der Suhrkamp Verlag, das war politisch zu brisant, man fürchtete offenbar um die anderen Geschäfte mit Ungarn. Enzensberger vertraute das Manuskript dem Rotbuch Verlag an, und auch wir, auch ich, holten erst einmal tief Luft, ehe wir uns für die Publikation entschieden. Es war der schärfste, der konkreteste Angriff auf den sogenannten realen Sozialismus, den man sich damals, Jahre vor Solidarność, vorstellen konnte. Ich steckte mitten im Siemens-Prozess, da galt erst recht das Verlagsprinzip: denen die literarische Freiheit zu geben, die sie brauchen und bei uns wollen, ungeachtet aller Risiken – auch uns hätte die DDR mit Reiseverboten und dem Stopp der Heiner-Müller-Ausgabe und so weiter strafen können.

Besonders vorsichtig mussten wir mit den Beteiligten aus Ungarn sein. Der Übersetzer, sonst für belletristische Texte bekannt, wollte und sollte anonym bleiben. Der Autor, zu dem wir nur über Mittelsleute umständlich Kontakt hatten, musste geschützt werden. Am besten durch den Segen eines Nobelpreisträgers. Also fuhr ich zu Heinrich Böll nach Köln, erklärte ihm den Fall und ließ ihn die Übersetzung lesen. Er zögerte nicht, ein Vorwort zu schreiben. Das Buch erschien 1975 – und der Name Böll genügte, um Haraszti vor einem Prozess und dem Zuchthaus zu bewahren. Die Brisanz des Buches wurde in der Bundesrepublik kaum erkannt, dafür in Frankreich umso mehr – und bei oppositionellen Leuten in der DDR. (Dreißig Jahre später wurde Haraszti unter anderem Beauftragter der OSZE für die Freiheit der Medien.)

ARBEITGEBERPRÄSIDENT

Mit Arbeitern habe ich mich wenig beschäftigt, dafür umso mehr mit denen, die Arbeitgeber genannt werden (beginnend mit «Wir Unternehmer», 1966), und ihren Präsidenten. Am meisten mit Hanns Martin Schleyer, von dem vieles in die Figur Büttinger in «Ein Held der inneren Sicherheit» eingeflossen ist. Entführt und ermordet von der RAF, ist Schleyer das prominenteste Opfer und eine Leidensgestalt und damit sakrosankt geworden. Das macht ihn trotzdem nicht zum Vorbild, daran muss man heute manchmal erinnern, nicht nur wegen seiner Nazivergangenheit, auch wegen seiner prägenden, teilweise reaktionären Macht in der Bundesrepublik der sechziger und siebziger Jahre. Sein Beitrag für die Klimadebatte und Klimapolitik der Bundesrepublik ist von historischer Idiotie. Noch Mitte der siebziger Jahre, nach den Studien des Club of Rome und den Büchern von ▸ AMERY und anderen, verkündete der Arbeitgeberpräsident: «Wir brauchen keinen Umweltschutz. Was wir brauchen, ist geistiger Umweltschutz vor diesen Leuten, die solchen Unsinn verbreiten.»

Seine Entführung 1977 setzte ihn in ein neues Licht und offenbarte zugleich den Skandal deutscher Geschichtsflucht. Es galt nicht nur die Devise des Krisenstabs: hinhalten, nicht erpressen lassen, befreien, Leben retten. In den Medien galt gleichzeitig die Parole, die noch weniger ausgesprochen wurde: die Vergangenheit Schleyers herunterspielen oder nicht erwähnen, weil sie nicht zum Argument für die Terroristen werden dürfe. Die Angst, zu viel Wahrheit könne nur dem Gegner nützen, verband sich mit der üblichen Weigerung der Mehrheit der Deutschen, ihre Nazigeschichte als das Verbrechen zu sehen, das sie war. Schleyer ist schließlich ein sehr tüchtiger Nazi gewesen, dazu SS-Mann, wie man weiß, nicht von der «harmlosen» Sorte. Der Zusammenhang deutscher Geschichten war plötzlich aufs Peinlichste hergestellt und musste tabuisiert werden: das ehemalige Mitglied einer kriminellen Vereinigung, gefangen von Mitgliedern einer neuen kriminellen Vereinigung.

Das sichtbare Leiden des gefangenen Arbeitgeberpräsidenten war für sich schon ergreifend. Irritierender noch war die Ahnung, dass die Polaroidfotos doppelt belichtet schienen. Das zweite Bild dahinter, über das nicht gesprochen wurde, war das heimliche, vielleicht das eigentliche Skandalon des Jahres 1977: Nie zuvor hatte man in Deutschland einen SS-Mann leiden sehen.

ARBEITSKRÄFTE

Wenn ich so etwas lese, wünsche ich mir ein besseres Gedächtnis und schreib es dann doch lieber auf, in Kurzform:

Mehr als zehn Millionen Zwangsarbeiter aus den im Zweiten Weltkrieg besetzten Ländern wurden zu Sklaven in Deutschland – in fünf Jahren. Etwa die gleiche Zahl Afrikaner, schätzt man, wurde aus Afrika verschleppt und verkauft als Sklaven – in zweihundert Jahren.

ARBEITSMOTTO

«Leser kann man nicht genug betrügen», dieser fröhliche Satz von Jean Paul ist mir im dritten Semester zugeflogen, bei der Lektüre seines Romans «Hesperus». Obwohl ich damals erst ein paar pointensüchtige Gedichte geschrieben hatte und an Romane und anderes noch lange nicht zu denken war, kam mir der Satz wie ein Motto vor, ein Arbeitsmotto für mutige formbewusste und selbstbewusste Schriftsteller.

Jean Paul sagt aus gutem Grund nicht: belügen, sondern

mit Augenzwinkern: betrügen. Und natürlich rechnet er mit Leserinnen und Lesern, die wissen, dass sie «betrogen» werden, ja betrogen werden wollen, wenn sie einen Roman lesen, wenn sie sich auf Fiktion einlassen, wenn sie in das Reich der Phantasie einsteigen, wenn sie sich in Neuland wagen. Es ist ein selbstbewusster Appell, die Stärke der Fiktion zu rühmen und die Leser in das Reich der Erfindungen zu locken und dort mit Spannung gefangen zu halten. Vollständig lautet der Satz: «Leser kann man nicht genug betrügen, und ein gescheuter Autor wird sie gern an seinem Arm in Mardereisen, Wolfsgruben und Prellgarne geleiten.» Das Wort Prellgarn, ich habe das auch nicht gewusst, kommt aus der Jägersprache und meint eine spezielle Falle für Füchse. Man beachte trotz dieses rüden Vergleichs bitte die Höflichkeit der Formulierungen: «ein gescheuter Autor wird sie», die Leserinnen und Leser, «gern an seinem Arm geleiten.» Eine charmantere Einladung, sich auf Fiktion einzulassen, ist mir selten begegnet.

Der alte Satz hilft nebenbei den literaturvertrauten Menschen, der gegenwärtigen Hysterie um Wahrheit, Lüge, Fakten, Fiktion und so fort gelassener entgegenzutreten.

ARBEITSPAUSE

Momentaufnahme März 2020: Eine Arbeitspause, ich schaue in die Ferne auf die oberen Hochhäuser der Berliner City West, bin aufgestanden von meiner Intensivstation am Schreibtisch. Intensivstation hört sich kokett an, aber für drei, vier Stunden am Vormittag stimmt das. Im Dezember 2019, als Corona nichts als eine blasse Biermarke war, hatte ich entschieden, etwa ab März einen Erzähltext über meine drei Wochen auf der Intensivstation im Jahr 2008 zu beginnen («Lebensanzeige», in: «Die sieben Sprachen des Schweigens»). Die Erfahrung mit dem erzwungenen Schweigen durch den Ausfall der Stimme, des Bewusstseins, die Halluzinationen des stimmlosen, verständnislosen, endlosen Erwachens aus langem Koma. Damals hatte ein unbekanntes Virus oder eine teuflische Virus-Bakterien-Kombination, wahrscheinlich im Flugzeug eingefangen, mir eine schwere Lungenentzündung verpasst, sodass man mich im letzten Moment ins Koma schickte, aus dem ich, überdies durch einen Arztfehler fast umgebracht, nach gut zweieinhalb Wochen qualvoll und traumvoll erwachte. Es wurde als Wunder betrachtet, dass ich allmählich wieder unter die Lebenden kam und mich relativ schnell erholte. Die Endlosphantasien auf der Intensivstation, von den Medizinern Delir genannt, konnte ich noch drei, vier Wochen danach bis ins Detail erinnern und notieren.

Nein, es ist nicht lustig auf der Intensivstation, auch nicht auf meiner von 2008, auch nicht die sprachliche Annäherung an eine schwere Krankheit. Aber jetzt, da das neue Covid-Virus die Welt erobert und Tausende ins Koma schickt, will ich nicht kneifen. Vielleicht gelingt es ja, anderen etwas von diesen Erfahrungen mitzuteilen. Es ist nicht leicht herauszufinden, wie das Gleiten ins wortlose, bildreiche Nichts, die Halluzinationen und die Erfahrung der Stimmlosigkeit sprachlich am besten zu fassen ist. Kleine Pause mit Fernblick, Abstand halten, ein bisschen Gymnastik wäre fällig.

ARBEITSTITEL

Bei dem Projekt, von der Tagung der Gruppe 47 in Princeton 1966 (▸ ALEXANDER HALL) und gleichzeitig von der Entwicklung des schreibenden Schülers zum Jungdichter zu erzählen, steckte ich mehrfach fest, weil das Memoirenhafte des Rückblicks auf ein literaturhistorisches Ereignis schlecht mit den Seelenzustandsbeschreibungen eines spätpubertierenden und frühreifen Schreibers zu verbinden war. Mehrfach wurde die Idee verworfen – und zuckte immer wieder auf. Eine Zeitlang half der Arbeitstitel «Der Montag, an dem ich mich in Frau Sontag verliebte» – bis ich fand: zu nah an der Selbstparodie. Den Plan eines solchen Buches gab ich nach zwei, drei Jahren auf, einige Teile wurden Material für «Die Zukunft der Schönheit» (▸ AYLER) oder ließen sich verwenden für «Als die Bücher noch geholfen haben». Dort schrumpfte der Arbeitstitel, da die Selbstparodie auch nicht ganz unbeabsichtigt war, zu einer Kapitelüberschrift: Der Montag, an dem ich mich in Frau Sontag verliebte.

ARCHÄOLOGE

Einen deutschen Rom-Roman nach Wolfgang Koeppens «Tod in Rom» (1954) gibt es noch nicht. Immerhin zwei von Schweizer Autoren (Paul Nizon «Canto», Kuno Raeber «Sacco di Roma»). Die vielzitierten «Rom, Blicke» von Rolf Dieter Brinkmann sind teils geniale, teils banale Tiraden, aber sein Hass, seine Ego-Sicht machen ihn blind für die Widersprüche der Stadt und ihrer Bewohner (und führen, nebenbei, nicht zu einem Roman). Auch die beste Stipendiatenliteratur, mit der Villa Massimo als Mittelpunkt, bleibt Stipendiatenliteratur, nur wenig sticht heraus wie Klaus Modicks «Licht in den Steinen». Auch ich musste einsehen, dass ich es, auch aus der Perspektive eines Deutschrömers, nicht kann. Ersatzweise erfand ich mir einen Deutschrömer, einen Archäologen und Fremdenführer, dazu ein römisches Wunder, einen an der falschen Stelle knienden Papst, und es entstand immerhin eine kleine Erzählung, «Die linke Hand des Papstes» (2013).

ARCHIV

Was nicht in diesem Buch steht, passt nicht unter ein großes A oder ist verdrängt und vergessen oder gibt es nicht oder findet sich in den grünen Pappkisten des Deutschen Literaturarchivs in Marbach.

ARCO DI SETTIMIO SEVERO

Dieser Stich von Luigi Rossini aus Rom mit dem Triumphbogen im Vordergrund und langer Treppe zu einem mächtigen Gebäude hinauf, von dem ich noch nicht wusste, dass es das Kapitol war, hing neben dem Schreibtisch meines Vaters in Wehrda, Kreis Hünfeld, wenige Schritte entfernt von der Dorfstraße mit Pfützen und Kuhfladen: VEDUTA DELL'ARCO DI SETTIMIO SEVERO. So prägte sich mir Rom ein, im Vordergrund ein Eselskarren mit zwei Bauern, abseits ein vornehmer Herr, eine Frau streckt den Arm weit aus, alle winzig vor der Wucht der Steine. Wie steinern, wie steingrau muss Rom sein. Je länger man auf die feinen Striche der Figuren schaut, desto mehr Rätsel, deshalb war der kindliche Blick auf diesen Stich in «Der Sonntag, an dem ich Weltmeister wurde» zu beschreiben. Das Kind lernte: Da ist eine andere Zeit, eine andere Welt. Und fragte sich, warum dies Bild dem Vater so wichtig war. Eines der wenigen Andenken, das er bezahlen konnte, an seinen Sehnsuchtsort Rom.

ARENDT, ERICH

Der alte Dichter, Surrealist aus der DDR mit großer Distanz zu seinem Staat, ein heiterer, zugewandter Mensch, wie er am Rande des Poesiefestivals von Rotterdam den jungen Dichtern erklärt, warum er im Exil in Kolumbien nicht verhungert ist: Seine Frau und er haben dort Pralinen hergestellt und sie in Bogotá verkauft. Seitdem, es muss um 1980 gewesen sein, der Vorsatz, eine Fertigkeit zu lernen, die einem das Überleben sichern könnte, und nicht auf die Schreiberei angewiesen zu sein im unwahrscheinlichen Fall des Exils oder anderer, wahrscheinlicherer Not.

Am Tag nach der Hochzeit von Anna und Gregor Laschen, dem Arendt-Freund, in Rolandseck über dem Rhein sitze ich mit der halbjährigen Tochter Mara auf der Terrasse, da kommt Arendt vorbei, mustert uns lange und zeigt sich entzückt: «Ich habe noch nie einen Dichter mit einem so jungen Kind gesehen.»

ARENDT, HANNAH

Von allen Gedanken und klugen Sätzen dieser außerordentlichen Lehrerin hat mir ihre Bemerkung, die sie bei einer Deutschlandreise 1950 notierte, am besten geholfen, meine Landsleute zu begreifen:

«Der wohl hervorstechendste und auch erschreckendste Aspekt der deutschen Realitätsflucht liegt jedoch in der Haltung, mit Tatsachen so umzugehen, als handele es sich um bloße Meinungen.»

Von allen Anekdoten, die Lotte Köhler (▸ ASTROLOGIE), die amerikanische Mecklenburgerin und Nachlassverwalterin Arendts, über ihre langjährige Freundin erzählte, ist diese vielleicht die beste:

Hannah konnte sehr konservativ sein, sagte Frau Köhler. Es war ihr sehr peinlich, dass Uwe Johnson, der längere Zeit bei ihr wohnte, so viel Rotwein soff, sie meinte, dass die Leute vom Liquor Store das auch auf sie schieben würden. Nach einem alkoholbedingten Streit mit Johnson wollte der sofort ausziehen, es war schon Mitternacht, er packte seine Koffer, da herrschte Arendt ihn an: Wer bei mir wohnt, zieht mitternachts nicht aus!

ÄRGER

Obwohl ich die holländische Weisheit zu beherzigen versuche, die Fontane in «Frau Jenny Treibel» zitiert: «Ärgere dich nicht, wundere dich bloß», ärgere ich mich immer noch zu oft, sinnloserweise sogar über anderer Leute Dummheit. Zumal wenn sie «ein Ausmaß erreicht, das vom Willen zu ihr nicht mehr zu unterscheiden» (Jürgen Kaube) ist. Und dann fleißig öffentlich verbreitet und als kritische Meinung verkauft wird. Dabei würde ein Blick in den Erfahrungsspeicher und in die Statistik den Ärger mindern: Ein Viertel bis ein Drittel aller Menschen, gleich welcher Herkunft, Bildung und Tätigkeit oder Untätigkeit, sind, vereinfacht gesagt, mehr oder weniger dumm und wünschen es zu bleiben.

ÅRHUS

1992, ein dänischer Germanist aus Århus (oder war es Ålborg?) schenkte mir einen versteinerten Seeigel, vierzig bis fünfzig Millionen Jahre alt. Einfach so, zum Staunen. Der Seeigel auf dem Fensterbrett vor dem Schreibtisch verbessert, hoffe ich, das Zeitgefühl (▸ AMMONIT).

ARIEL

Ariel, der Luftgeist und Alleskönner, der flinke Diener Prosperos in Shakespeares «Sturm» und Luca Lombardis Oper «Prospero» (2006). Im digitalen Zeitalter ist Ariel die allseits anpassungsbereite Medienstimme, der flexible Algorithmus. In dieser Oper singen die einen Deutsch, die anderen Italienisch, andere Neapoletanisch, nur Ariel singt Shakespeare:

Before you can say «Come» and «Go»,
And breathe twice; and cry «so, so»,
Each one, tripping on his toe,
Will be here with mop and mow.
Do you love me, master? No?

ARKADIEN

«Auch ich in Arkadien!», das Motto von Goethes «Italienischer Reise» wurde, obwohl von ihm selbst bald wieder gestrichen, zur Phrase der deutschen Bildungs-Italienreisenden. Deshalb geniert es mich immer noch, dass mir bei der Bitte um einen Eintrag ins Gästebuch der Casa di Goethe, gerade dort angekommen als Stipendiat 2001, nichts anderes einfiel, als diese Phrase zu wiederholen, die auch mit ironischem Unterton nichts von ihrem kindischen Idealismus verliert.

ARM

«Der Westen muss bereit sein, ärmer zu werden», sagte der polnische Schriftsteller Andrzej Szczypiorski 1992. Einer dieser unverschämt großen und wahren Sätze, die kein Gehör fanden und finden. Und trotzdem bleiben und hin und wieder in den Gedanken rumoren, folgenlos.

ARMEE

Yoram Kaniuk, israelischer Schriftsteller, und ich stellen im Gespräch fest, dass unsere Großväter im Ersten Weltkrieg in der gleichen Armee gekämpft haben. Kaniuk war Offizier in der israelischen Armee und beteiligt an der «Schlacht um Jerusalem» 1947/48. Ich, der Ungediente und dem Soldatenalter entwachsen, sage, ohne viel nachzudenken, was ich da sage: «I hope we are still in the same army.»

ARMES SCHWEIN

Um zwei Uhr nachts stürmten wir das Haus
des namhaften Kritikers. Der saß noch bei der Arbeit,
sprang sofort erleichtert auf und
nahm die Arme hoch. Sah zu, zufrieden
spielte er Entrüstung, als wir seine Bücher
in die Wäschekörbe packten, fasste aber nicht
mit an. Wir dachten an seinen bekannten
Enthusiasmus für «La Chinoise», ließen ihm also
Majakowskij und Brecht. Schon holte er Wein
aus dem Keller. Als wir die Schallplatten
wegnahmen, sagte er bloß, er wolle von Beethoven
sowieso nichts mehr wissen, bestand aber plötzlich
auf Albert Ayler. Wir stimmten ab, ja der
sollte ihm bleiben. Wir tanzten mit seiner Frau.
Sie lud uns in die Küche, manierlich aßen wir
die Delikatessen auf. Er wollte uns dann
mit Whisky halten. Es wurde hell, wir schleppten

das Zeug endlich raus, da bot er uns das Du an.
Das, fanden wir, ging zu weit.
Da haben wir also doch wieder einen Fehler gemacht.

«Armes Schwein» erschien zuerst 1968 im berüchtigten «Kursbuch 15», das angeblich der Abschaffung, in Wirklichkeit aber der Verteidigung der Literatur und Überlegungen zu ihrer Nützlichkeit gewidmet war. Das Gedicht ist von vorn bis hinten Fiktion, solche Aktionen hat es nie gegeben, und wenn, wäre sein Autor der Letzte gewesen, der sich daran beteiligt hätte, a) aus Angst, b) aus Prinzip. (Der Anlass übrigens war eine Party bei dem Literaturkritiker Reinhard Baumgart, der sich in der Tat mit dem Satz gebrüstet hatte, er wolle von Beethoven sowieso nichts mehr wissen.) Der Witz des Gedichts liegt, eindeutiger geht es nicht, in der Anbiederung, in der Unterwerfung, in der Zustimmung des Kritikers mit denen, die ihm Bücher und Platten wegnehmen. Natürlich kokettiert das Gedicht, beziehungsweise sein Autor, mit dem Vergnügen an der Gewalt eines solchen Überfalls, und deshalb ist mir heute, wenn ich es lese, ein wenig unbehaglich. Aufgespießt aber wird der Opportunismus des Kritikers, eine damals offenbar verbreitete Haltung, wie die Texte aus diesem «Kursbuch» von Karl Markus Michel, Walter Boehlich und Hans Magnus Enzensberger belegen.

Diesen Witz, diese Volte haben viele nicht verstanden, das machte Skandal, weckte heftige Empörung, zum Beispiel bei Joachim Kaiser (▸ ANMUT) und Alfred ▸ ANDERSCH, der mit Enzensberger brach, weil er so etwas SA-Verdächtiges überhaupt druckte.

ARMINIA

Nach einem Jahr in Bielefeld (▸ ADENAUERPLATZ, ▸ AM WELLENKOTTEN) zog es mich 1982 dann doch zwei- oder dreimal auf die «Alm», wo sich die Fußballmannschaft von Arminia Bielefeld ganz ordentlich durch die Erste Bundesliga kämpfte. Mit zwei Germanistenfreunden auf den billigsten Stehplätzen, nah den brüllenden Fans, dazu Bratwurst und Bier auch für die Akademiker. Am meisten interessierte uns der Stürmer Ewald Lienen, eine zweifache Ausnahme unter den Fußballprofis. Erstens kam er aus einem Bielefelder Vorort – und lief nach sehr erfolgreichen Jahren in Mönchengladbach nun in Bielefeld zu Höchstform auf. Zweitens war er bekannt als «Linker», der im heiklen Fußballbusiness des Öfteren seine politische Meinung nicht verschwieg und dafür von vielen beschimpft, von wenigen verehrt wurde. Dann wurde er durch ein spektakuläres Bremer Foul mit einer großen, klaffenden Wunde im Oberschenkel für längere Zeit außer Gefecht gesetzt. Ich schickte ihm meinen ersten, damals einzigen Roman «Ein Held der inneren Sicherheit» ins Krankenhaus, er reagierte nicht, was ich bedauerte. Er fand später den Rummel um seine Verletzung übertrieben, die permanente mediale Aufmerksamkeit fürs Fußballgeschäft ohnehin fragwürdig. Wir zogen 1984 wieder nach Berlin, wo ich Hertha nie so nahe kam wie Arminia (zu deutsch: Hermännin) aus dem Teutoburger Wald. Die ständige Tendenz zur Zweitklassigkeit von Hertha BSC provozierte 1967 oder 1968 das bis heute aktuelle Gedicht ▸ AUFSTIEGSRUNDE.

ARMSTRONG, LOUIS

Einmal lief uns Louis Armstrong über den Weg, in Hamburg, 1959, als wir Korbacher Schüler auf einer Klassenfahrt in Hamburg den Flughafen besichtigten. In einer Gruppe von fünf oder sechs schwarzen Männern in dunklen Anzügen deutlich Armstrong in der Mitte, so liefen sie an uns vorüber, mit weiterem Gefolge. Woher, frage ich mich heute, kannten wir Sechzehnjährigen aus der Provinz in der Vorfernsehzeit den berühmtesten Jazztrompeter der Welt? Einer von uns war Jazzer, Schlagzeuger. Wahrscheinlich hatten wir auch vorher die Plakate seiner Konzerte in der Stadt gesehen. Hätten wir Geld gehabt, hätte es noch Karten gegeben, hätten wir ihn auch am nächsten Abend gehört. So geistert er als Schemen durch die Jugendzeit und wandert zu Kurzauftritten in das eine oder andere Buch, «Die Flatterzunge», «Die Zukunft der Schönheit».

ARMUT

Armut, über die nicht gesprochen wird und von der mir ein alter Freund erzählt, Personalberater für Führungskräfte und mittlere Chargen der Wirtschaft: Alle werden immer ratloser. Keiner entwickelt mehr Perspektiven, weil der Blick immer kürzer, das Arbeitsfeld immer enger wird durch das Shareholderdenken und das Quartalsdenken, man starrt nur noch auf die Zahlen. Die Leute sind so blind, dass sie sich von jeder Banalität beeindrucken lassen, die ihnen der Personalberater für viel Geld verkündet. Er wundert sich immer wieder über die Dummheit, auch die soziale Dummheit seiner Kundschaft, zumeist von tiefer Kulturlosigkeit. Die Rezepte, die er gibt, werden immer simpler – und immer mehr bestaunt und immer besser bezahlt. Die Köpfe dieser Leute sind buchstäblich leer, das ist die eigentliche Armut. Luhmann (▸ APPELLHOFPLATZ), sagt er, habe mit dem Organisationsmodell vom blinden Einzelgänger, der sich wahllos in jede Richtung ausbreiten könne, den Kapitalismus von heute gut beschrieben. Sehr zufrieden höre ich dem Mann aus der Praxis zu, weil er meine Eindrücke und Meinungen bestätigt, und das im Bielefelder Tierpark 2002.

ARNHOLD, EDUARD

Eduard Arnhold, der Unternehmer und Mäzen, der dem Deutschen Reich unter anderem die Villa Massimo in Rom spendierte und dessen Büste in der Eingangshalle der Villa steht. Warum hat uns Stipendiaten niemand in den siebziger Jahren über die Größe und Großzügigkeit dieses Mannes aufgeklärt (das tat gründlich erst Peter von Becker: «Eduard Arnhold»), an dessen Abbild wir oft vorüberliefen und dem wir und ein paar Hundert Künstler den Grundstock für diesen ungewohnten Luxus verdankten? Gewiss, weil er Jude war. Aber warum hat die damalige Direktorin, Arnholds Urenkelin Elisabeth Wolken, uns nicht über diesen Mann genauer informiert? Oder tat sie es doch, und ich habe es völlig vergessen, weil wir das damals gar nicht wissen wollten?

ARNO 1–3

Arno Schmidt, ein Autor, den ich bis zu «Zettel's Traum» mit Vergnügen gelesen habe, dessen Strenge, dessen Snobismus der Gründlichkeit aber so einschüchternd waren, dass ich ihm nie und nimmer hätte begegnen wollen wie so viele Fans, die in sein Dorf pilgerten.

Arno Waldschmidt, der Holzschneider, wie er mit wehenden Langhaaren in schnellem Lauf Tore schießt in unserer Fußballmannschaft der «Rixdorfer Balltreter» der späten sechziger, frühen siebziger Jahre.

Arno Widmann, Journalist, wie entsetzt er und Max Thomas Mehr mich anschauten in der Gründungsphase der «tageszeitung», als sie 1978 zu uns in den Rotbuch Verlag kamen, einen Namen für die neue Zeitung suchten und ich vorschlug: «Deutsche Zeitung». Der Titel sei frei (es hat mal eine Zeitung mit diesem Namen gegeben), wir Linken und Linksliberalen sollten die Avantgarde der politisch besseren Deutschen sein. Deutsch, das war schmuddelig, als nationalistisch verpönt.

ARNOLD 1–3

Arnold Esch, Historiker, wie er die spätmittelalterliche Migration deutscher Bäcker in das backtechnisch völlig unterentwickelte Rom so anschaulich beschreibt, dass man Appetit auf frisches, helles Brot bekommt – und in jedem seiner Bücher über das tausendfach beschriebene Rom noch eine Fülle von Neuigkeiten zu bieten hat.

Arnold Nesselrath, Kunsthistoriker, wie er als stellvertretender Direktor der Vatikanischen Museen an der Geldgier des Vatikans verzweifelt (▸ APOKALYPSE), dem vier Millionen Besucher im Jahr nicht reichen und der rücksichtslos gegenüber vielen Kunstwerken nun fünf Millionen an der Kunst vorbeihetzen will.

Arnold Stadler, wie er, sonst ein sensibler Beobachter, 1993 – nach Rostock-Lichtenhagen, Hoyerswerda, Solingen – in Mexico City bei einer öffentlichen Diskussion im Goethe-Institut sagt, er sei politisch nicht interessiert, in Freiburg gebe es keine Rechtsradikalen, er lebe am Rand.

ARNOLD, LUTZ

Im Sommer 1964 wurden etwa zehn junge Kritikerinnen und Kritiker zu einem vierwöchigen Seminar in Walter Höllerers Literarisches Colloquium geladen, und da ich als Student hin und wieder mal eine Rezension veröffentlichte, hatte man auch an mich gedacht. Aus Göttingen kamen drei, Heinz Ludwig Arnold, Lothar Baier, Wolf Wondratschek. Oft war ich der Vierte in deren Runde, meist in der Paris Bar in der Kantstraße, 1964 ein Lokal für Studenten und arme Künstler, wo man für weniger als fünf Mark ein «Steak minute» mit Pommes frites und einem Glas Rotwein bekam. Wondratschek belächelten wir schon damals, weil er überall immer gleich der Größte und Beste sein wollte. Baiers ruhige Klugheit imponierte mir am meisten (er wurde einer der besten literarischen Kritiker und Essayisten, wollte sich aber dem flotten Feuilletonbetrieb nie anpassen, wurde 1978 beinah mein Nachfolger als Lektor bei Rotbuch – und verzweifelte am Ende in Montreal). An Lutz Arnold gefiel mir, dass sich bei ihm literarische Begeisterung und Begeisterung für gutes Essen und gute Weine stets die Waage hielten. Er war gern im Mittelpunkt, aber bei ihm störte das nicht. Aus dieser Anfangssympathie wurde eine lebenslange Freundschaft, Lutz stets als Ermunterer, Anreger, eigensinniger Kritiker. Das Seminar übrigens war nützlich: Ich wurde für meine Kritiker-Arroganz in einer Lyrikrezension heftig kritisiert (▸ ATABAY) und lernte vom Schweizer Werner Weber den Satz fürs Leben: «Provinz ist eine persönliche Angelegenheit.»

In den achtziger Jahren organisierte Arnold, längst war sein Lebenswerk, das KLG, das Kritische Lexikon zur deutschsprachigen Gegenwartsliteratur, etabliert, in seinem Göttinger Haus Ost-West-Autorentreffen, zehn Leute höchstens, die neue Texte vorlasen und sich gegenseitig kritisierten und sich nur bei der Qualität des Rotweins einig waren. Später überredete er die Stadt Göttingen, mit ihrer polnischen Partnerstadt Thorn einen Literaturpreis zu stiften, der gleichzeitig zwei Preisträgerinnen oder Preisträger haben soll, je eine oder einen aus Polen und aus dem deutschen Sprachraum, den Samuel-Bogumil-Linde-Preis, 2002 war ich der Glückliche, mit Andrzej Stasiuk.

AROLSEN

Von Korbach wenige Kilometer entfernt, die einstige Residenzstadt des Fürstentums Waldeck. Heute weltbekannt als Sitz des internationalen Zentrums zur Erforschung der NS-Verfolgung «Arolsen Archives», literaturbekannt durch Wolfgang Büschers «Heimkehr» (2020), lokalbekannt, berüchtigt durch einen einstigen SS-Fürsten und Treffen von aktiven Alt-Nazis und Kriegsverbrechern der SS in den fünfziger und sechziger Jahren.

Arolsen mit seinem Nachbarort Mengeringhausen war auch präsent als Standort einer Bundeswehrkaserne. Dorthin wurden wir Primaner aus der Kreisstadt Korbach gebracht, um uns mit der Bundeswehr anzufreunden, mein einziger Tag beim Militär, 1962. Der Höhepunkt eine Panzerfahrt, ich saß in diesem ratternden, brüllenden Stahlgehäuse, das mit Höchstgeschwindigkeit durchs Gelände fegte – und wehrte mich hinterher mit einem Gedicht, «Nach einer Panzerfahrt». Tempo, Gewandtheit und Lärm des Panzers schafften es nicht, mir die deutsche Teilung, den Kalten Krieg, die hochgerüsteten Soldaten auf beiden Seiten der Grenze aus dem Kopf zu schlagen, der Mauerbau war erst ein Jahr her. Darum endet das Gedicht so:

Fragen verschleudert unter dem Hammer.
Fragen unter Adlers Klauen.
Was hilfts, in den Sekunden des Friedens:
Denk die Motoren weg, es bleiben die Raupen.
Denk das Geschütz weg, es bleibt die Zielscheibe Luke.
Halt die Ohren dir zu,
du hörst deine Mörder trotzdem.

ARRIVEDERCI ROMA

Als ich zum ersten Mal vor dem Trevibrunnen stand, 1962 mit der Korbacher Schulklasse, der altsprachlichen Unterprima der ▸ ALTEN LANDESSCHULE, und alle dem Brauch folgend ihre Münzen ins Wasser warfen, über die linke oder rechte Schulter, vorschriftsmäßig mit dem Rücken zum Brunnen, zu den marmornen Leibern, Gäulen und Fischen, machte ich nicht mit und fotografierte die anderen, die damit ihre Wiederkehr nach Rom wenigstens ironisch sichern wollten. Obwohl mehrfach aufgefordert, mich einzureihen und den allseits erwarteten Münzwurf nicht zu versäumen, blieb ich auf der Beobachterseite, es gab im Juni 1962 noch viel Platz auf den Stufen und der Piazza davor. Sie machen das Spielchen mit, die gewünschte Wiederkehr mit einem Pfennigopfer herbeizuzaubern, dachte ich mit stillem Trotz, sollen sie, ich habe das nicht nötig, ich wusste, ich werde wiederkehren. Als in Rom geborener Nichtrömer hatte ich Heimvorteil und war sicher, solche Wunschtricks nicht zu brauchen. Es steckte noch mehr dahinter, die pubertäre Haltung: Vermeide das zu tun, zu denken, mitzumachen, was die Mehrheit tut, denkt, mitmacht. Neun Jahre später stand ich wieder da, als Stipendiat der Villa Massimo, und sah den andern Stipendiaten und den Reisegruppen beim

Münzenwerfen zu. Ich wusste auch diesmal: Du kommst wieder. Weder den Münzen noch der Geburtsurkunde, vielmehr der Überraschung zweier Juryentscheidungen (▸ ACCADEMIA TEDESCA VILLA MASSIMO, dreißig Jahre später Casa di Goethe, ▸ AEROPORTO DI ROMA-FIUMICINO) ist es zu danken, dass mir Rom nach und nach vertraut wurde und ab 2001 zur zweiten Heimat für zwölf Jahre.

ARRIVEDERCI ROMA 2

Dieser Schlager aus den Fünfzigern, grausam verkitscht in der deutschen Fassung von Gerhard Wendland, spielt in der romanesk-italienischen Urfassung von Renato Rascel sehr dezent ironisch auf den Unterschied zwischen Touristen und Römern an. Selbst als geborener Römer und leicht eingebildeter Deutschrömer konnte ich in Rom auch nur vom Touristen zum versierten Touristen werden. Römer wird man nicht in einer Generation. Selbst wenn man sich Mühe gibt, das *arrangiarsi*, *abituarsi* zu lernen (sich arrangieren, sich gewöhnen an, ohne die eigenen Ziele und Überzeugungen aufzugeben). Deshalb tut es gut, hin und wieder an diesen Widerspruch erinnert zu werden mit vollem Melodienschmalz.

ARROGANCE OF POWER

gab es sogar bei den alten Schweden, ein Gedanke beim Betrachten der Vasa von Gustav Adolf, die unmögliche Kombination aus Schlachtschiff und schwimmender Burg in Barockpracht, inklusive einer eingebildeten und aufs Schiff gemalten langen Ahnenreihe der Schwedenkönige bis zu Kaiser Augustus, ein schwimmendes Schloss. Als alles fertig war, sofort nach dem Stapellauf, beim ersten Hochziehen der Segel, kippte das Prachtschiff um und versank, 1628, mitten im Dreißigjährigen Krieg. Im 20. Jahrhundert aus dem Stockholmer Hafenschlick geholt und prächtig restauriert, die alte Arroganz der Macht, auf allen Schiffsstockwerken zu bestaunen. Wenige Stunden nach dieser Besichtigung und solchen Reflexionen nahm mich Klaus Reichert zur Seite, Präsident der Deutschen Akademie für Sprache und Dichtung, und brachte mich mit der noch vertraulichen, noch drei Tage geheim zu haltenden Nachricht ins Schlingern der Euphorie: Georg-Büchner-Preis! Vorsicht beim Stapellauf, sagte ich mir, Vorsicht, wenn du die Büchner-Segel setzt!

ARROGANZ

Schlimmster Fehler in den Jugendjahren, die Arroganz nach allen Seiten. Laut Tilmann Mosers «Gottesvergiftung» ein Ergebnis christlicher Erziehung: «Weil du (Gott) ein ewiger Nörgler an mir warst, wurde ich zum Nörgler an den anderen.» Als gäbe es ein Gebot, wenig Respekt zu zeigen, selten zu loben, nie zu schwärmen. Gerade anerkannte Größen fanden wenig Gnade. In den Londoner Notizen zum Beispiel am 4.11.66: «Gestern Marlene Dietrich. Über das Stöckelschuhalter hinaus. Eigentlich alles Schund. Nur wenn sie tief singt oder krächzt oder mit dem Mikrofon Dialog führt, wirds etwas lustig. Ganz schön, wenn sie am Schluss, beim Beifall, mit dem Vorhang spielt.» Als wäre die Dietrich eine peinliche alte Tante auf einer Provinzbühne. Dass sie in Golders Green auftrat, dem Viertel mit vielen Emigranten und Juden, und die Nähe zu ihrem Publikum und die allgemeine Erleichterung spüren ließ, die Nazis und die Nazijahre schlecht und recht überstanden und weitere zwanzig Jahre überlebt zu haben, das habe ich durchaus bemerkt. Aber nicht hingeschrieben, weil diese Stimmung nicht leicht zu beschreiben war und ich immer nur hastige Notizen machte. Auch wenn ich noch nichts wusste von der Hetze vieler Deutscher nach dem Krieg gegen die Dietrich, unverzeihlich ist mir heute die völlige Respektlosigkeit vor ihrer künstlerischen Leistung, ihrem Antinazismus und ihrer Stärke als eigenwillige, selbstbewusste Frau. Null Empathie für oder Rührung über die schöne alte Diva, die würdig gealterte Ikone der Erotik. Dazu noch die herzlose Verweigerung von Sympathie für das eine oder andere Lied – obwohl bei «Sag mir, wo die Blumen sind» auch meine Seele leise flennte. Selbst für einen Dreiundzwanzigjährigen ein bisschen viel an Ignoranz und Arroganz.

ARSCH 1

«Wer dem Publikum immer nachrennt, sieht nur dessen Hinterteil.» (Max Reinhardt)

ARSCH 2

Im Winter 1970/71 kamen Nicolas Born, Hans Christoph Buch, Yaak Karsunke, Martin Kurbjuhn, Gert Loschütz und ich, zeitweise auch Sarah Haffner und Hartmut Lange, alle zwei, drei Wochen bei Johannes Schenk und Natascha Ungeheuer in deren Kreuzberger Wohnung zusammen, um unsere Ansichten über das auszutauschen, was wir schrieben und schreiben wollten. Im Zuge der Studentenbewegung strebten auch wir danach, «das Bewusstsein zu schärfen» und bessere, im weitesten Sinne nützliche Literatur zu produzieren. Mit politisch aktiven Studenten, das hatten H. C. und ich versucht, war darüber nicht zu reden, die wollten nichts als revolutionär sein oder sich dem täppischen Realismus der Arbeiterliteratur anbiedern. Wir waren da weiter, Praktiker, die schrieben und publizierten, Gedichte, Prosa, Stücke, Dokumentarisches. Einer las einen neuen Text vor, dann wurde viel gestritten. Wer auf den Scherz kam, unser Grüppchen ArSch zu nennen, Arbeitskreis revolutionärer Schriftsteller, weiß ich nicht mehr, vermutlich Karsunke, aber die Abkürzung zeigt, dass unsere Lust am Unernst nicht unterzukriegen war auch in der Hochzeit politischer Dogmatisierungen um uns herum.

An einem Nachmittag, den ich ausnahmsweise ausführlich im Notizbuch skizziert habe, stellte Born die Frage, wie viel man an den eigenen Texten feilen solle, und plädierte dafür, eine gewisse Sprödigkeit, auch Füllwörter zu erhalten, er bewunderte die Lässigkeit amerikanischer Autoren, die auf Verbesserungsvorschläge einfach nur «Why?» sagten. Wir diskutierten, wie spontan man beim Schreiben zu sein habe oder sein könne. Karsunke hielt dagegen: In unserer Situation müssten wir genau reflektieren, was wir machen, die sogenannte Spontaneität sei eine von Akademikern, die Ballast loswerden wollten, Spontaneität schließe gesellschaftskritische Inhalte aus. Born bestritt das. Loschütz versuchte zu vermitteln: Mal sei das Gedicht so, mal wieder anders angelegt. (Lange fehlte bei diesem Treffen, er hätte alle unsere Schwächen damit begründet, dass wir Hegel nicht gelesen hätten.)

Buch setzte neu an: Amerikanische Gedichte seien demokratische Gedichte, offen, weil jeder ähnlich schreibe und jeder Student und Hippie sie verstehe. Die Autoren seien «prächtige Kerle mit langen Haaren», die eben Uni-Stellen hätten, weil das in den USA so üblich sei. Dort würde er auch gegen diese Autoren polemisieren, weil ihnen historisch-kritisches Bewusstsein fehle, aber uns könne deren offene Schreibweise nur guttun. Karsunke witterte in dem Argument die Weigerung jungbürgerlicher Autoren, ihre Lage gründlich zu reflektieren und bestimmte literarische und politische Ziele zu verfolgen. Soll das heißen, fragte Kurbjuhn, dass jeder Text vorder- oder hintergründig politisch sein muss? Nein, meinte Karsunke, wir müssen nur unsere Bürgerlichkeit durchdenken!

Born mahnte zur Bescheidenheit und warnte vor großen Worten. Buch sagte: Es gibt politische Texte und schöne Texte, beide hätten ihre Berechtigung, den einen fehle die Subjektivität, den anderen die Objektivität. Karsunke, in scharfem Ton gegen Buch: Das Einerseits-Andererseits sei genau die bürgerliche Trennung, genau das müssten wir bekämpfen, eigentlich müssten wir dich bekämpfen! Buch: Ich bekämpf mich selber schon genug!

Endlich ein Lachen in der Runde, aber Karsunkes Angriff, das spürten wir, war von persönlicher Aversion getragen. Ich bot einen Kompromiss an: Das «Politische» hier und das «Schöne» da bringe nicht weiter, es komme auf die Vermittlung an, zum Beispiel durch das historisch-kritische Bewusstsein des Autors, ein «schöner» Text eines kritischbewussten Autors, sagte ich weiter, sei anders als der eines Naiven. Schenk: Das Gedicht zeige doch vor allem das Ich des Schreibers, der versuche, sich so genau wie möglich zu artikulieren. Auch Loschütz wollte zur Entschärfung beitragen: Das durchreflektierte Formulieren hängt von der Art der Texte ab, die ich mache.

Wir drehten uns im Kreis und bemerkten die Komik unserer Debatten nicht. Wir waren verkrampft in der Furcht vor den Spannungen zwischen Buch und Karsunke, dessen Argumente oft mit Verletzungen gespickt waren. Beide wollten Wortführer sein, beide waren schnell mit Patentrezepten zur Hand, bei jeder Debatte gerieten sie heftig aneinander. Schon bei einem der ersten Treffen hatten sie sich im Streit verbissen, wer der bedeutendere, vorbildlichere Autor sei, der «bürgerliche» Flaubert oder der «realistische» Zola. Karsunke hatte Zola gepriesen als das unbeholfene Neue, Buch Flaubert als das tief blickende Alte. Karsunke: Das Auto ist mir lieber als die Kutsche! Buch: Besser eine gute Kutsche als ein schlechtes Auto! Immerhin waren sich beide über die Qualität von Solschenizyns «Iwan Denissowitsch» einig.

Doch acht Wochen später endete alles mit einer Prügelei. Karsunke warf Buch ständiges Ausweichen, floskelhafte Argumente und Nicht-Reflektieren der eigenen Situation vor. Buch zu Karsunke: Er sei ein Narziss, mache andere nur nieder, dulde keine anderen Meinungen und wolle immer das letzte Wort haben. Nach kurzem Wortgefecht warf Buch einen Holzaschenbecher auf Karsunke und wollte ihn vermöbeln, erste Treffer auf beiden Seiten, wir rissen die beiden auseinander. Buch wollte sich auf dem Hof weiterdreschen, «das ist die einzige Sprache, die du verstehst». Dazu kam es nicht, wohl aber zum Ende des «ArSch» und zur Erkenntnis: In der Gruppe werden Autoren nicht besser, sondern wenn sie auf Gemeinsamkeit aus sind, schlechter.

ÄRSCHE

Eines Abends, Frühsommer 1967, im Londoner Marquee Club, wo Pink Floyd und andere Gruppen ihre ersten Auftritte hatten, wurden mehrere Gäste, auch Rainer Nitsche (▸ ABBEY ROAD) und ich, von einem Londoner Girl und einer Japanerin angesprochen, die uns mitten im heftigen psychodelischen Musiklärm überreden wollten, unseren «bottom», genauer: «ass» filmen zu lassen. Gekicher, Erläuterungen, die Japanerin sei Künstlerin, wolle einfach nur möglichst viele Hinterteile filmen in einem Raum im Keller, es dauere nur fünf Minuten, garantiert. Kriminelle Aktionen waren in diesem Umfeld damals nicht bekannt, trotzdem hätte das eine Falle sein können, vielleicht etwas mit Drogen, zumal auch die ästhetische Idee nicht so ganz einleuchtete. Also sagten der deutsche Lehrersohn und der deutsche Pfarrerssohn: «Sorry, no.» Zwei, drei Monate später wurde die bis dahin unbekannte Filmerin mit ihrem Kurzfilm «Bottoms», in dem man nacheinander über hundert menschliche Hinterteile sah, in der Off-Szene berühmt. Die Aufführung wurde von der britischen Zensur verboten, ein Skandal der Film, ein Skandal sein Verbot, die Filmerin wurde bekannt in der Szene, so begann die Karriere von Yoko Ono. Nach allem, was man hörte, dank dieser «Bottoms» auch die Geschichte von Yoko Ono und John Lennon. (Wie anders wäre die Popgeschichte verlaufen, wenn der Womanizer Rainer aus Eckernförde damals im Marquee nachgegeben und Frau Ono an diesem Abend Gefallen an ihm gefunden hätte …)

ARSCHLÖCHER

Arschloch kann jeder mal werden. Aber sich nicht zu entschuldigen, ein Arschloch gewesen zu sein, macht das Arschloch zum Arschloch, sogar in der ehrenwerten Zunft der Literaturkritiker. Ich könnte vier Namen nennen, alle männlich, aber sie sollen nicht auch noch das Privileg kriegen, hier genannt zu werden. Leider verpasst, bis jetzt, ihnen mal ein Glas Rotwein aufs Hemd zu kippen.

ARTÁ

Ein einziges Mal auf Mallorca, abseits in einem kleinen, feinen Gartenhotel in Artá, auch der «schönste Platz der Insel» genannt. Auf der Höhe über der Stadt die große Kirche Sant Salvador, davor ein Platz mit einer Sitzbank und weiter Aussicht über das Land, in der Ferne die Küste. Aber die Bank ist zur Kirche hin gedreht – und nicht zur Landschaft. Das, dachte ich, ist der Unterschied zwischen Spanien und Italien. Wir wissen wieder, warum wir Italien vorziehen. Dort wäre es unmöglich, der Landschaft, der schönen Aussicht den Rücken zuzukehren, und das auch noch vor einer düsteren Wallfahrtskirche mit Fassaden des 19. Jahrhunderts!

ARTEMISIA

Auf die Malerin Artemisia Gentileschi (1593–1654) in den neunziger Jahren aufmerksam geworden, aber nur wenige Bilder von ihr in Italien gefunden. Dann im März 2004 im Saint Louis Art Museum (▸ AMERICA), mitten in einem Park und nur eine Viertelstunde Spaziergang vom Universitätsapartment entfernt, die Überraschung: das poetische, laszive, selbstbewusste Bild «Danaë». So viel Erotik bei einer neunzehnjährigen, bei ihrem Vater noch lernenden Malerin? Die schöne Danaë ist eingesperrt in ihrem Zimmer, damit sie nicht schwanger wird. Weil dem Vater orakelt wurde, ihr Sohn, sein Enkel, werde ihn umbringen. Der verliebte Jupiter aber befruchtet sie mit Goldstaub, und da liegt sie nun, hingegeben im Orgasmus des Goldstaubs. Sie wird Perseus gebären, die Geschichte nimmt ihren Lauf, den das Orakel will. Und wir glotzen noch vierhundert Jahre danach in einem puritanischen Land auf so viel Mythos, so viel Lust am Mythos, so viel Lust auf einundvierzig mal dreiundfünfzig Zentimetern.

Erst zwölf Jahre später in Rom bei der großen Artemisia-Gentileschi-Ausstellung habe ich erfahren, dass die junge Malerin vergewaltigt wurde. Nun sehe ich in vielen Varianten ihre Judiths, Kleopatras, Lucretias und ihren Marsyas mit anderen Augen, auch das «Danaë»-Bild. Eine Frida Kahlo des 17. Jahrhunderts?

ARTMANN, H. C.

1965 in H. C. Artmanns Zimmer in der Kleiststraße liest H. C. Buch eine Geschichte vor zwanzig, dreißig Leuten, dann der ständig seine Fertigkeiten vorführende, herrlich chargierende, selbstverliebte, witzige Artmann einige Gedichte. Danach im Gespräch bleibt Artmann immer im Mittelpunkt, führt das große Wort und hat viel zu erzählen und zu deklamieren, schüchtert auch mich ein und fragt plötzlich: «Was ist mit dir, Delius, warum sagst nix die ganze Zeit?» Da antwortet Buch mit dem Satz, den ich ihm bis heute hoch anrechne: «Lasst nur, für Delius leg ich meine Hand ins Feuer.»

ÄRZTE

Ohne die Ärzte Rieke Alten, Helmut Becker, Stephan Beckmann, Hartwig Huland, Peter Kühne, Evelyn Mahlke,

Konrad May, Hubert Mönnikes, Peter Moers, Steffen Schönstedt, Jörg Westermann und einige andere gäbe es dieses Buch und die meisten der seit 2001 erschienenen Bücher nicht.

ARZTFEHLER

2008, im Februar, mein Beinahe-Todestag: Nach mehr als einer Woche im Koma, aber zu früh, versuchte ein junger Arzt, mich zu extubieren, also von der Atemmaschine zu nehmen, und selbständig atmen zu lassen. Das ging gründlich schief, ich erlebte das im tiefsten Unterbewusstein als einen Todeskampf, der es in Wahrheit auch war («Lebensanzeige oder Die Stimmlosigkeit der Stimmbänder» in «Die sieben Sprachen des Schweigens»). Als man das Unglück realisierte, musste mir der Atemschlauch erneut in den Hals gewürgt werden, was nun besonders schwierig war und fast nicht gelungen wäre, man hatte mich schon fast aufgegeben und meine Frau aus der Intensivstation geschickt. Dann doch die Rettung. Warum dieser Arzt so voreilig sein durfte, konnte oder wollte mir sein Chefarzt nicht erklären. Er nannte ihn: etwas ehrgeizig.

ASCHAFFENBURG

Was habe ich von Aschaffenburg behalten? Das mächtige Aschaffenburger Schloss, einst Sitz der Erzbischöfe und Kurfürsten von Mainz, zu einem Drittel etwa sei es mit dem Geld erbaut, das vom konfiszierten Vermögen verbrannter «Hexen» stamme, hätten Historiker kürzlich festgestellt, sagte der Taxifahrer. Baufinanzierung durch Hexenproduktion, auch das ist christliches Abendland. Ausgerechnet hier fragt man nach einer Lesung aus «Flatterzunge»: Wie lange wird uns unsere Vergangenheit noch belasten? Es sind nicht die Bischöfe mit den Hexen gemeint, sondern die Hitler-Vergangenheit. Ich sage, es ist keine Belastung, sondern eine Bereicherung, die schlimme Vergangenheit zu kennen, ein Privileg zu wissen, was eine verbrecherische Diktatur getan hat, so können wir unsere Freiheiten und Möglichkeiten besser würdigen und schützen. Das macht einen lebensfroh und noch dazu hellhörig für die Menschenrechte heute, das ist doch keine Last. – Also eine ganz andere Position als Walser?, werde ich gefragt. – Ja, absolut.

ASOZIALE MARKTWIRTSCHAFT

Wenn ich nur mal die beiden Weltkonzerne nehme, die mich vor rund fünfzig Jahren mit ihrer Übermacht nicht nur juristisch bedrohten, weil ich an ihrem Image gekratzt hatte, wenn ich nur die Deutsche Bank und die Siemens AG beispielsweise im Jahr 2002 betrachte: Da habe ich Kleinunternehmer-Schriftsteller mehr Einkommensteuer ans deutsche Finanzamt gezahlt als beide Firmen zusammen an Ertragsteuer. Beide haben aus ihren Millionengewinnen keine Steuern in Deutschland abgeführt, im Gegenteil, Siemens hat noch 349 Millionen Euro und die Deutsche Bank 6,6 Milliarden Euro an Rückzahlungen erhalten (Kurzmeldung «Tagesspiegel» 25.10.2004). Es ist nur ein Beispiel. Die Skandalmaschinerie wird für solche Neuigkeiten gar nicht mehr angeworfen, schon gar nicht, wenn «Bild» und sogenannte soziale Medien nicht mitspielen. Die Wohlstandsgesellschaft will nicht wissen, dass die asoziale Marktwirtschaft die soziale Marktwirtschaft weitgehend verdrängt hat.

ASPHALTLÖCHER

«Buchi» nennen sie die Römer, die vielen tückischen Löcher auf den Straßen und Bürgersteigen. Wer nicht zu Boden schaut als Fußgänger, Fahrrad- und Motorrollerfahrer, lebt gefährlich. Als ich wieder einmal in eins dieser Asphaltlöcher trat, mir den Fuß umknickte und hinfiel, nach vorn, mit Schürfwunden an Knie und Händen und einem Loch in den hellen Jeans davonkam, da fluchte ich wieder einmal auf Rom. Wer, zumindest als Deutscher, behauptet, Rom zu lieben und nicht zu hassen, hin und wieder, kennt Rom nicht.

ASSOZIATIONEN

Nach dem ersten Gedicht (▸ AUFENTHALT, ANDÄCHT'GER) folgten bald weitere Schreibversuche. Der schlechte Schüler (▸ AUSREICHEND) entdeckte, wie er sich selbst zu entdecken begann. Er staunte, welche Wörter aus seinem Inneren kamen und auf das Papier wollten, welche Formulierungen, welche kleinen Absurditäten, welche Gedanken, außerhalb der üblichen Logik und des nüchternen Schulverstandes. Erst Jahre später merkte er, dass das kleine verbale Widerstandsübungen waren, Widerspruch gegen die Formeln und Normen von Ruhe, Ordnung, Sicherheit, Macht, Glaube, Gewissheit, Ideologie. Die Zeilen, die ihm einfielen, wollten bewertet, erhalten oder gestrichen sein, suchten eine Form, die Form des Gedichts, und um dafür Kriterien zu entwickeln, musste er sich mit Literatur beschäftigen, vor allem mit zeitgenössischer Lyrik. Lesen und Schreiben beschleunigten einander. Stundenlang saß der schlechte Schüler am Schreibtisch und schrieb heimlich und tat so, als mache er seine Schulaufgaben. Das heimliche Tun war das wahre Tun. Sein Bruder beäugte ihn misstrauisch, seine

Eltern bemerkten nichts davon, sein Vater wurde ohnehin immer kränker und war mit der Gemeinde und seiner schlechten Gesundheit beschäftigt. Nur der Deutschlehrer, ein alter, strenger, intellektueller Pädagoge, spürte, dass sich der schlechte Schüler von innen her veränderte und plötzlich ganz andere Aufsätze schrieb. Der Lehrer stand direkt vor der Pensionierung, das erleichterte dem Sechzehnjährigen oder Siebzehnjährigen das Geständnis: Ich schreibe Gedichte. Der Lohn war Ermutigung.

Gegen Weltschmerz und Einsamkeit gab es für ihn ein Rezept – kreative Tätigkeiten. Das Gedichtschreiben reichte ihm nicht. Da er in Korbach, trotz der Tanzstunde, keine Freundin fand, suchte er sich Brieffreundinnen, schrieb jeder mindestens einen längeren Brief pro Woche und freute sich über die Antworten. Er korrespondierte mit seinem Freund in Berlin (▸ ANNELIESE) und einem seiner alten Schule, es ging, jünglingshaft unbeholfen, um literarische und philosophische Fragen. Bei der Internationalen Korbacher Laienspielwoche schaute er sich so viele Aufführungen wie möglich an. Busfahrten ins Kasseler Staatstheater nutzte er, so oft er konnte und so oft er es bezahlen konnte. Für die Schule tat er nicht mehr als nötig war, um versetzt zu werden. Es zog ihn zur Sprache – und, auf dem Weg über das Radio, zur Musik, zur klassischen, zum Jazz, zu Elvis Presley, ohne zu einem hundertfünfzigprozentigen Fan zu werden. Alle Energie war auf das leere Blatt Papier gerichtet. Das Radio trug viel zu seiner Bildung bei. Dann fügte es sich, dass ein älterer Schüler eine neue, frischere, frechere Schülerzeitung gründen wollte, «der neue schülerruf» – sofort war er dabei, bekam einen ersten Einblick in die damaligen Techniken des Druckens und beteiligte sich zuerst als Fotograf.

In der Buchhandlung leuchtete ihm im November 1960 ein Buch mit knallgelbem Umschlag entgegen, «expeditionen deutsche lyrik seit 1945», in der List Bücherei von Wolfgang Weyrauch herausgegeben. Zwei Mark zwanzig vom Taschengeld waren nicht zu viel für die Expeditionen zu sechzig oder mehr Autoren. Der Gedichtschreiber hatte ohne Vorbilder angefangen zu schreiben, es sollte nur anders als Eichendorff sein, nun las er zum ersten Mal Gedichte von Bachmann und Enzensberger, machte Entdeckungen bei Rühmkorf, Höllerer, Gomringer und Nelly Sachs, ließ sich auf Huchel und Heißenbüttel ein und bestaunte das Talent der jüngsten, die Christoph Meckel und Peter Hamm hießen. Alles war neu für ihn. Was in der Schule alle abschreckte, moderne Lyrik, gefiel ihm, gerade weil sie abschreckte. Er mochte das Pathos der französischen Moderne nicht, noch weniger das neoromantische Gesäusel à la Hesse, auch Rilke nicht, er suchte die Stimmen der Untertreibung und der Lakonie, der sprachlichen Frechheit und Überraschung und fand sie in den «expeditionen». Fast allen fühlte er sich nah, von fast allen ließ er sich anregen. Alle, so bildete er sich ein, ermunterten ihn. Keiner verstörte oder erschütterte ihn mit überlegenem lyrischen Können, von keinem hörte er die stille Aufforderung: Gib's auf, Junge. Im Gegenteil, der Siebzehnjährige las lauter Einladungen, weiterzumachen und den eigenen Ton zu suchen. Er musste nur herausfinden, wie man von anderen lernte, ohne sie zu imitieren oder ohne dass es auffiel. Das gelang oft nicht, aber das war fürs Erste nicht wichtig. Wichtig waren die Inspirationen. Das gelbe Buch lag immer griffbereit, wenn er zu eigenen lyrischen Expeditionen ansetzte. Und wenn er nicht weiterwusste, schlug er irgendeine Seite auf und fand den Anstoß für eine neue

Formulierung, eine Silbe, ein Wort, einen Gestus, die ihn seinen Silben, Wörtern oder seinem Gestus wieder näherbrachten.

Er lernte zu verstehen, dass ein Gedicht nicht zu steuern und zu planen ist. Nach der ersten Zeile entschied es selbst, wie es weiterging, wo es hinwollte, was es mitteilen oder gerade nicht mitteilen wollte. Einfälle pendelten zwischen Zufällen und versteckter Logik. Wörter jagten durch die Kopffilter, und man wusste vorher nicht, welche in welchen Zehntelsekunden aufgefangen wurden und in einer Zeile landeten. Es kam auf eine Gabe an, die er noch nicht hatte und noch nicht zu benennen wusste, aber beharrlich und ehrgeizig anstrebte: poetisches Gespür. Die seltsame Fähigkeit, wach in die Welt zu schauen und gleichzeitig in sich selbst hineinzuhören und gleichzeitig die Assoziationen treiben zu lassen und gleichzeitig zu phantasieren und den gerade sich zur inneren Hörbarkeit entwickelnden Zeilen eine Melodie oder wenigstens einen Rhythmus zu geben, gleichzeitig in Bildern und Tönen und Wörtern zu denken.

So poetisierte er sich die Welt. So veränderte er die Welt. So schuf er seine eigene Welt. Zuerst verfremdete er die Sprache, die ihn bedrückt hatte und weiter bedrückte, die Sprache der Gebote und Verbote, die Sprache der Gewissheiten und Allgemeinplätze. Die Gewissheiten der Macht, der Lehrer, der Väter. Sein Vater lag im Sterben, als er die «expeditionen» entdeckte und sich selbst in unbekanntes Gelände vorwagte.

Doch das Verfremden und Ironisieren war nur der eine Vorteil, der ihm half, sich gegen die Vatersprache zu wehren und an der Vatersprache zu rächen. Der zweite Vorteil war das Versteckspiel, bei dem er selbst die Regeln bestimmte. Mit der Sprache der Gedichte konnte er sich maskieren, verstellen und neue Rollen ausprobieren. Das Ich des Gedichts konnte ein anderes sein als das Ich des Autors, welche Lust, das zu entdecken! Und er konnte noch mehr, die Vorteile hörten nicht auf. Er konnte sein Ich mit seiner geschriebenen Sprache schützen und, wenn es sein musste, Schutzmauern um sich herum aufrichten. Mit den ihm selbst nicht immer verständlichen Gedichten sagte er den andern: Denkt bloß nicht, dass ihr mich versteht. Ich will euch ein Rätsel sein, jeder ist dem andern ein Rätsel. Wer ich bin, bestimme ich allein, nicht ihr. Auch in ungeschickten, unbefriedigenden Versen gab es die Freude an Paradoxen, Rätseln, Widerhaken und Widersprüchen gegen das Glatte, Eingängige, Normale, Normierte, Verständliche, Gereimte. Nach und nach wuchs ihm auf diese Weise Selbstbewusstsein zu, und in seinem zweiten oder dritten Schreibjahr verkündete er, wenn er ein Mädchen gewinnen oder einen Freund von seiner Klugheit überzeugen wollte, die (von Peter Härtling übernommene) These, ein Gedicht sei immer nur die eine Hälfte eines Dialogs, der andere Teil des Gesprächs dürfe oder müsse von der Leserin oder dem Leser beigetragen werden. Damit lud er ein, sich ihm zu nähern, verschaffte sich den Vorteil des ersten Worts und bestand darauf, das letzte Wort zu haben. Erfolg hatte er auch damit nicht.

Ein anderes Ergebnis zählte: Mit seinen angelesenen poetischen Weisheiten und mit seinen lyrischen Expeditionen versuchte er, sich aus dem Käfig des Stotterers und Stummen zu befreien. Die Befreiung gelang. Mit der neu entdeckten Sprache konnte er sich über andere erheben. Mit dem, was er schrieb, produzierte er seinen inneren Aufschwung selbst, seine Hochgefühle. In solchem Hochschwung blühte die Arroganz: Der Dichter weiß mehr als die anderen. Er ist der wahre Kommunikator. Der Siebzehnjährige und der Achtzehnjährige, der immer der Stumme und Stille war, hielt sich plötzlich für einen Meister des Dialogs, des einzig wahren Dialogs. Als der Vater gestorben war, reklamierte er sogleich dessen Wanderer-Schreibmaschine für sich. Mit den eigenen oder eingebildet eigenen Wörtern hob er sich hinaus aus der Trauerfamilie, hinaus aus der Schule, hinaus aus der Stadt der stummen Mutter und des toten Vaters. Die Welt stand offen, jedenfalls dann, wenn sie poetisiert, metaphorisch aufgeladen, umschwärmt werden durfte.

ASTEL, ARNFRID

Arnfrid Astel, auch ein früher Förderer, druckte 1963 einige der ersten Gedichte in seiner Zeitschrift «Lyrische Hefte». Als Redakteur beim Saarländischen Rundfunk setzte er sich jahrzehntelang für alle Richtungen der zeitgenössischen Literatur ein. Ein großer Lyrikkenner, der als kleiner Lyriker berühmt und belächelt wurde wegen seiner aphoristischen Kurzgedichte. In den Siebzigern wurde er, leicht erkennbar, zum Objekt eines feministischen Romans (von Karin Struck), danach wurde es still um ihn. Nach einer Lesung in Saarbrücken 1979 hatte er einmal gefragt, ob ich mehr Angst vorm Feuilleton oder vorm Staat hätte. Es war die Zeit der RAF und des «starken Staats». Ich war so kühn zu sagen: vorm Feuilleton.

ÄSTHETIK

Ästhetische Kriterien vererben sich gewiss nicht, aber es tut dem Miterzeuger wohl zu sehen, wie der ästhetische

Anspruch auch von der eigenen Tochter (▸ ANNEKE) in der Zeitung, für die sie arbeitet, hochgehalten wird: «Gibt es im Literaturbetrieb wirklich zu wenig Frauen? Nein! Es gibt nur die falschen Männer ... Das eigentliche, tiefgreifendere, für die Zukunft viel entscheidendere Problem ist ein ästhetisches – ein Problem des Urteilens. Dass es so viel brave ... schlechte Literatur gibt, liegt nicht an Frauen ... Es liegt daran, dass manche Leute schreiben können. Und sehr viele eben nicht ... Es liegt an fehlendem Gespür für Form, Haltung, an mangelnder Geistesschärfe, kurzum: an ästhetischem Theoriebewusstsein ... Was heißt das? Ganz einfach: statt sich an einem verunsicherten Schattenpatriarchat zu orientieren, lieber eine starke Ästhetik behaupten. Wenn es auf einmal zwei schwache Geschlechter gibt, gibt es vor allem: eine schwache Literatur.» (Mara Delius, Literarische Welt 28.3.2017)

ÄSTHETISCHE ERZIEHUNG

Als alter Idealist halte ich Schillers Briefe «Über die ästhetische Erziehung des Menschen» von 1795 im Kern immer noch für aktuell. Kunst macht keine besseren Menschen, gewiss nicht, auch Schiller hegt da keine Illusionen, aber sie kann Voraussetzungen schaffen für politische und gesellschaftliche Besserungen. Bin immer wieder überrascht, dass Schiller seine Zeit ähnlich scharfkritisch beschreibt wie wir die unsere. Natürlich hört es sich heute ziemlich schräg an, wenn einer vorschlägt, politische Probleme durch Ästhetik zu lösen, «weil es die Schönheit ist, durch welche man zu der Freiheit wandert».

Denn die Aufklärung des Verstandes reiche nicht, meint Schiller, «weil der Weg zu dem Kopf durch das Herz muss geöffnet werden. Ausbildung des Empfindungsvermögens ist also das dringendere Bedürfnis der Zeit, nicht bloß weil sie ein Mittel wird, die verbesserte Einsicht für das Leben wirksam zu machen, sondern selbst darum, weil sie zur Verbesserung der Einsicht erweckt.» Die Kultivierung der Sinne in jedem einzelnen Menschen ist das Programm.

Das moderne Subjekt liege mit sich selbst im Widerspruch. Allein die Kunst könne die im Widerstreit stehenden geistigen und sinnlichen Kräfte des Menschen harmonisieren. Anders als die Wissenschaft, die an die Vernunft gerichtet ist, spreche die Kunst Vernunft und Sinnlichkeit nicht gesondert an, sondern beide zugleich. Warum die Kunst? Weil das Kunstwerk keinen Zweck hat, weil es autonom ist, «lebende Gestalt», weil es seine ästhetische Struktur mit sinnlichen Qualitäten vereinigt und so den Betrachter, den Leser, den Hörer erfahren lässt, dass jener harmonische Ausgleich von Vernunft und Sinnlichkeit möglich ist. Weil die Kunst aus der Verbindung von Phantasie, des «Möglichen», und Vernunft, des «Notwendigen», ein Ideal des selbstbestimmten Menschen erzeugt, der in der Entfaltung seiner Anlagen und Fähigkeiten immer auch die Sache der Gesellschaft befördert. (Aus der Vorlesung zur Kasseler Grimm-Professur 2004, «Deutschland, ein Schlaraffenland – oder warum Friedrich Schiller Joschka Fischer einen Barbaren nennen würde».)

ÄSTHETISCHER ABEND

An einem «Ästhetischen Abend» begann mein Leben und das meiner Geschwister (▸ ANGELIKA). Theologiestudenten des Predigerseminars Hofgeismar konnten für einen festlichen Abend im Sommer 1938 ihre Verlobte einladen.

Für die, die noch keine hatten, durfte eine Hofgeismarer Pfarrerstochter, die die Hausfrauenschule Kassel besuchte, vier ihrer Mitschülerinnen mitbringen. Große Aufregung unter den jungen Mädchen – «daß so etwas überhaupt erlaubt wurde, war ein wahres Wunder», schrieb später die Chronistin dieser Ereignisse. An dem Abend wurden die vier jungen Theologen erst von der Direktorin gemustert, dann den vier auserwählten Hausfrauenschülerinnen vorgestellt und als Tischherren zugeteilt. Mit der Straßenbahn fuhr man nach Hofgeismar, unterhielt sich dort im Freizeitraum der Theologen an Vierertischen, sang Volkslieder und tanzte ein wenig, dann mussten die Damen wieder nach Kassel und bis 23 Uhr vor die Tür gebracht werden, damit war der «harmlose, fröhliche» Abend beendet.

Außer für einen der Studenten, der sich mit sechsundzwanzig Jahren zum ersten Mal richtig und von ferne verknallt hatte und dem es weder gelungen war, der Tischherr des Mädchens zu werden, das sein Blick im ersten Moment bei der Vorstellung erwählt hatte, noch auf andere Weise ihre Aufmerksamkeit auf sich zu ziehen. Er schrieb ihr, sie antwortete abwehrend – sie hatte nicht einmal den Namen ihres Tischherrn behalten und wusste nicht, wer ihr da schrieb. Er schrieb noch einmal, sie antwortete nicht. Er schrieb ein drittes Mal – und sie forderte ihn auf, keine Briefe mehr zu schicken, sie sei gerade erst siebzehn geworden und wolle sich nicht durch einen Briefwechsel binden. Er gehorchte – und meldete sich zwei Jahre später wieder, nun als Soldat, aus Frankreich. Sie wusste immer noch nicht, wer dieser junge Mann war, doch was er da schrieb über den ästhetischen Abend, fand sie unbegreiflich: «… habe ich jenen Abend, an dem ich Sie nur flüchtig kennenlernte, nicht vergessen. Ich wundere mich selbst darüber. Aber daß der Gedanke an Sie mich seitdem nie verlassen hat, wollte ich Ihnen doch einmal schreiben.» Sie war inzwischen am Kindergärtnerinnenseminar in Eisenach und stimmte, nach Rücksprache mit ihrer Direktorin, einem Treffen mit dem Unbekannten zu. Die Wirren dieser Tage sind eine Geschichte für sich («Bildnis der Mutter als junge Frau»). Es dauerte jedenfalls nicht mehr lange, bis im Oktober 1940 Ria von der Lühe und Gerhard Delius als Verlobte grüßten.

Ich wüsste gern, welche Lieder an dem Abend gesungen wurden, ob die Mädchen in BDM-Uniformen kamen, ob Nazireden gehalten wurden oder ob die Theologen auf Brautschau mit dem Wort «ästhetisch» ein bewusst unpolitisches Programm gegen «politische», also propagandistische Abende setzten. Aber wichtiger ist: Der Sekundenblick der Liebe hat ein Leben lang gehalten.

ASTROLOGIE

Das Stichwort Astrologie würde in diesem Buch gar nicht auftauchen, wenn ich nicht eine Tante gehabt hätte, die eine Jugendfreundin hatte, die als Germanistin in den fünfziger Jahren in die USA zog und in New York Professorin und eine enge Freundin, später die Nachlassverwalterin von Hannah ▸ ARENDT wurde. Das Stichwort Astrologie würde in diesem Buch gar nicht auftauchen, wenn es die Gruppe 47 nicht gegeben und wenn Hans Werner Richter mich nicht zur Tagung nach Princeton 1966 (▸ ARBEITSTITEL, ▸ AUFGABE, ▸ AYLER) eingeladen und sich diese Einladung an den Dreiundzwanzigjährigen nicht auch in der Familie herumgesprochen hätte. Das Stichwort Astrologie würde in diesem Buch gar nicht auftauchen, wenn meine Tante mir nicht dringend empfohlen hätte, ihre «interessante» Freundin Lotte Köhler in New York zu besuchen, und wenn ich nicht dieser Empfehlung gefolgt wäre. Und Frau Professor Köhler gegen Ende meines Besuches nicht meine exakte Geburtsstunde erfragt und gesagt hätte, es sei ihr Hobby, hin und wieder Horoskope von Freunden und Bekannten zu erstellen, sie sei da ganz gut, auch Hannah Arendt sei beeindruckt. Das Stichwort Astrologie würde in diesem Buch gar nicht auftauchen, wenn der Hinweis auf Arendt, diese große Dame der Vernunft, mich, der bis dahin Horoskope nur verlacht und verachtet hatte, nicht dazu gebracht hätte, nach meiner Rückkehr nach Deutschland meine Mutter nach der Geburtsstunde zu fragen und diese Daten Frau Köhler zu melden. Das Stichwort Astrologie würde in diesem Buch gar nicht auftauchen, wenn mir Frau Köhler nicht einige Monate später, im Dezember 1966, in einem kurzen Brief so beängstigend erfreuliche Sätze über meine Zukunft vorhergesagt hätte, dass ich vor lauter Scham und Angst um ein Zuviel an versprochenem Glück diesen Brief tief in meinen Schubladen versteckte und fast vergaß. Nun taucht das Stichwort Astrologie in diesem Buch auf, weil ich den Brief mit dem Kurzhoroskop dreißig Jahre danach wieder hervorholte und weitere zwanzig Jahre später in der Erzählung «Die Zukunft der Schönheit» erwähnte und zitierte.

Was brachte, frage ich mich, die in Mecklenburg geborene und nach New York emigrierte Frau Köhler dazu, mir, dem damals Dreiundzwanzigjährigen, zu einigen anderen erschreckend guten Eigenschaften auch noch «ästhetisches Gefühl» zu bescheinigen? Nur weil bei meiner Geburt Jupiter im Trigon zur Venus stand? Sie wird mit Sicherheit nicht gewusst haben, dass meine Eltern, sie sechzehn und er sechsundzwanzig, sich 1938 zum ersten Mal bei einem ▸ ÄSTHETISCHEN ABEND getroffen haben.

ASYL
In Abbas Khiders Roman «Ohrfeige», den ich 2017 in der Laudatio für den ▸ ADELBERT-VON-CHAMISSO-PREIS besonders hervorgehoben habe, wird eine Frau Schulz, die für uns alle steht, Sachbearbeiterin in der Ausländerbehörde, in ihrem Büro vom Erzähler gefesselt, mit einem Klebeband zum Schweigen gebracht und zum Zuhören gezwungen, weil dieser sich «einfach mal von Mensch zu Mensch in Ruhe unterhalten» will. Die Frechheit dieses Einfalls scheint produktiver als die üblichen, nützlichen Reportagen über Asylsuchende und Flüchtlinge, hier ist ein Dichter am Werk. Ein formbewusster Autor, der dank dieses Einfalls die uralte europäische Form des Schelmenromans wiederbelebt.

Ob Frau Schulz wirklich eine Ohrfeige bekommt, bleibt offen. Sicher ist nur, dieser Roman ist nicht für feige deutsche Ohren geschrieben. Er verrät, dass es ohne Lügen und Betrügen, ohne das riesige Netzwerk versteckter Helfer kein Durchkommen, kein Überleben, kein Bleiben gibt. Zu den Risiken und Nebenwirkungen der Literatur gehört das Aufdecken von Verlogenheiten. Abbas Khider deckt hier, mit rücksichtslosem Witz, die große Verlogenheit auf, dass die Bundesrepublik seit Jahrzehnten ein Einwanderungsland ist, aber kein Einwanderungsland sein will. Seit Helmut Kohl verfügt hat, die Bundesrepublik sei kein Einwanderungsland, obwohl sie längst eines war, seit die CSU Frau Merkel gezwungen hat, das von ihr zuerst begrüßte, allgemein als vernünftig erachtete Einwanderungsgesetz der rot-grünen Koalition von 2002 im Bundesrat ablehnen zu lassen, ist diese Verlogenheit gigantisch gewachsen.

Deutschland braucht Einwanderer, bietet aber nur das

Nadelöhr politischen Asyls. Statt eines Einwanderungsgesetzes mit einladenden, begrenzenden und oberbegrenzenden Regeln wird jeder Zufluchtsuchende grundsätzlich unter Verdacht gestellt, oft zum Lügen genötigt oder gezwungen, seine Leidensgeschichten so zu erzählen, dass sie zu den Asylparagraphen passen. Khider erzählt, wie Schlawiner sich das zunutze machen und wie ehrliche Leute daran scheitern. Wie viel Glück oder Pech da mitspielen, meistens Pech. Wie kompliziert es ist, seine jugendliche Energie und Intelligenz produktiv in dieses Land einzubringen. Wie entmutigend, dass bester Wille, Ehrlichkeit, Arbeitslust, Lernlust, ja, auch Deutschlernlust und Hunger auf Demokratie nicht helfen. Wie schmerzhaft es ist, stattdessen ein, zwei, drei oder mehr Jahre in einem Milieu des Verdachts und der Angst zu leben.

Seit den frühen neunziger Jahren die Frage: Wie lange wird es noch dauern, bis die Mehrheit der Deutschen merkt, wie dumm Helmut Kohl (und Angela Merkel) und die Mehrheit der Deutschen in der Einwanderungsfrage gewesen sind?

ATABAY, CYRUS

Cyrus Atabay, ein aus Persien stammender, deutsch schreibender Dichter, meinte ich in einer Rezension (für die «Weltwoche» 1965) so verreißen zu müssen, dass selbst meine gleichaltrigen Kollegen (▸ ARNOLD, LUTZ) in einem von Walter Höllerer organisierten Fortbildungsseminar für junge Kritiker protestierten: so viel Überheblichkeit (▸ ARROGANZ) gehe zu weit, und meine Rezension zerpflückten. Urteile wie «lyrische Inzucht, lyrische Falschmünzerei, hochgestelztes Geschwätz» seien nur Beschimpfungen, erklärten nichts. Ich gebe zu, ich wurde rot – und ich habe meine Beschämung nicht vergessen. Aber es dauerte noch ein, zwei Jahre, bis ich die regelmäßige Literaturkritik für drei Zeitungen («Welt der Literatur», «Spandauer Volksblatt», «Weltwoche») aufgab, diese allzu leicht genommene Studentenbeschäftigung mit kleinem Verdienst und großem Überheblichkeitsgewinn.

ATELIER

Noch heute erstaunt mich die Chuzpe des Neunzehnjährigen. Statt für sein Abitur zu lernen, liest er im Dezember 1962 jede Seite des Katalogs der Neuerscheinungen der Fischer Bücherei und sieht am Ende die Liste der Titel, die bis zum Herbst 1963 erscheinen sollen. Ganz am Ende, im Oktober, ist eine Anthologie zeitgenössischer Lyrik vorgesehen, «Das Atelier 2». Vermutlich ist die Arbeit an solch einer Sammlung noch nicht abgeschlossen, denkt er, und sofort ist die Idee da, fünf oder sechs Gedichte an den Herausgeber zu schicken – nicht mehr. Drei Ablehnungen seiner Gedichtmanuskripte hat er bereits von größeren Verlagen erhalten. Jetzt, denkt er, werden die wenigen Gedichte, wenn sie direkt auf dem Schreibtisch des Herausgebers landen, hoffentlich genauer gelesen. Er kauft das Vorgängerbuch «Das Atelier» mit zeitgenössischer Prosa, findet die Texte gut, sucht fünf Gedichte aus, die er für seine besten hält, und schickt sie im Januar nach Frankfurt. Schon nach etwa drei Wochen schreibt ihm Klaus Wagenbach, er wolle zwei Gedichte in «Das Atelier 2» aufnehmen, «Geburtstag» (▸ ANGST) und «Gedicht für Katzen». Als das Buch im Herbst 1963 erscheint, stellt der nun Zwanzigjährige fest, dass er der Allerjüngste ist und der Unbekannteste zwischen all den Namen wie Bachmann (▸ ANNA), Bobrowski (▸ AUTOR, ▸ AUTOGRAPHEN), Celan, Enzensberger (▸ ARMES SCHWEIN, ▸ AUTOGRAPHEN), Grass (▸ AIGUES-MORTES) und tutti quanti.

So begann mein langes Leben mit Klaus Wagenbach. In den ersten Semesterferien als sein Lektoratsassistent bei S. Fischer in Frankfurt, dann in Berlin als jüngster Autor seines neugegründeten Verlages, hin und wieder als Gutachter, schließlich sein erster Lektor für Literatur (▸ ANSPRACHEN), Mitkollektivist, jüngerer Freund bis zur Spaltung Wagenbach/Rotbuch, der am Ende als Feind herhalten musste («Als die Bücher noch geholfen haben»). Trotz allen Streits und Gefuchtels in unseren mittleren Jahren, die Dankbarkeit für meinen wichtigsten Förderer und Literaturmeister vom «Atelier» 1963 bis zum Siemens-Prozess 1973 (▸ ABS, ▸ ATOMBOMBE) und der Respekt für seine Lebensleistung ist, wie man früher sagte, unverbrüchlich.

ATEM 1964

Kreuzberg:

Den Atem des Säufers
klaut sich der Wind
und hisst ihn über
der nüchternen Stadt.

ATEM 1995

Was ist wirklich unbeschreiblich? Wenn es doch etwas geben sollte, was unbeschreiblich ist, dann: das immer atemlosere Atmen, das Stöhnen, das Röcheln, die letzten lauteren und leiseren und ersterbenden Atemschreie der eigenen Mutter in den Minuten vor dem Tod.

ATEMÜBUNGEN

Mit zwölf oder dreizehn Jahren schickten mich, den schweren Stotterer, die Eltern zu einem Stottertherapeuten in Bad Hersfeld, wo ich aufs Gymnasium ging (▸ ALTE LANDESSCHULE). Der Doktor empfahl unter anderem, die schwierigen Konsonanten, die stets wie riesige Hindernisse vor mir lagen, mit leicht singender Stimme zu überwinden. Mit den ständigen Atemübungen aber tat ich mich schwer. Etwas in mir sträubte sich, die selbstverständliche, lebensnotwendige, bei allen anderen Menschen unbewusste Tätigkeit des Atmens wie eine Fremdsprache, ein neues Fach lernen zu sollen. Es blieb ein innerer Widerstand, mir den Rhythmus der Sauerstoffzufuhr andressieren zu lassen. Auch beim Schwimmen schaffte ich das richtige Atmen nicht (▸ AARE). Daran musste ich denken, als nach dem Aufwachen aus fast dreiwöchigem Koma 2008 Atemübungen nötig waren. Der alte Widerstand war leiser geworden, aber immer noch da, ebenso das alte Gefühl, den Sauerstoff nicht gut und tief genug in die Lunge zu holen. Geht das, fragte ich mich, durch ein ganzes Leben wackeln, ohne je richtig das Atmen gelernt zu haben?

Zwei Milliarden Atemzüge bekommt der Mensch im Schnitt seiner Lebensjahre. Wer langsamer seinen Atem nimmt, lebt länger, heißt es. Ich übe weiter.

ATLANTA

Im Flughafen Atlanta 1994 zum ersten Mal von Terminal zu Terminal in einem Roboterzug mit Roboterstimme. Draußen vor den Glastüren die Arbeitslosen.

ATLANTIK

Rechts der Atlantik, links der Indische Ozean, du stehst am sogenannten Kap der Guten Hoffnung, der Sturm haut dich fast vom Felsen, blickst auf Gischt und Wellenschnee, die beiden Ozeane kämpfen gegeneinander, und deine Gedanken werden immer banaler: Auch hier bist du ein Nichts, vor diesen ewigen Wellenschlägen ist die ganze Menschheit ein Nichts. Und bevor du, so erheitert, von der Spitze des Kaps, dem Wallfahrtsort für Optimisten, zurückwanderst, nimmst du dir, was verboten ist, aus der kargen Steinlandschaft eine gelbe Distelblume mit.

ATLAS

Noch eine frühe Großtat des Verlegers Wagenbach: die wichtigsten Autorinnen und Autoren der frühen sechziger Jahre über einen, über «ihren» Ort schreiben zu lassen für seine Anthologie «Atlas» (1965). So entstanden wegweisende Texte, zum Beispiel von Peter Weiss «Meine Ortschaft» (Auschwitz) oder Wolfgang Koeppens «Ein Kaffeehaus» (▸ ANREGUNG). Auch hier durfte ich als Jungspund mitmachen und lieferte das etwas lustlos geratene längere Gedicht «Butzbach, zum Exempel». Damals begann ich in maßloser Selbstüberschätzung ein Prosaprojekt, eine Novelle über eine hessische Kleinstadt, die statt in Korbach in Butzbach spielen sollte. Das Projekt misslang, während das im «Atlas» gedruckte schwache Gedicht immerhin noch dazu taugte, sechsundvierzig Jahre später mit zwei Zeilen der Büchnerpreisrede den entscheidenden Dreh zu geben.

ATOMBOMBE

Das Unvorstellbare ist längst als vorstellbar aufbereitet, auch die Atombombe. Es reichen Fotos, Berichte, Statistiken. Und doch wollten die großzügigen japanischen Gastgeber unsere kleine Schriftstellerdelegation (Libuše Moníková, Bodo Morshäuser, Hans Joachim Schädlich und mich) nach fünf anderen Stationen in ihrem Land im Juni 1988 unbedingt auch in Hiroshima sehen. Auch uns zog es an den mythischen Ort, mit allen Ambivalenzen gegenüber dem zu erwartenden Betroffenheitstourismus. Nach der Besichtigung des Atombombenmuseums und der Gedenkstätten wurde der Empfang beim Bürgermeister eine einzige Peinlichkeit. Wo man hätte schweigen sollen, wurden Bekundungen erwartet, auch von den japanischen Kollegen wie Oda Makoto, die uns begleiteten. Zum Glück hatte ich, der bei förmlicheren Begegnungen meistens die Grußfloskeln übernehmen musste, vorher noch Schädlich gesagt: Heute machst du als der Ältere die Pflichtsprüche. Während ich daran dachte, dass die Bombe eigentlich für Berlin vorgesehen war und uns nur dank der Schnelligkeit der alliierten Truppen erspart geblieben ist, während ich die Schreckbilder auf Berlin und seine Umgebung übertrug, redeten die Japaner immer wieder über das moderne Hiroshima, die nächste Generation, das bunte Leben heute. Sie schenkten uns einen Prachtband mit langweiligen, propagandistischen Fotos vom neuen Hiroshima.

Libuše Moníková war das alles so zuwider, dass sie in der folgenden Nacht schlaflos blieb und dann im Regen loslief, um das dicke Buch in einem Teich in der Nähe des Hotels zu versenken. Als sie merkte, dass es nicht unterging, bewarf sie es mit Steinen, was nichts nützte und ihren Schrecken vergrößerte, man werde das schwimmende, den Stolz der Stadt repräsentierende Buch entdecken und schnell rekonstruieren, wem das gerade erst vor Fernsehkameras überreicht worden sei. Das Fotopapier wollte nicht sinken, es blähte sich weiter auf. Sie sprang in den Teich, erwischte den vollgesogenen Klumpen, kam nun aber wegen der steilen, glitschigen Steinränder nicht mehr aus dem Gewässer heraus und wäre beinah ertrunken – in ihrem Roman «Treibeis» (1992) hat sie diese Szene beschrieben, die sie uns am nächsten Tag in Stichworten erzählte.

Auch ich war mit Hiroshima noch nicht fertig. Unser Gastgeber, ein japanisches Bildungsinstitut, hatte uns für die letzte Woche ohne Programm und Betreuung Geld und einen Freifahrtschein für den Shinkansen überreicht. So setzte ich mich in den perfekten Express, rauschte noch einmal stundenlang durch Japan von Tokio bis Hiroshima, nahm dort ein Hotel und ging zu einem Baseballspiel. Ich kannte die Regeln nicht, niemand konnte sie mir erklären, ich versuchte, das Spiel zu verstehen, beobachtete die Zuschauer, die Spieler und langweilte mich trotzdem. Zwei Stunden Langeweile, nichts als Langeweile in einem Stadion in Hiroshima taten mir gut. Kein Schatten irgendeiner Bombe in den Gesichtern der Zuschauer. Am nächsten Tag im Express, seltsam entlastet, zurück nach Tokio.

ATTENTAT

«Das Attentat» war das einzige Buch von Harry Mulisch, das ich von ihm gelesen hatte, bevor wir uns auf einem Rheinschiff trafen, circa 1987. Etwa dreißig Autorinnen und Autoren aus Frankreich, den Niederlanden, Luxemburg und Deutschland waren auf ein Schiff geladen, um zwischen Basel und Rotterdam mittels Literatur den europäischen Gedanken zu vertiefen, gesponsert von der EU und begleitet vom ZDF. In größeren Städten gingen wir zu Veranstaltungen an Land, die meiste Zeit wurde geredet, geklatscht, gegessen, getrunken und intensiv gefilmt, in Straßburg kamen Parlamentarier, in Mainz Ministerpräsident Vogel mit Kultusminister an Bord. Wir wohnten auf dem Schiff. Draußen an der Reling traf ich des Öfteren auf Harry Mulisch, auch er in leiser ironischer Distanz zu diesem Aufwand und dem ehrenwerten Projekt, für das wir uns hatten ködern lassen. Wir waren uns einig: Wie hätte ein Heinrich Heine über uns gespottet! Wir fühlten uns mehr und mehr als Statisten eines öden Fernsehfilms. Über Attentate, meine ich, sprachen wir auch, er hatte ein Attentat auf einen Nazi zum Thema gemacht, seit Jahren aber gelangen Attentate nur noch auf die falschen Leute wie die Brüder Kennedy, Martin Luther King oder Dutschke.

In Köln verließen zwei, drei andere und ich aus Protest gegen unsere Statistenrolle das Schiff. Mulisch fuhr bis Rotterdam weiter und war 1993 mit seinem Bestseller «Die Entdeckung des Himmels» in aller Munde. In Rezensionen tauchte eine Figur mit dem Namen Max Delius auf, ich blätterte in einer Buchhandlung durch den Roman und merkte, dass es eine Hauptfigur war, Sohn eines Naziverbrechers, der meinen Namen trug. Das verstörte mich, obwohl dieser Max ansonsten keine unsympathische Figur war, aus Trotz gegen den ungefragt geliehenen Namen kaufte ich das Buch nicht. Es brauchte eine freundliche Begegnung auf der nächsten Buchmesse, bis Mulisch mir ein Exemplar mit der Widmung schickte «Mit Dank für den schönen Namen». Erst dann las ich, sehr begeistert, vor allem die Rom-Szenen am Schluss.

AUDEN, WYSTAN HUGH

Etwa anderthalb Jahre in Berlin, Student an der FU, erhielt ich 1965 einen Brief von Ernst Schnabel, Mitarbeiter des Dritten Fernsehprogramms des NDR und des Senders Freies Berlin. Schnabel schlug vor, ein längeres Gedicht von W. H. Auden für einen kurzen Fernsehfilm zu übersetzen, und lud zu einem Termin in den Sender. Er wollte den englischen Film «Night Mail» mit dem gleichnamigen Gedicht von Auden und der Musik von Benjamin Britten aus dem Jahr 1936 senden, erst im Original, dann auf Deutsch. Für eine Übersetzung war ich in keiner Weise qualifiziert. Ich kannte Audens Namen als Dichter nur von fern, mein Schulenglisch war eher schlecht als mäßig, ich hatte noch nie übersetzt, noch nie für das Fernsehen gearbeitet, längere Gedichte hatte ich auch noch nicht geschrieben, Reime sowieso nicht, war nur mit ein paar kurzen Gedichten einige Monate zuvor den strengen Zuhörern der Gruppe 47 überwiegend angenehm aufgefallen. Trotz Schüchternheit und Stottern galt ich offenbar als Talent, allerdings nicht als «junger Lyriker», sondern als «sehr junger Lyriker». Aber was half mir das? Ich zögerte sehr.

Im SFB zeigten Schnabel und Hanspeter Krüger den Text, und ich dachte: nein (und wenn ich ihn heute anschaue: eine unmögliche Aufgabe). Doch dann nannte

Schnabel das Honorar: 700 DM. In Worten: siebenhundert, für ein bis zwei Seiten! Eine enorme Summe, erst recht für einen Studenten, der sich mit dem Schreiben von Rezensionen hin und wieder mühsam zwei Zwanzigmarkscheine dazuverdiente. Ich sagte zu, aber mit schlechtem Gewissen, denn ich fühlte mich unterqualifiziert und überbezahlt, und machte mich an die Arbeit.

Erst bei der Sendung hörte ich Auden selbst sein Poem lesen. (Und weil man heute bei Youtube den alten Film mit Brittens Musik und Audens Text jederzeit sehen und hören kann, lässt sich die Erinnerung leicht auffrischen.) Das war mehr als die übliche Gedichtrezitation, es war eine Geschwindigkeitsübung. «Night Mail» wirkte sofort, beim Zuhören noch mehr als beim Lesen, von der ersten Zeile an, im singenden, stampfenden Duktus, als rhythmisches, musikalisches Sprachstück, ein Tremolo in verschiedensten Tempi. Crossing the borders: Keine nach klassischen Metren und Mustern geformten Verse, sondern unterschiedlich getaktete, dem Tempo des beschriebenen Nachtpostzugs angepasste Zeilen, munter drauflosgereimt, wie es schien, lautmalend im besten Sinn, mit Alliterationen und Binnenreimen. Mal langsam gesprochen, mal schneller, dann sehr schnell, bremsend, anhaltend, wieder anfahrend und schneller werdend, mit wummernden Zeilen auf vibrierenden Gleisen, die Dampflok und die Waggons auf ihrer rasenden Tour von London hinauf nach Schottland. Der Sprechtakt entsprach exakt dem Filmschnitt oder der Filmschnitt dem Text. Dann lief der Film zum zweiten Mal, mit meiner Version, «Nachtpost», recht brav von einem Sprecher gelesen. Im Abspann mein Name, das war's, und bald war die unglaubliche Summe auf dem Postscheckkonto.

Stärker als der Kleinstolz auf diese Arbeit blieb ein Rest von schlechtem Gewissen, für vergleichsweise wenig Arbeit und mittelmäßige Leistung so viel Geld bekommen zu haben. Dazu die kleine Scham, zum ersten Mal bestechlich gewesen zu sein, obwohl es keinen Grund gab, sich für dieses Geschäft zu schämen. So ein paar Fernsehminuten sind schnell vergessen, sie blieben eine Nebensache, ich redete kaum darüber, der Ehrgeiz konzentrierte sich in diesen Monaten auf den ersten Gedichtband «Kerbholz» und das «Wahlkontor» für die SPD.

Im Sommer wechselte ich zu Walter Höllerer an die TU, und etwas später tauchte Auden, als Gast des DAAD-Künstlerprogramms in Berlin, hin und wieder in Höllerers Oberseminar («Colloquium») auf und hörte zu. Wir raunten nur: der berühmte alte Dichter, der Schwiegersohn von Thomas Mann, der alte Schwule. Ich habe nie mit ihm gesprochen und bewunderte vor allem die Falten in seinem Gesicht. Wenn ich einmal alt werden sollte, dachte ich mit Anfang zwanzig, dann wünsche ich mir auch solche markanten Falten, die so viel zu erzählen haben oder hätten, wenn man sie nur erzählen ließe.

Das alles wäre nur eine Fußnote zu einer Anmerkung über die sechziger und vorachtundsechziger Jahre im tristen westlichen Berlin, wo nur die Künste blühten und lachten, wenn nicht Lothar Müller ein großes Fass aufgemacht und Audens «Night Mail» als ersten Rap der Geschichte gefeiert hätte. Er hatte den Film auf Youtube entdeckt, dann im April 2009 in der «Süddeutschen Zeitung» beschrieben und die Kamera, die Musik und die Textzeilen gewürdigt: «Vor allem aber ist da der Hochgeschwindigkeitston, in dem Audens Stimme das Bündnis von Reim und Rhythmus auf das Express-Tempo des Zuges eicht. Es ist dieser Ton, dem ‹Night Mail› seinen Ruf als eine Gründungsurkunde des Rap verdankt, in der das Rasen auf Schienen die Vorstellung des Entgleisens wachruft, aber traumwandlerisch das Reimwort findet, ohne auf der Strecke zu bleiben.»

Der junge W. H. Auden als alter Rapper, das leuchtete mir sofort ein. Nicht ganz so eindeutig der nächste Gedanke: Der erste Übersetzer dieses Rap ins Deutsche müsste dann eigentlich als erster deutscher Rapper gelten. Zwar war ich mit dem Text nicht öffentlich aufgetreten, der war «nur» im Fernsehen zu hören gewesen vierundvierzig Jahre zuvor, dennoch sah ich mich von Müller und der «Süddeutschen» zu einem Rapper avant la lettre befördert. (Der Witz ist, dass ich Mitte der siebziger Jahre, dank des amerikanischen Jazzfreundes einer Rotbuch-Kollegin, die «Last Poets» aus New York entdeckte und so begeistert von ihren Texten war, dass ich dachte: Wenn du deine Gedichte weiterentwickeln willst, dann in diese Richtung. Ich entschied mich aber Ende der siebziger Jahre fürs Prosaschreiben. Und zehn, zwanzig Jahre später galten die «Last Poets» als die Urväter des amerikanischen Rap.) Es gäbe also mindestens zwei Indizien für die lockere, in unsere narzisstische Epoche passende Behauptung, der erste deutsche Rapper gewesen zu sein – ohne es zu merken.

AUDIENZ

Einmal habe ich dem Papst die Hand gedrückt, erzählte Onkel Helmut Pistor, Arzt und Vetter meines Vaters, der mit neunzehn Jahren als Soldat an Pius XII. geraten war, mitten im Krieg. Als Sanitätsunteroffizier bei der Luftwaffe war er 1942 in Como für die Erholung verletzter Soldaten zuständig und musste dienstlich nach Rom reisen. Vor seinem Termin in der sogenannten Leitstelle hat er noch etwas Zeit und spaziert durchs Zentrum und betritt die Vatikanstadt, den Petersplatz, Ausland – was Soldaten verboten ist, er aber nicht weiß oder ignoriert. Er gerät ins Gespräch mit einem deutschen Kaplan, der ihn fragt, ob er Lust hat, an einer Papstaudienz teilzunehmen. Sie gehen in ein Büro, Helmut bekommt ein Papier für den Eintritt, darauf steht, obwohl er nur Unteroffizier ist: Ufficiale, Offizier.

Deshalb platziert man ihn in die erste Reihe, etwa dreißig Menschen sind zugegen, alle fallen vor dem Papst auf die Knie, küssen den Ring, nur er nicht, er knallt die Hacken zusammen und grüßt zackig. Pius fragt ihn nach Namen, Rang, Herkunft, er kennt die nordhessische Gegend, aus der Helmut kommt, spricht von einem Krankenhaus in Kassel, das er als Nuntius oft besucht hat. Dann sagt der große Papst zum kleinen Unteroffizier: «Sie haben Glück, dass Sie einen solchen Führer haben», drückt ihm die Hand und fragt, ob er ein Geschenk haben möchte. Da wird Helmut verlegen, was soll er sich als Protestant, als Deutscher, als Soldat wünschen vom Papst persönlich? «Vielleicht ein Bild?», fragt der. «Ja, ein Bild von Ihnen wäre mir sehr willkommen», antwortet Helmut (das war natürlich geheuchelt, sagte er, als er mir die ganze Geschichte erzählte). Am Ende der Audienz wird ihm eine Postkarte mit dem Foto von Pius XII. überreicht.

Was bringt das Oberhaupt einer Kirche dazu, den größten Verbrecher des 20. Jahrhunderts, der 1942 bereits in aller Welt, außer im Deutschen Reich, als Diktator, Kriegstreiber, Antisemit, Religionshasser und Massenmörder gesehen wurde, vor einem neunzehnjährigen deutschen Sanitätsunteroffizier als «Glück» zu preisen? Das konnte sich Helmut nie erklären, das konnte auch ich mir nicht erklären, obwohl ich mich viel mit den von Hochhuth und etlichen Historikern aufgeworfenen Fragen über das problematische Verhalten Pius XII. gegenüber der deutschen Militärmacht und der Vernichtung der Juden beschäftigt habe. Ein Grund mehr, «Die linke Hand des Papstes» zu schreiben.

AUDIMAX

Noch während des Vortrags von Konrad Zuse «Mephisto und Computer» im Audimax der FU Berlin reifte der Entschluss: Dieser Mann ist einen Roman wert. In dem riesigen Saal hatte ich einst die populären Germanisten und Philosophen gehört, danach die eifrigsten Köpfe der Studentenbewegung. Zwanzig Jahre später, als erwachsener Mensch, hörte ich einem Ingenieur, Erfinder, Mathematiker, Informatiker zu, dessen Autobiographie ich bereits kannte. Ich wollte wissen, wie tritt er auf, der große, verkannte, viel zu unbekannte Mann? Seine technischen Ausführungen verstand ich kaum, aber seine Koketterie mit dem Faustischen faszinierte mich ebenso wie sein Standardwitz: Er habe, weil er zu faul zum Rechnen sei, den Computer erfunden.

Der wichtigste Schreibgrund war eher unerheblich, privat: Wir waren in den fünfziger Jahren Nachbarn gewesen, drei Kilometer Luftlinie zwischen Neukirchen, wo der Pionier des Digitalzeitalters in einem Fachwerkhaus an der B 27 arbeitete, und Wehrda, wo ich in einem Fachwerkhaus aufwuchs. Ein Heimatroman des Computers muss her, das war ein naheliegender Gedanke in dem Raum, in dem Wilhelm Emrich, einstiger Nazi, wie ich jetzt weiß, die Liebe zur Barockliteratur geweckt und der Philosoph

Wilhelm Weischedel den Zusammenhang von Glauben und Denken erklärt hatte. Ein Heimatroman mit Rhön und Algorithmen. Der Stoppelsberg (524 Meter) über Wehrda und Neukirchen musste schließlich auch einmal literarisch gewürdigt werden – als Ort für ein erfundenes Gespräch.

AUF DER SUCHE NACH MUSEN

Solche Berge, dachte ich, wie dieser
Taufstein (Vogelsberg), wären Reviere für Musen.
Immerhin pennen auf Hessens Helikon auch
Allegorien. Dort seh ich was, weniger klassisch, seh
Einen, der reitet, rent-a-horse, hoch und
Poetisch im Sattel auf öden Höhn, ein Maulheld,
Trabend, an Keuschheit Lyrikern gleich,
Nicht mal gerissen im Skat, und die Zeilen
Falln ihm schon aus, und wenig
Mundvorrat, wenig Verstand, nun im Galopp
Durch die Wiesen.

(Wie viel Selbstporträt steckt in dem Gedicht von 1967?)

AUFENTHALT, ANDÄCHT'GER

Die Blicke des Fünfzehnjährigen fielen, wie es üblich ist, auf die Schönste der Klasse, die damit für ihn zur Schönsten der ganzen Schule, der Internatsschule Steinatal (▸ AUSREICHEND), und des Universums wurde. Eine mit großen Augen, dunklem Haar, lebhaft, viel lachend, musikalisch, Leichtigkeit und Freude in Person. Der Anfänger machte nicht nur den Fehler, die Beliebteste, Unerreichbarste zu verehren und sich an sie heranzupirschen, ohne zu wissen, mit welchem Satz, welcher Geste er sie zur Aufmerksamkeit, zu leisester Zuwendung einladen könnte. Er verdoppelte diesen Fehler noch damit, eine zu wählen, die einen älteren Schüler als festen Freund hatte, der überdies als Handballer und Jazzer glänzte. Aber der wahrhaft Liebende gibt nicht auf und bleibt trotz aller Hindernisse treu, so viel meinte der Knabe zu verstehen von der Liebe. Noch war er weit davon entfernt zu ahnen, dass er diese Hindernisse brauchte, weil er zu mehr als zu heimlichen Blicken und einer heftigen und hilflosen Anbetung aus der Ferne gar nicht in der Lage war. So war ihm nichts anderes übriggeblieben, als seine hoffnungslose Liebe in die Natur zu tragen, in die nahen, weitläufigen Wälder, und den Bäumen zu gestehen. Im Spiel der Halbschatten wog er seine minimalen Chancen ab, begann, in den Bäumen Orakel zu sehen und die Bäume zu verehren bei seinen längeren oder kürzeren Gängen durch den Wald. Allein in der Stille leise sich bewegender Zweige und Blätter, ermuntert von Vogelstimmen, unter Buchen, Fichten, Ulmen, fühlte er sich stärker, bevor er es wagte, die Liebe einem Freund zu gestehen. Aber auch der konnte ihn weder seinem Ziel näherbringen noch von seiner Sehnsucht abbringen.

Nachdem er diese Schule unter dem Druck der finanziellen Argumente seiner Eltern verlassen musste, hatte er ein Jahr später, als Schüler der ▸ ALTEN LANDESSCHULE Korbach, einen Hausaufsatz zu schreiben. Das Thema war frei, der Aufsatz sollte mit Bildern und Zeichnungen angereichert sein. Er schrieb über den Ort, aus dem er sich heimatvertrieben fühlte, die Melanchthon-Schule Steinatal mit ihren vielfältigen Anregungen. In die sachliche Darstellung des Schul- und Internatslebens mischte er seine Trauer über seinen zu kurzen Aufenthalt dort und deutete an, wie er sich wohlgefühlt hatte, weil hier literarische, politische, musikalische Interessen und die Keime erster Liebe und Freundschaft erwacht waren. Er schaute zurück auf die Verlorene, die ihn nie beachtet hatte. Da er über sie nicht schreiben konnte, pries er alles andere, was er verloren hatte – und am meisten die Wälder ringsum, hessisches Mittelgebirge, die Bäume, mit denen er gesprochen hatte. In einem Lesebuch entdeckte er Eichendorffs Gedicht mit den weiten Tälern und Höhen und die Zeile mit dem andächtigen Aufenthalt. In dem Hausaufsatz, zwischen triefendem Text, Fotos, Postkarten, zitierte er die erste Strophe des Eichendorff-Gedichts, ohne zu verraten, an wen er in Wahrheit dachte. «O Täler weit, o Höhen, / O schöner, grüner Wald, / Du meiner Lust und Wehen / Andächt'ger Aufenthalt! / Da draußen, stets betrogen, / Saust die geschäft'ge Welt, / Schlag noch einmal die Bogen / Um mich, du grünes Zelt!»

Die Verse trafen seine verflossenen Empfindungen, sie hoben sie auf und verschönerten sie. Zum ersten Mal spürte er die Begeisterung über einen alten Dichter, der vor mehr als hundert Jahren so viel von dem Seelenzustand eines sechzehnjährigen Schülers einer Kleinstadt erfasst hatte, und er bewunderte diese Fähigkeit. Und doch wuchs ein Unbehagen. Auch wenn er das Gedicht mit Inbrunst vor sich hin flüsterte, der Anbetung des Waldes und des grünen Zeltes sich hingab, die erste Strophe traf seine Gefühle, aber die zweite, dritte, vierte setzten andere Akzente, und das irritierte ihn. Die höchste romantische Schwärmerei und die perfekte Form einer Strophe genügten ihm auf einmal nicht mehr – Eichendorffs Wälder, so schön sie ihre Bogen schlugen, schienen zu wenig konkret, sie wussten nichts von seiner Liebe und seinen verdrucksten Liebesgeständnissen. Da fehlte etwas, für das er selbst noch viel weniger Worte hatte als Eichendorff. Da war eine Lücke, die musste gefüllt werden. Ein paar Tage später schrieb er mit rotem Kugelschreiber auf Karopapier einige Zeilen. Staunend, was da für Wörter und Wortkombinationen aus seinem Kopf auf das Papier geflogen waren, beschloss er, das Zeilengebilde Gedicht zu nennen. (▸ ASSOZIATIONEN)

AUFGABE, ALTMODISCHE

«Die Aufgabe der Intellektuellen», ein allzu allgemeines Thema, das ich nach Möglichkeit meide. Oder lieber klügere Leute zitiere. Zum Beispiel Susan Sontag (▸ ARBEITSTITEL), von der 2004 in der «Süddeutschen Zeitung» zu lesen war, was damals schon altmodisch klang, aber allezeit und erst recht in der Zukunft aktuell ist und bleiben wird: «Es sind zwei Aufgaben, die Intellektuelle haben, heute wie gestern. Die eine, eine erzieherische, besteht darin, den Dialog zu befördern, für das Recht einzutreten, dass eine Vielzahl von Stimmen zu hören ist, und einer skeptischen Haltung gegenüber hergebrachten Meinungen das Wort zu reden. Die andere Aufgabe ist eine der Gegnerschaft. Es hat in fortgeschrittenen kapitalistischen Ländern in den letzten Jahrzehnten eine erschreckende Verschiebung moralischer Einstellungen gegeben. Die Intellektuellen haben die Sisyphos-Aufgabe, weiterhin einen anderen Standard von geistigem Leben und Diskurs zu verkörpern (und zu verteidigen) als den nihilistischen, den die Massenmedien befördern. Mit Nihilismus meine ich nicht nur den Relativismus und die Privatisierung des Interesses, wie sie überall in den gebildeten Schichten an Boden gewinnen, sondern auch den neueren und noch verderblicheren Nihilismus, den Hass auf Hervorragendes, die Verunglimpfung von Leistung als ‹elitär›, als exklusiv.»

AUFKLÄRER

Sexuelle Aufklärung in den fünfziger Jahren, es gab sie, als große Ausnahme, sogar auf dem Dorf. Mein Vater hatte früh bemerkt, dass weder Lehrer noch Eltern damals irgendetwas für solche Aufklärung taten. Darum nutzte er die zwei Jahre des Konfirmandenunterrichts der Dreizehn- und Vierzehnjährigen, um ihnen etwas von Geschlechtsorganen, Samen, Eizellen, Schwangerschaft und Geburt zu erzählen und den Respekt vor den Mädchen zu fördern. Wer mehr wissen wollte, bekam Broschüren, so fühlte ich mich fürs Erste ausreichend informiert. Meine Mutter mühte sich, die pubertierenden Mädchen aufzuklären. Das sprach sich unter den Waldecker Pfarrern herum. Noch als Halbkranker in seinem letzten Lebensjahr fuhr der Vater abends in die Dörfer in der Umgebung von Korbach zu den Konfirmanden, um ihnen diese Nachhilfestunden zu geben. Der Pfarrer als Aufklärer, sogar als Vorreiter der Sexualkunde in den fünfziger Jahren – es dauerte lange, bis ich diese Leistung würdigen konnte.

Er «konnte» überhaupt gut mit der Jugend, sprach offen mit jedem und jeder in den evangelischen Jugendgruppen in Wehrda, Rhina (wo er mit ihnen einen Tischtennisverein gründete) und Korbach. Einige protestierten heftig gegen das Bild, das ich von ihm in «Der Sonntag, an dem ich Weltmeister wurde» gezeichnet habe. Ich musste ihnen klarmachen, dass ein elfjähriger Sohn einen ganz anderen Blick auf einen solchen Mann hat als ein siebzehnjähriger Jugendlicher, der bei ihm seine Probleme ansprechen kann.

AUFKLÄRUNG

Ein Vergnügen, hin und wieder einen alten Querkopf in die Gegenwart zu holen, Christian Wolff zum Beispiel. Ich entdeckte ihn, weil ich mich zwischen 2013 und 2020 hin und wieder in Halle aufhielt, das seinen größten Denker nicht gerade groß in Szene setzt. Als Pfarrerssohn, dem ein Leben lang Moralfragen nicht gleichgültig gewesen sind, musste ich da näher hinschauen. 1721 hatte Wolff der protestantischen Perückengesellschaft nachgewiesen, dass konfuziusgeschulte Chinesen tugendhafte, gute Menschen sein konnten, ohne Christen zu sein. Das konfuzianische Gebot der praktischen Nächstenliebe schien ihm sogar effektiver als das christliche, Heiden konnten besser als viele Christen sein. Eher als der Glaube seien gute Beispiele und die Orientierung am Gemeinwohl geeignet, die Welt zu bessern. Außerdem trage der freie Wille, nicht die Furcht vor einem Herrn am meisten zur Erziehung, zur Tugendbildung bei. Gute Vorbilder seien für das Volk besser als Befehle.

Der Skandal war da, und sein schärfster Gegner, der sonst so verdienstvolle August Hermann Francke, brachte, ohne die lateinische Rede im Wortlaut zu kennen, die Anstößigkeiten und den angeblichen Atheismus Wolffs vor König Friedrich Wilhelm I. Schließlich erkannte der, «das der wolf so gottlohse ist», und erteilte ihm 1723 den Befehl, «binnen 48 Stunden nach Empfang dieser Ordre die Stadt Halle und alle unsere übrige Königl. Lande bey Strafe des Stranges» zu verlassen. Das sprach sich in Europa herum, so führte dieser Akt zu einer enormen Aufwertung der Philosophie. Die Aufklärung war zu einer politischen Sache geworden. Selbst wenn Wolff «die Chinesen» nur als Mittel zum Zweck benutzt hätte, die Philosophie von der Theologie zu befreien, der Erfolg gab ihm recht. Der Skandal machte den Redner zum Helden, seine Gegner zu Deppen, das Ereignis ein Markstein der europäischen Philosophiegeschichte.

Zum Gedenken an Wolff schlug ich 2021 in einem Artikel in der FAZ eine minimale Rechtschreibreform vor: Seine Schreibweise bei zwei Wörtern zu übernehmen – Gedancken mit ck und Vernunfft mit Doppel-f. Einige zustimmende Leserbriefe. Der Verein oder die Chatgruppe zur Förderung von Vernunfft und Gedancken müsste allerdings noch gegründet werden.

AUFMERKSAMKEIT

«Ich verlange nur eines, und ich verlange es bescheiden, obschon ich weiß, dass es exorbitant ist: mit Aufmerksamkeit gelesen zu werden.» (Camus, Tagebuch)

AUFRÄUMEN, INNENPOLITISCHES

Schon drei, vier Wochen nach dem Fall der Mauer 1989 erschienen in einigen westlichen Zeitungen die ersten triumphierenden Artikel über die endgültige Niederlage des Sozialismus und der Linken. Selbst so kluge Köpfe wie Joachim Fest und Karl Heinz Bohrer fegten «die Intellektuellen» und bundesdeutschen Linken auf so selbstgefällige und hämische Weise ab, dass es mich juckte, einen Gegenartikel für die «Zeit» zu schreiben: «Der Westen wird wilder». Fest, Bohrer und den anderen ging es um das innenpolitische Aufräumen und Abräumen – weg mit allem, was linksverdächtig war. Die Herren hatten übersehen oder wollten übersehen, dass auch die von ihnen Angegriffenen in den Jahren zuvor an der Niederlage dieses Sozialismus mitgewirkt hatten. Die Dissidenten Osteuropas wurden vor allem von undogmatischen, liberalen Linken unterstützt. Böll war das bekannteste Beispiel, aber es gab noch viel mehr, allein ich, der nicht so viel wusste, hätte auf einer ganzen Zeitungsseite darüber berichten können. Das Fazit: «Je mehr die Dissidenten des Ostens Erfolg haben, desto wichtiger werden die Dissidenten des Westens.»

AUFSTAND 1

Als am 18. Juni 1953 Schlagzeilen und Fotos in der Lokalzeitung «Hersfelder Zeitung» den Aufstand in der Ostzone und in Ostberlin verkündeten, war der Zehnjährige sogleich gebannt und aus kindlicher Gleichgültigkeit gerissen. Er sah das Foto mit einem Panzer vor einer wütenden Menschenmenge, las die suggestiven Texte und wusste, auf welcher Seite er stand. In den Wochen zuvor hatte er seine ersten lateinischen Sätzchen gelernt, «Gallina clamat», «Porta tonat» und so weiter, jetzt lernte er, gegen die Kommunisten zu sein und gegen die Ostzone. Sein Herz schlug mit den Aufständischen, bildete er sich ein, das machte ihn seltsam glücklich. Aber was ihn vielleicht noch mehr beglückte, war die Zeitung. Auf einer ganzen Seite so viele Informationen über die Aufstände und ein Foto, schon kann das, was gestern passiert war, lebendig, laut, empörend nah kommen. So viele Abenteuer von gestern, die nur einen Tag später so viele Gefühle auslösten. Am nächsten Tag mehr Fotos, ausführlichere Berichte – und die Ernüchterung, dass der Aufstand niedergeschlagen war. Der Zehnjährige hatte die Zeit, diese neue Erfahrung auszukosten, weil er wegen Masern vier Wochen zu Hause liegen musste, nichts außer Lateinübungen für die Schule zu tun hatte, und wurde zum Zeitungsleser.

AUFSTAND 2

Als die Demonstranten in Leipzig im Oktober 1989 riefen «Wir sind das Volk!», dachte ich in meiner staunenden Begeisterung nicht daran, dass sie mich zitierten. Erst die einstige Ostberlinerin Katja Lange-Müller machte mich darauf aufmerksam: Genau dieser Satz steht im 1987 erschienenen Roman «Mogadischu Fensterplatz» an zentraler Stelle. Andrea Boländer (▸ ANDREA), fast fünf Tage und Nächte als Geisel im entführten Flugzeug gequält, sieht das Ende kommen und hofft auf die Vernunft der Regierung: «Die Politiker ... werden nicht hundert Touristen opfern für elf Terroristen ... Niemals werden sie hundert Urlauber, und selbst wenn wir nur achtzig sind, achtzig Deutsche, niemals werden sie so viele Menschen den Terroristen ausliefern! Wir sind sogar mehr als achtzig oder hundert Wähler, wir haben Familien und Freunde, wir sind so etwas wie ein beliebiger Querschnitt durch die Bevölkerung, wir sind Mallorca-Urlauber, wie jede Bundesbürgerin, jeder Bundesbürger ein Mallorca-Urlauber oder ein potenzieller Mallorca-Urlauber ist. Wir sind das Volk, wir sind die Mehrheit, uns können sie nicht einfach in die Luft sprengen lassen!»

Nein, ich beanspruche kein Copyright. In der Not kommt man auf solche Formeln, ob kurz vor dem angekündigten Tod im Horror einer Entführung oder kurz vor dem angekündigten brutalen Polizeieinsatz der angeblich volksnahen Staatsmacht. Also ist das keine Urheberrechtsfrage. Zumal – was ich beim Schreiben meines Satzes auch nicht wusste – Ferdinand Freiligrath 1848 der Erste war, der den rebellischen Ausruf ins Gedicht gebracht hatte: «Wir sind das Volk.» Und noch davor Büchner.

AUFSTIEGSRUNDE

Die Abstiegs- und Aufstiegsdramen von Hertha BSC luden bereits 1967 zum lyrischen Spott ein. Aber auch ich hätte nie gedacht, dass diese Dramen weit länger als ein halbes Jahrhundert aktuell bleiben sollten (besonders dramatisch in diesem Jahr, in dem ich dies Buch verfasse) – auch wenn es «die Zone» und Helmstedt als Grenzort nicht mehr gibt und Bonn nicht mehr «Bonn» ist:

Hertha steigt auf. Steigt Hertha auf
steigt die ganze Hauptstadt auf
steigt aus dem Tal die Wirtschaft auf
(weil ich dann mehr Schultheiß sauf)
steigt die Macht der Presse auf
(steigert sonntags den Verkauf)
steigt die Stadtautobahn mit auf
(hoch über die Zone nach Helmstedt hinauf)
steigt der Senator für Inneres auf
(haut bundesweit sehr feste drauf)
steigt das ganze Rathaus auf
(rennt nach Bonn im Dauerlauf)
steigt auch der Bürgermeister auf
der freie Westen auch noch AUF!

Steigen wir Absteiger fürs erste ab
und sägen denen das Treppchen ab.
Denn die so mühsam aufgestiegen sind
vergessen wie spielstark die Absteiger sind.

AUFTRITT

Erster öffentlicher Auftritt mit einer Lesung im Studentenheim Dauerwaldweg im Dezember 1963, mit Nicolas Born (▸ ARSCH 2) und H. C. Buch (▸ ARSCH 2, ▸ ARTMANN). Neben Höllerers (▸ ANSTIFTER) literarischen Großereignissen in der Kongresshalle gab es Anfang der sechziger Jahre für unsere Generation nur selten Lesungen in Berlin, unbezahlt, in anderen Studentenheimen wie Siegmunds Hof und kleinen Galerien.

AUFWÄRTS

Antwort auf eine FAS-Sportumfrage: Welches Erfolgsgeheimnis haben Sie? Nicht Sieger sein wollen.

AUGEN 1983

Da liegt es, das vor wenigen Minuten in die Hände der Hebamme, in die blendende Klinikwelt gepresste und geschlüpfte Kind, nackt, gewaschen, hellwach auf einer Silberfolie, von zwei Lampen gewärmt und beleuchtet, und schaut dich an aus großen, weiten Augen, die das Sehen gerade erst zu lernen beginnen. Die ungeübten Augen, aus der Dunkelheit der Fruchtblase entlassen, blinzeln und tasten vorsichtig durch die neuen Helligkeiten, suchen Orientierung und Halt, bis sie dich finden. Schauen und

Staunen sind eins, beides so überraschend neu für dies menschliche Wesen, dass du zu spüren meinst, wie sich in dem kleinen Hirn die Fragen auftürmen. Sobald die sich öffnenden Blicke auf dich gerichtet sind, wollen sie wissen: Wer bist denn du? Die alte philosophische Frage, die bekannte Alice-in-Wonderland-Frage, sie steckt schon in diesem winzigen, zarten Leib, in den Augen, die gerade mal eine gute halbe Stunde unterwegs sind, Kontraste zu erfassen und die Wunderlichkeiten der neuen Umgebung zu streifen. Die Mutter schläft nebenan in einem anderen Raum, du bist mit deinem Kind allein und spürst, wie etwas stark wird in dir und immer stärker, dein Beschützerinstinkt. Der kleine Körper, der da liegt mit einer Haut in kräftigem Rosa, streckt unbeholfen das eine und das andere Beinchen, den einen und den anderen Arm aus und hört nicht auf, deine Augen zu suchen. Du sprichst sie an, deine Tochter, nennst immer wieder ihren Namen, begrüßt sie im Licht und erklärst ihr, wo sie sich befindet und wer du bist. Ihre Augen bestaunen die Bewegungen deines Mundes, das Sprechen aus solcher Nähe, und du bestaunst das menschliche Minimalbündel, das du mit deiner Stimme zu dir lenken kannst und das deinen Zeigefinger mit seinen Fingerchen umkrallt. Die Augen sind es, die dich suchen und dich befragen und denen du antwortest, zwei Augenpaare starren einander an und lachen sich an und sprechen miteinander und verstehen sich, sie bauen, du spürst es in diesen Minuten der leisen und der sprachlosen Dialoge, die Brücke zwischen euch, sie legen die Seelenfäden aus, auf denen ihr zu balancieren haben werdet.

Das eben aus der Dunkelheit des Mutterleibs geschobene Mädchen sieht seinen Vater an, als wolle es sagen: So, jetzt bist du also zuständig, hier bin ich, pass gut auf mich auf! Das hat nichts Pathetisches, sondern etwas wunderbar Leichtes, Heiteres, Verstohlenes, die Mutter muss nach der stundenlangen Schwerstarbeit des Gebärens ausruhen und schlafen, und ihr habt Zeit, schon das erste Bündnis zu schließen, das Augen-Bündnis auf der Folie. Fast eine Stunde lässt man euch beiden, fast eine Stunde vertiefen sich zwei Augenpaare ineinander, in so vielen Minuten kannst du schon einiges aus dieser seltsamen Welt erklären. Und obwohl du weißt, dass das ein kühnes Versprechen ist, versprichst du dem kleinen Wesen, immer für es da zu sein und es zu schützen, nichts anderes ist dein Empfinden und dein Wunsch, du unterstreichst das mit lebhafter Augensprache und möchtest dir einbilden, in den kleinen Pupillen eine Antwort zu lesen und ein kristallklares Ja zu allem, was kommen wird. (▸ ALICE, ▸ APFELBAUM)

AUGEN 2

Besuch bei Lessing in Wolfenbüttel, dem Autor mit den meisten Fragezeichen im Werk. Und mit dem brauchbaren Imperativ: «Sieh überall mit deinen eigenen Augen. Verunstalte nichts: beschönige nichts. Wie die Folgerungen fließen, so laß sie fließen. Hemme ihren Strom nicht; lenke ihn nicht.»

AUGENBLICKE

«Augenblicke festhalten / Ist mein Metier.» Kaum ist man als Autor ein bisschen bekannt, werden Forderungen an einen gerichtet, für bestimmte gute politische Zwecke passende Texte zu liefern. Schon während der Studentenbewegung und nach der Siemens-Satire habe ich mich dagegen gewehrt, es gab nur wenige begründete Ausnahmen (zum Beispiel auf dem ▸ ABREISSKALENDER 1968 die Anti-Springer-Ballade). Auch das Politische musste aus subjektivem Antrieb kommen, nicht von außen. Die Ablehnung, politisch Gefordertes zu schreiben, ist 1981 im Gedicht «Panik für Deutschland» begründet, das so beginnt:

«Es klingeln die erstaunlichen Studenten an der Tür
Zur falschen Zeit: Nimm uns die Angst! Sag dies noch
Und das! Und sag, wos langgeht. Augenblicke festhalten
Ist mein Metier, sag ich. Sie fragen hartnäckig weiter.»

Es wäre also eine Poetik des Augenblicks fällig. Ein ungeschriebener Essay: der das Wunder untersucht und feiert, dass die Literatur Augenblicke nicht nur festhalten, sondern verlängern, vertiefen, vergrößern kann. Was Faust sich wünschte, konnte Goethe: den Augenblick verweilen, andauern lassen. Max Frisch formuliert es so: «Literatur hebt den Augenblick auf, dazu gibt es sie. Die Literatur hat die andere Zeit», während Octavio Paz in der Poesie die «Schwerkraft des Augenblicks» wirken sieht. Und dann wäre der Gedanke von Imre Kertész zu bespielen: «Die Kunst jedoch ist nicht dazu da, Menschen zu verurteilen, sondern den Augenblick neu zu erschaffen.»

AUGENZEUGENBERICHT

Rainer Barzel, den Oppositionsführer und Hoffnungsträger der CDU, in einen sowjetischen Panzer zu setzen, der den demokratischen Sozialismus der Tschechen und Slowaken niederschießt, war eine Frechheit, die man sich 1968 erlauben konnte – in der langen Vorzeit, als es noch keinen Shitstorm gab. Der Einfall war naheliegend: Ein kalter Krieger wie Barzel, Scharfmacher gegen alles, was links war oder aussah, beklagte vor den Mikrofonen völlig zu Recht die militärische Niederschlagung der tschechischen Reformpolitik durch die sowjetische Armee. Gleichzeitig muss er im Stillen glücklich gewesen sein, dass der demokratische Sozialismus damit am Ende war. Seine Tränen waren Krokodilstränen. Meine Trauer, meine Wut über den mit Gewalt abgebrochenen Versuch der ČSSR, dem Sozialismus den Parteikommunismus auszutreiben und damit menschlicher und effektiver zu werden (ob das funktioniert hätte, ist eine andere Frage), war so groß, dass es literarisch albern gewesen wäre, politisch erwartbar Herrn Ulbricht oder Herrn Breschnew anzuklagen. Aber den in Paderborn schon fast heiliggesprochenen und in Bonn mächtigen Barzel in einen sowjetischen Panzer zu setzen und den Augenzeugen vorzutäuschen, schien die einzig passende Provokation:

Prag, 23.8.68
In einem Panzer vor dem
Innenministerium entdeckten wir
plötzlich Barzel. Nie hätten wir
gedacht, dass sein, wie soll man sagen,
Lächeln so gut unter einen
Stahlhelm passt. Wir versuchten,
ihn in eine Diskussion zu verwickeln.
Mein Panzer, sagte er, dient
der Freiheit besser als euer
utopistisches Geschwätz. Er bestritt,
auf Unschuldige geschossen zu haben.

Er bot uns Zigaretten an.
Mit seinen Kameraden ging er
ausgesprochen freundlich um.
Er bestellte herzliche Grüße
nach Paderborn, die wir hiermit ausrichten.

AUGUST 1961

Beinah zwei Jahre schon war ich der Heimlichkeit des Gedichtschreibens verfallen, als am 13. August 1961 in Berlin die Mauer gebaut wurde. Das Ereignis verfolgte ich am Radio, die ersten grobgerasterten Fotos waren am 14. August in der Lokalzeitung zu sehen. Ein Gedicht ist erhalten, das noch am gleichen Tag geschrieben wurde und das mit der vierten Strophe so endet: «morgen werden die Tage / den gestrigen Tag beim Schopfe ergreifen / weil der keine Sorgen sich machte / und ob das Ob im Morgengrauen siegen wird oder nicht / – worüber man lieber nicht spricht – / die Vereinigung für Volksmusik / wird das zweitletzte Wort behalten.»

Dunkel ist der Rede Sinn, doch zumindest am Anfang und am Schluss ist die Ahnung des Achtzehnjährigen über die Bedeutung des Mauerbaus spürbar. An meine Empörung über Ulbricht und die Mauerbauer erinnere ich mich noch gut. Was heute erst auffällt: Diese Empörung flieht weder in politische Floskeln, noch sucht sie Gewissheit in einer deutlichen politischen Haltung. Das Gedicht wehrte sich gegen die naheliegenden, normierten politischen Gefühlswallungen.

Etwas weniger unbeholfen und im Bewusstsein etwas deutlicher, wie auf ein historisches Ereignis mit Sprache zu reagieren sei, ist ein anderer Text, ebenfalls vom August

1961. Eine abstrakte Figur wird eingeführt, ein Medienkonsument, Radiohörer – noch gab es weit mehr Radiohörer als Fernsehzuschauer. Ein Fragensteller, der mit einer absurden Antwort, einem leisen Imperativ abgespeist wird: «an einen Radiohörer (auf die Frage, wie der 13. August in Zukunft zu begehen sei) // sing vom verschlingenden Plural / von den Orakeln der / Nachrichtensprecher die sie / täglich wechseln müssen wegen / der hektischen Milde / bei Notsignalen // Gesinnung heißt die Parole / die sich zerknittert / in Papierkörben häuft // hol sie behutsam heraus / streiche sie glatt / und stell deine Frage noch einmal.»

Wenn ich den Autor richtig verstehe, will er den Hörer dazu bringen, selbst aktiv zu werden, dem «verschlingenden Plural» singend zu widerstehen, bei Orakeln, Notsignalen und Uniformierung misstrauisch zu werden. Der Kalte Krieg spitzt sich zu, das Leben wird komplizierter, Meinungen vereinheitlichen sich zu Gesinnungen. Die Fragen müssen immer wieder neu gestellt werden. Bewusst sagt der Autor nichts vom Schicksal der eingemauerten DDR-Bevölkerung, auch ein Name wie Walter Ulbricht fällt nicht. Also die Blindheit des westlichen Linken, der noch gar keiner ist? Nein, der junge Poet wusste einiges über die DDR, kannte dank anderthalb Internatsjahren genügend Schüler, die aus der DDR geflohen waren, auch ihn hatte Wolfgang Leonhards «Die Revolution entlässt ihre Kinder» aufgeklärt. Es wird dem Autor einfach zu läppisch gewesen sein, Ulbricht zu attackieren, der ohnehin von allen westlichen Politikern und Leitartiklern attackiert wurde.

So ist das Gedicht eher die Reaktion auf die Reaktion auf die Mauer im Westen. Die Mauer war ja, als sie am Abend des 13. August nicht mehr zu übersehen war, für die meisten Politiker im Westen nicht unwillkommen, sie lieferte ihnen das deutlichste Sinnbild für die Überlegenheit des Westens und die Niedertracht und Unfähigkeit des Kommunismus. Durch alle berechtigte und ehrliche Empörung über die Mauer und durch die schnell zum Ritual gewordene Forderung «Die Mauer muss weg!» schimmerten schon damals eine tiefe Genugtuung und eine pathosgeschmückte Heuchelei. Das kleine Gedicht attackiert die schnellfertige, geheuchelte «Gesinnung». Es bleibt im Westen, es muss nicht den Schmerz und seine Verursacher auf der anderen Seite der Mauer beschwören. Es markiert ein historisches Ereignis, aber nimmt bewusst nur einen politischen Aspekt heraus, nämlich den, bei dem der Verfasser vielleicht Änderung erhofft. Es attackiert, wie gesagt, nicht Ulbricht – und ich erinnere mich noch gut an meine und die allgemeine Empörung über ihn. Wahrscheinlich ahnte der Verfasser, dass er sich nur lächerlich macht, wenn er einen der unbelehrbarsten politischen Gauner seiner Zeit, eine Schlagzeilengröße, den populärsten Buhmann, mit ein paar gebrochenen Zeilen angreift. Der Text über die unüberwindlich gewordene Grenze blieb auch deshalb im Westen, weil er seine Grenzen kannte. Es nimmt nur einen Aspekt heraus: im Meinungsgetöse die Fertigkeit zu fragen wachzuhalten. Heute fällt mir dazu der Satz von Imre Kertész ein: «Vielleicht macht nicht irgendeine Begabung den Menschen zum Schriftsteller, sondern die Tatsache, dass er die Sprache und die fertigen Begriffe nicht akzeptiert.»

Einige Monate später entstand «Gruß aus Berlin»: «Mein Freund aus Berlin / hat eine Schwäche für Politik. // Er schrieb in seinem letzten Brief: / Sonst ist / hier in Berlin alles in Ordnung, / auch die Mauer … / So schrieb mein

Freund aus Berlin.//Jetzt weiß ich,/weshalb die Ordnung/das große Geschäft/dieser Zeit ist.» Es wurde das erste in einer großen Zeitung gedruckte Gedicht, in der «Welt», am Vortag des 17. Juni 1962, als wir mit der Schulklasse aus Rom nach Korbach zurückkehrten.

AUGUST, ERSTER

Bundesfeier, Nationalfeiertag in der Schweiz, immer wieder gern gefeiert mit der Schweizerin gewordenen Wienerin Doris Groscurth und dem Schweizer gewordenen Berliner Peter Groscurth (▸ ANNELIESE, ▸ ANSTÄNDIG), jener «Freund aus Berlin» von 1961 (eine Freundschaft vom Sandkasten bis heute). Sie wohnen in Chernex hoch über dem Genfer See bei Montreux. Im Schatten einer Trauerweide gibt es immer was zu lachen, und die Kommentare zur Weltlage fallen auf 580 Meter ziemlich harsch aus. Wenn überall das Feuerwerk losschießt, Würstchen serviert werden, Hunde bellen, die «Zähne des Südens» über dem Rhonetal ins Dunkel fallen und die Blicke vom Himmel in den See tauchen und wieder über die Horizonte streifen, kommt bald das täuschende Gefühl: wie friedlich ist es hier! Ein Nationalfeiertag als Folklore, ohne Pathos, man könnte Deutschland vergessen – ein paar Minuten lang.

AUGUSTE

Nichts gegen Auguste: Auguste Iken und Eberhard Delius, die Urgroßeltern, kamen beide aus wohlhabenden Bremer Kaufmannsfamilien, waren deshalb auch als Pfarrersleute in ärmlicher ostwestfälischer Gegend, in Valdorf und Vlotho, gut gepolstert und konnten ihren sechs Kindern noch einiges an Geld vermachen. Der jüngste, Eberhard, mein Großvater, Jurastudent, wurde von einem Freund zum Spekulieren verführt und verlor alles. Daraufhin setzten sich, angestiftet von Auguste, die Geschwister zusammen und teilten noch einmal alles. Eberhard wurde Gerichtsassessor, heiratete Frieda Rausch, sie zeugten zwei Söhne, doch das Pech blieb ihm treu: Augustes Jüngsten trafen die ersten Kugeln in den ersten Tagen des Ersten Weltkriegs.

AUGUSTINUS

Erst mit dem Leben in Rom, von 2001 an etwa zwölf Jahre, rückte die kirchliche Welt wieder näher. An jeder Straßenecke ein neues Detail aus der Geschichte, da will man ja kein Depp bleiben, aber Reiseführer informierten meistens nur oberflächlich, also mussten Fachbücher her, und selbst Karlheinz Deschners detailreiche, stilistisch problematische «Kriminalgeschichte des Christentums» erwies sich, auch wenn man manche der dort ausgebreiteten Fakten gegenchecken musste, als höchst ergiebige ergänzende Stadt- und Kirchengeschichtsaufklärung. Wer durch Rom läuft und an der Porta Pia oder Porta del Popolo nicht seinen Verstand abgibt, der muss zum Protestanten werden, habe ich gern behauptet. Auch in mir wurde der innere Protestant wieder wach und aktiv. Ein besonders kritisches Auge zielte auf die Schauplätze, die mit Augustinus und dem Erbsündencoup (▸ ADAM UND EVA 1) zu tun hatten.

Eins muss man ihm lassen. Offenbar hat er etwas Entscheidendes verstanden: Warum hat er von allen sinnlichen Vergnügungen gerade die Sexualität am stärksten tabuisiert und zur größten Sünde gestempelt? Weil im Orgasmus Gott verschwindet, nicht gebraucht wird. Da ist der Mensch am göttlichsten, am engelhaftesten, auf dem Höhepunkt der Menschlichkeit. Also musste genau hier die Verteufelung, die Verdammung ansetzen.

AUREA

Domus Aurea, das goldene Haus Neros, jahrzehntelang war diese Luxushöhle unter dem römischen Hügel Oppio «in restauro». Im Frühjahr 2002 ist sie für einige Monate zugänglich. Im achteckigen Mittelsaal, von dessen Kuppel sich einst Michelangelo abseilen ließ und die gut erhaltenen Fresken bestaunte, unser dümmeres Staunen, unsere Sprachlosigkeit vor der Geschichte und der alten römischen Schönheit. Hat hier seit Neros Zeiten jemand den Wunsch gehabt zu tanzen? Zumindest eine, meine Frau. Wir stellen uns den Tanz vor, langsamer Walzer, Kreisverkehr in Neros Wohnzimmer, während wir über die wackligen Bretter weitergehen, mal an die Wände, mal auf die Bretter schauend.

AUSBLICK

Vision des Wachmanns Felipe Gerlach, alles wörtlich in «Adenauerplatz» (1984):

«Sie kriegen alles ab, die Schläge, die Aggressionen, den Hass, die Türken fallen am meisten auf, die Zielscheibe, die Stellvertreter, sie sind zahlreich, sie sind wenige, sie sind zu schwach gegen das, was ihnen entgegenschlägt, sie sind zu wenige, wir sind zu wenige, was sind schon viereinhalb Millionen Fremde, wir müssen mehr werden, viel mehr, damit die Deutschen vielleicht einmal verstehen, wie die Welt außerhalb ihrer festen Burg aussieht, nur wir Ausländer können euch Deutschen noch helfen, wir werden euch ein wenig verausländern, aber wir müssen mehr werden, zehn Millionen, dreißig Millionen, sechzig Millionen, warum nicht so viele, wie ihr, wie eure Väter vor vierzig Jahren ums Leben gebracht haben, jeder Asylbewerber soll zwanzig Asylbewerber mitbringen, und wenn das nicht reicht, sollen Einladungen verteilt werden in allen Ecken und Hütten der Welt, und wer will, soll kommen, sie sollen sich aufmachen, die Armen aus den Straßen Kalkuttas, die Landlosen, die Arbeitslosen, die Kranken aus Recife und Santiago und São Paolo, sie sollen, wenn sie noch laufen können, alle kommen, die Frauen und Kinder aus Ghana und Obervolta, die Flüchtenden aus Zaire und Äthiopien und Afghanistan, aus Pakistan und El Salvador, aus allen Erdteilen fallen die Hungerleider millionenstark ein in die reichen Länder, sie besetzen die Flugzeuge und die Schiffe, schieben die Stewardessen und Stewards sachte beiseite und nehmen den Geschäftsleuten und Touristen die gebuchten Plätze weg und schicken sie zurück in die Hotels, sie überrennen die Zöllner und Passbeamten, die nach gültigem Visum fragen, und reißen die Grenzpfähle und Schranken aus, sie überschwemmen die breitwandigen Ankunftshallen und die stillsten Bahnhofsgebäude, voll sind die Landungsbrücken der Häfen mit zerlumpten, dünnen, frierenden Gestalten, kilometerweit die Schlangen, die keine Schlangen mehr sind, die Massen in den Supermärkten, wo sie ihren Anteil zurückholen, wo sie die Regale räumen und die Kassiererinnen auf die Stirn küssen, da sind sie vor den Sozialämtern und Ausländerämtern, in denen die Formulare längst ausgegangen sind und die Beamten an Flucht denken, und wenn die eingereisten Gäste so freundlich sind und überhaupt Anträge stellen, dann beantragen sie politisches Asyl, denn sie wissen besser als jeder Politiker, dass es keine anderen als politische Fluchtgründe gibt, weil sie ihre Armut nicht verschuldet haben, weil sie die Gesetze nicht gemacht haben, weil sie ihre Landesherren und deren Handelspartner nicht gewählt haben, sie sollen alle kommen und ihr Recht auf Leben einklagen, sie sollen kommen, die in Lebensgefahr sind, und über alle Konsulate und Behörden hinwegsteigen und in die USA strömen und nach Spanien und Portugal, sie sollen Frankreich bevölkern und Großbritannien und Skandinavien und die Sowjetunion nicht vergessen, sie sollen, wenn sie wollen, in das Land der deutschen Unschuldslämmer eindringen, die immer noch meinen, an den gegenwärtigen Verbrechen nicht beteiligt zu sein, nur weil sie vor kurzer Zeit selbst die unfasslichsten Verbrechen begangen haben, hierher, in diese Straßen rund um den Adenauerplatz sollen die Fremden kommen mit ihrem ganzen Stolz und alle Wachleute und Polizisten überflüssig machen und nicht nur die Telefonzellen blockieren, sie sollen die Fußgängerzonen verstopfen und die Kaufhäuser einnehmen, den verbotenen Rasen betreten und die Bannmeilen, an den Autobahnen kampieren und vor den Großmarkthallen, sie sollen einmal ihr Recht einklagen, einmal Angst und Schrecken und Einsicht verbreiten allein mit ihrer Anwesenheit, mit einer unübersehbaren Landnahme, sie sollen ihre Welt hereinholen in diese eingebildete erste, Angst und Schrecken und Einsicht, ach!, selbst wenn sie in Massen über die Grenzen strömen, was wird es nützen, die Reichen werden noch perfektere Befestigungsanlagen bauen um ihre Villen und Vorratskeller und Kühlhäuser, jeder bessere Deutsche wird sich bewaffnen, wird jeden Abend den Schäferhund trainieren, Minenfelder und Todeszäune werden das Land durchziehen, und die armen Fremden werden sich auf die halbarmen Deutschen stürzen,

Städte und Dörfer werden in Kriegszonen aufgeteilt werden, die Polizei wird mit Wasserwerfern nichts mehr ausrichten, Panzer werden auffahren, ein Mann im Düsenjäger genügt, um den Konvoi mit Schiffen voll Flüchtlingen zu versenken, ein guter Schütze im Cockpit, um ein paar Jumbos abzuschießen, es wird furchtbar werden, wenn die Verdrängten auferstehen, der Aufstand des Südens, die Rache des Nordens, und die große Mehrzahl der Deutschen, der Europäer wird, da kannst du phantasieren, wie du willst, die gerechte Teilung, die große Verbrüderung verweigern und weiter die Herzen stereophon mitfühlend schlagen lassen, alle Menschen werden Brüder, ha!»

AUSCHWITZ

Bevor ich Auschwitz sah, sah ich die Auschwitz-Männer. 1964 eine Woche in Frankfurt, bei der Familie meiner Tante Irmgard wohnend, zog es mich zum Auschwitzprozess, einmal wenigstens wollte ich da zuhören. Es gab eine Straßenbahn, die direkt zum provisorischen Gerichtsgebäude führte, ich entschied spontan, zu Fuß zu gehen. Doch ich hatte die Länge der Strecke unterschätzt, es zog sich, an der öden und vielbefahrenen Ausfallstraße entlang, es war anstrengend, ich ärgerte mich, diese Unbequemlichkeit auf mich genommen zu haben, andererseits wollte ich es an diesem Tag nicht bequem haben. So brauchte ich wohl eine Stunde, bis ich endlich im Saal angekommen war. Ein Gutachter wurde vernommen, glaube ich, vor Gericht geschah nichts Aufregendes. Ich sah die Angeklagten da sitzen und dachte: Die kenn ich doch alle. Es waren die Gesichter älterer Männer, wie aus dem dörflichen Männergesangverein oder von kleinstädtischen Kneipentischen, nicht mehr ganz rüstige, verkniffene, verbogene, kleinbürgerliche Mannsbilder. Die Mörder als armselige Durchschnittsgestalten.

Andere Auschwitz-Männer sah ich in Stuttgart. 1973, als die Siemens AG mich wegen «Unsere Siemens-Welt» vor Gericht brachte, tauchten im Zusammenhang mit dem Streitpunkt Auschwitz ganz andere deutsche Männer auf, braungebrannte Siegertypen, Macher in guten Anzügen, Ex-Manager. Der Streitpunkt war, ob Siemens elektrotechnische Anlagen in den Vergasungskrematorien in Auschwitz installiert und dafür Häftlinge eingesetzt hatte. Dieses Detail hatte ich einem Buch aus der DDR entnommen, das auch in der Bundesrepublik in einem marxistischen Verlag erschienen und von Siemens nicht beanstandet worden war. Die Siemens-Anwälte bestritten zunächst, dass der Konzern mit Auschwitz je etwas zu tun gehabt hätte. Erst nach und nach mussten sie zugeben, dass Siemens in Auschwitz – wie in fast allen großen KZs – ein «Außenkommando» Bobrek, eine Fabrik mit KZ-Häftlingen als Arbeitskräften, unterhalten hatte. Im Buch des ehemaligen Auschwitz-Häftlings Bruno Baum hieß es: Die Exhaustoren zum Absaugen von Gas aus Gaskammern seien ebenso von Siemens geliefert worden wie Armaturen, Schalttafeln oder Transformatoren.

Über den Ostberliner Anwalt Kaul versuchte ich, Kopien von Belegen für solche Behauptungen zu bekommen. Aber man mauerte in der DDR. Man mauerte auch bei Siemens, nachdem ich erfahren hatte, dass man sich mit solchen Vorwürfen bereits 1946 betriebsintern beschäftigt hatte, sogar in einem Untersuchungsausschuss, der nach einem Jahr stillschweigend eingestellt worden war, was sicher nicht geschehen wäre, wenn das Material die Unschuld der Firma bewiesen hätte. Die Akten seien im Archiv, hörte ich von einem jungen Wissenschaftler, arg gefleddert. Wir beantragten die Herausgabe, vergeblich. Kurz, ich konnte keine «Beweise» für die Behauptungen der unbeanstandet gebliebenen Vorgängerbücher vorlegen. Deshalb traten nun vor dem Landgericht Stuttgart fünf oder sechs ehemalige Siemens-Manager auf. Sie alle waren während des Krieges im besetzten Polen und im Gebiet Krakau-Auschwitz für Siemens tätig gewesen beim Verkaufen und Installieren von elektrotechnischen Anlagen jeder Art. Einer nach dem andern sagte sein Sprüchlein auf: Man habe nichts nach Auschwitz geliefert, und wenn es dort Kleinmaterial von Siemens gegeben habe, das habe man im Fachhandel kaufen können, für den Ort des Einsatzes sei man nicht verantwortlich, an eine die Firma belastende Korrespondenz erinnere man sich nicht. Das war der «Zeugenbeweis». Der Punkt ging an Siemens – und war in weiteren Auflagen zu unterlassen beziehungsweise zu schwärzen.

Ich weiß nicht, ob diese Männer gelogen haben. Es klang aber alles nach Lüge und Ausrede. Auch weil die Szenerie so obszön war: die anderen, die Häftlinge, die einst Informationen über solche Installationen auf winzigen Zetteln an die polnische Exilregierung gekritzelt haben sollen oder hatten, waren längst ermordet oder, wie Bruno Baum, verstorben. Die Kopien dieser Zettel konnten nicht notariell beglaubigt werden, also waren sie für deutsche Gerichte nicht beweiserheblich. Die braungebrannten gutbürgerlichen Herren, ob Mordhelfer oder nicht, gaben uns zu verstehen: Uns kriegt ihr nicht!

Erst 1996 lief ich einen Tag lang allein und stumm durch das Gelände von Auschwitz. Zu all dem, was einem dort durch den Kopf jagt, kamen die Gesichter aus Frankfurt, die Gesichter der Siemens-Manager aus Stuttgart und der Text «Meine Ortschaft» von Peter Weiss.

Dem Beispiel anderer Großfirmen und Institutionen, die eigene Vergangenheit von Historikern «aufarbeiten» zu lassen, ist Siemens nicht gefolgt. Man wird dafür Gründe haben.

AUSCHWITZ 2

An vielen Orten in Polen findet man Straßenlaternen aus *Oświęcim*. Auschwitz beleuchtet das Land.

AUSGLEICH

Ein Ausgleich für die deutsche Einheit, der gern vergessen wird: 1992 wurden zweiundsechzig Milliarden D-Mark in Ostdeutschland öffentlich und privat investiert. Im gleichen Jahr hat man aus dem Westen mindestens sechzig Milliarden D-Mark nach Luxemburg ins Steuerparadies überwiesen («Wochenpost» vom 9. Juli 1993). In unseren neoliberalen Zeiten macht sich nicht der Steuertrickser unbeliebt, sondern wer gelegentlich diese Zahlen nennt.

AUSLÄNDERPROBLEM, DEUTSCHENPROBLEM

Es regt mich auf, wenn das Wort «Ausländerproblem» fällt. In solchen Diskussionen sage ich oder möchte sagen: Ehe wir vom «Ausländerproblem» reden und überlegen, ob, wie, warum es das überhaupt gibt, sollten wir vom «Deutschenproblem» reden. Schließlich ist es kein «Ausländerproblem», wenn Ausländer in Deutschland ihres Lebens nicht sicher sind, kein «Ausländerproblem», wenn

Deutsche unfähig oder unwillens sind, die Planstellen in Ausländerbehörden ausreichend zu besetzen, kein «Ausländerproblem», wenn die meisten Deutschen immer noch meinen, die Staatsbürgerschaft über einen ganz besonderen Saft definieren zu müssen, über das Blut, und es ist auch kein «Ausländerproblem», wenn nur wenige Deutsche realisieren, dass sie in einem der reichsten Länder der Welt leben, das die Armen, die «Ausländer» so lange magisch anziehen wird, solange es hier zu essen und dazu Freiheiten gibt, die man einst Menschenrechte nannte.

Es ist ein «Deutschenproblem», die Nichtdeutschen mit dem Wort «Aus» rauszustellen, draußen zu lassen. Es ist ein «Deutschenproblem», den Nichtdeutschen in Behörden zum Beispiel immer noch abweisend als «Landfremden» zu bezeichnen. Es ist ein «Deutschenproblem», an einer Sprechweise festzuhalten, die «Deutsche und Juden» immer noch trennt, statt von deutschen Juden zu sprechen. Es ist ein «Deutschenproblem», mit dem Begriff «multikulturell» die Schwierigkeiten der Annäherung zwischen Einheimischen und Zugewanderten zu verzuckern, als ginge es um die richtige Wahl eines Multivitaminsafts. Vor allem die neue Angriffslust und Gewalt gegen die als fremd, arm und rechtlos betrachteten Menschen ist das «Deutschenproblem» Nr. 1.

Sätze, geschrieben 1992, erschienen in dem von Bahman Nirumand herausgegebenen Band «Deutsche Zustände». Erst später begriff ich, dass das größte «Deutschenproblem» darin besteht, kein Einwanderungsgesetz zu haben und aus ideologischen Gründen (Helmut Kohl, dann 2002 die ganze CDU/CSU) nicht haben zu wollen (▸ ASYL). Keine Regelungen, auf vernünftige, menschliche und ökonomische Weise in gemessener Frist die Einwanderung zu organisieren und aus «Ausländern» möglichst souveräne deutsche Staatsbürger, also «Inländer» werden zu lassen, nach dem Vorbild anderer Länder. Stattdessen bis heute die Stempelsucht mit dem distanzierenden «Migrationshintergrund». Warum nennen wir nicht die Leute, die die deutsche Staatsbürgerschaft haben oder von «ausländischen» Eltern hierzulande geboren sind: Neudeutsche?

AUSNAHME

Winterstürme und Schneechaos in Carlisle/Pennsylvania im Februar 2000, ich blätterte in der Bibliothek des Dickinson College, wo ich als Writer in Residence nur wenige Verpflichtungen hatte, in einem Band mit Briefen an und von Hans Werner Richter. Las mich fest an den Briefen zur missglückten Tagung der Gruppe 47 in den USA, in Princeton (▸ ALEXANDER HALL, ▸ ARBEITSTITEL). Autorinnen und Autoren aus dem engeren Kreis hatten viel zu kritisieren und machten Vorschläge, wie alles wieder lebendiger und literarischer werden könnte. Sehr spannend, wer wen warum nicht mochte und am liebsten nicht mehr in der Gruppe gehabt hätte. Alles, was da stand, wäre wieder zu vergessen, wenn ich wirklich der vagen Idee nachgehen sollte, über diese Tagung eine Erzählung zu schreiben. In einem auffällig langen Brief kritisiert auch Erich Fried die Tagung und spricht seine Urteile über andere offen aus. Besonders schlecht kamen bei ihm die jungen Autoren weg, die an Walter Höllerers Prosa-Schreibschule des Literarischen Colloquiums gelernt hatten. Da ich mit einigen von ihnen befreundet und oft mit ihnen zu sehen war, zählten mich manche dazu, obwohl ich an diesen Kursen nie teilgenommen hatte. So auch Fried, er findet «die Colloquium-Jugend langweilig», aber schreibt dann: «Delius ist die Ausnahme – ein ganz großes Talent.»

Draußen schneite es immer weiter, und schnell kam die Skepsis: Ausgerechnet Fried, dessen Prosa ich in einer Rezension kurz vor der Tagung verrissen hatte, schätzte dich so ein? Sind Frieds literarische Urteile nicht oft ziemlich oberflächlich gewesen? Später, 1973, als du Wagenbachs RAF-Kurs im Verlag nicht mitgemacht hast, hat er dich politisch fertiggemacht, in einem Brief sogar mit einem blonden SS-Mann verglichen (einige Zeit später zurückgenommen), nimm das als eine kleine Entschädigung. Aber wenn du wirklich ein Talent warst, ein großes – warum hat dir das jahrzehntelang sonst niemand gesagt und Fried nicht laut? Hast du es nur nicht hören wollen? Oder verdrängt wie dein Horoskop? Hätte dir das gegen die ständigen Selbstzweifel geholfen? Oder war es talentpädagogisch besser, so etwas nicht zu sagen?

Als ich auf den Pfaden durch meterhohe Schneewände zurück in mein Apartment stapfte, dachte ich: Ein paar Wörter nur, die niemand liest außer dir, in Germanistischen Bibliotheken, in zugeschneiten amerikanischen Kleinstädten, gut versteckt.

AUSREICHEND

Er war vierzehn und konnte nichts. Ein schlechter Schüler, am Gymnasium Bad Hersfeld (▸ ALTE KLOSTERSCHULE) zweimal knapp dem Sitzenbleiben entronnen, nun der Versuch an einer neuen Schule, Melanchthon-Schule in Steinatal, Kreis Ziegenhain, ein Internat. Schnell war klar, auch hier lag er weit unter dem Klassendurchschnitt. Vor allem in den Hauptfächern Latein, Griechisch, Mathematik musste er sich bei jeder Hausaufgabe, bei jeder Klassenarbeit anstrengen, nicht vom schwachen «Ausreichend» ins «Mangelhaft» abzurutschen. In den anderen Fächern sah es kaum besser aus, ein «Befriedigend», zum Beispiel in Deutsch, war schon eine Spitzennote. In keinem Fach glänzte er, auf dem Schulhof auch nicht. Er konnte nichts, es gab kein Feld, auf dem er besser war als andere und sich damit etwas Anerkennung holen konnte. Er spielte kein Instrument, kannte sich in musikalischen Dingen nicht aus. Der Jazz war so neu für ihn wie die Klaviersonaten Beethovens, von denen ein Pianist alle vier Wochen zwei oder drei zum Besten gab. Im Sport gehörte er zu den Schwächsten, er versuchte, wenigstens durch Zähigkeit und Ausdauer in den Rang eines Langstreckenläufers aufzusteigen, und scheiterte kläglich. Selbst im Fußball war er eine Randfigur, die kleinen Erfolge in der Schülermannschaft seines Dorfes Wehrda und die Begeisterung für die deutschen Weltmeister – drei Jahre nach dem Sieg in Bern – reichten nicht aus, um auf dem Steinataler Platz irgendjemandem zu imponieren. Vor dem Schwimmbad versuchte er sich zu drücken. Ein Sitzenbleiber, ein Taugenichts, der nicht mal zum Ausreißen taugte, er riss nur vor dem Zahnarzt aus. Er las nicht wenig, konnte aber weder mit besonderen Leseerlebnissen noch mit geschickten Nacherzählungen bestimmter Bücher aufwarten. Er stotterte, stotterte mehr als die anderen Stotterer der Schule. Nur zwei aus seiner Tertianer-Gruppe hatten noch keine Schamhaare, einer davon war er. Mit den Ohren wackeln konnte er nicht, keinen Kopfstand, nicht mal als Klassenclown taugte er. Er spielte schlecht Skat, lernte mühsam das beliebteste Kartenspiel, Doppelkopf, und war doch nur gefragt, wenn der vierte Mann fehlte. Er war weder stark noch klug, noch schnell.

Natürlich hatte er keine Freundin, er fing gerade erst an, heimliche Blicke in Richtung der schöneren Mädchen zu schicken.

Die ersten Monate im Steinatal, sie hätten eine Katastrophe für ihn werden können – aber das Gegenteil geschah, er empfand sie als Befreiung. Er fühlte sich trotz seiner hundert Schwächen akzeptiert und vielleicht auch mit diesen Schwächen akzeptiert, als stiller Sonderling, der weder positiv noch extrem negativ auffiel. Viele erkannten seine Hilflosigkeit deutlicher als er und ermunterten ihn: die meisten Lehrer, die Erzieher, die Mitschüler, die Mitbewohner und sogar der Direktor. Häme und Hänseln hat es allenfalls spielerisch gegeben. Sadistische Rituale der Demütigung, die seit dem «Törleß» in allen Internatsromanen beschrieben werden, fanden zu seiner Steinataler Zeit und in seiner Altersgruppe nicht statt – er jedenfalls hat nichts davon mitbekommen. Und wegen dieser vielen Ermunterungen und trotz seiner schlechten Leistungen hat er diese Zeit als Befreiung erlebt – eine Befreiung vom strengen Elternhaus.

Überall «ausreichend» mit Minuszeichen, darum wurde er nicht versetzt, aber das war keine Schande. Der Beschluss, ihn die Obertertia noch einmal wiederholen zu lassen, war einvernehmlich zwischen den Lehrern und den Eltern und ihm gefasst worden. Jedenfalls wurde ihm die Sache so dargestellt, als hinge die Nichtversetzung auch von seiner Zustimmung ab. Man hätte ihn mit Ach und Krach versetzen können, aber es schien besser, ihm den Schulalltag durch die Wiederholung des Stoffes zu erleichtern. Eine vernünftige Entscheidung, fand auch er. Im Internat stand außerdem der Aufstieg von Gruppe oder Stube «Helgoland» mit etwa zwanzig Schülern in die Stube «Atlantis» mit nur acht

Mitschülern in Aussicht, wo jeder, welches Privileg, einen eigenen Schreibtisch hatte.

Ein Vierteljahr zuvor waren seine Eltern mit den drei Geschwistern von Wehrda umgezogen nach Korbach in Waldeck in der nordwestlichen Ecke Hessens. Hier gab es ein altsprachliches Gymnasium, und am liebsten hätten ihn seine Eltern sofort dahin wechseln lassen – vor allem der Kosten wegen. Er sträubte sich mit allen Kräften, wehrte sich in heftigen Briefen, er wollte im Steinatal bleiben. Nichts zog ihn in die häusliche Enge zurück, und er spürte, wie er immer mehr profitierte von den Anregungen und Gesprächen im Internat und von den relativ freundlichen, engagierten Lehrern in der Schule. Es kam zum Kompromiss: Ein halbes Jahr durfte er noch bleiben, ein halbes Jahr mit der Erleichterung der Wiederholung des Obertertia-Stoffs, ein halbes Jahr in «Atlantis».

Der Sitzenbleiber war also nicht unglücklich, als er mit dem Fahrrad, das Nicht-versetzt-Zeugnis im Gepäck, am Beginn der Osterferien Richtung Korbach startete. Beim Verabschieden sagte ihm ein Mitschüler: «Take it easy!» Die drei Wörter machten ihn fröhlich, er rief sie immer wieder laut vor sich hin auf den Landstraßen und Bundesstraßen, auf der langen Strecke über Ziegenhain, Jesberg, Zwesten, Bad Wildungen, Waldeck, Sachsenhausen. Je näher er Korbach kam, desto weniger leicht ging ihm dies Motto von den Lippen.

Das halbe Jahr nutzte er wie ein ganzes. Die Schulleistungen wurden besser, immer noch nicht gut, aber doch so, dass sie ihm den Alpdruck des ewigen Versagers nahmen. Aus dem Schüler mit dem schlechten Ausreichend war immerhin ein Schüler mit einem ordentlichen Ausreichend geworden. Dank dieser Erleichterung konnten sich die ersten Interessen entfalten. Er las zum ersten Mal Kafka, Wolfgang Borchert. Es wurde über Camus, moderne Kunst und Jazz diskutiert, er hörte staunend zu. Er stotterte weniger, unter Freunden noch weniger. Barthaare und Schamhaare waren gewachsen. Der Fußball war nicht mehr wichtig. Die ersten ehrfurchtsvoll kritischen Gedanken über das Christentum. Ein Freund wusste viel von der Philosophie, ein anderer vom Jazz, ein dritter von den Mädchen. Die aus der «Ostzone» gekommenen Mitschüler hatten Spannendes zu erzählen. Natürlich hatte er sich verliebt, in eine aus dem Mädchenheim, natürlich in die Schönste, Beliebteste, Unerreichbarste.

Gegen seinen Willen hatte er das Internat zu verlassen, wie der Kompromiss mit den Eltern es befahl, im Herbst 1958. Jungen weinen nicht, hatte er gelernt. Aber getrauert hat er lange. Auch am neuen Ort gab es kein Feld, auf dem er besser war als andere und sich etwas Anerkennung holen konnte. Er spielte immer noch kein Instrument, war im Sport bei den Schwachen und auch sonst nach wie vor weder stark noch klug, noch schnell. Also blieb er an den Wörtern hängen, ihm blieben nur die Wörter, das Lesen, die Sprache, das Schreiben. Auf dem Gymnasium (▸ ALTE LANDESSCHULE) wurden die Noten etwas besser, aber nachdem er sich entschieden hatte, möglichst viel seiner Freizeit für das Schreiben und die Arbeit an der Schülerzeitung (▸ AUTOGRAPHEN) herzugeben, tat er für die Schule nur noch das Nötigste. Auf die Noten oder gar den Notendurchschnitt kam es anno 1963 nicht an, nur auf das Bestehen des Abiturs, so begnügte er sich mit einem Ausreichend in den meisten Fächern.

AUSREISE
Das Hauptwort für die meisten Schriftstellerfreunde aus der DDR nach der Ausbürgerung Wolf Biermanns 1976. Sie hatten ihre Regierung gebeten, diese Ausbürgerung noch einmal zu überdenken. Das genügte, sich unbeliebt und in der DDR unerwünscht zu machen, vielen wurde die Ausreise in die Bundesrepublik ermöglicht oder nahegelegt. So kamen sie nach und nach: Sarah Kirsch, Günter Kunert (▸ ABENDROT), Stefan Schütz, Bernd Jentzsch, Kurt Bartsch, mit denen ich mehr oder weniger befreundet war, sowie Jürgen Fuchs (▸ AKTE), Hans Joachim Schädlich (▸ ATOMBOMBE), Erich Loest, Heinz Czechowski, Wolfgang Hilbig und andere, die ich erst nach ihrer Ausreise kennenlernte. Jurek Becker und Heiner Müller durften ungehindert zwischen Ost- und Westberlin hin- und herreisen. Die spektakulärste Ausreise, an der ich wegen des gleichzeitigen Erscheinens von «Vor den Vätern sterben die Söhne» beteiligt war, war die von Thomas Brasch und Katharina Thalbach im Dezember 1976. Beim Abschiedsbesäufnis am letzten Abend in Ostberlin war ich dabei, Brasch wollte durchfeiern und am nächsten Morgen gleich mit der ersten S-Bahn nach Westen fahren, er bat mich, sie beide mit ihrer Tochter in der Frühe am Bahnhof Zoo abzuholen. Ich also knapp vor Mitternacht zurück nach Westberlin, kurz geschlafen und um halb sechs am Bahnhof Zoo, da trotteten sie mir schon entgegen, Thomas und Kathi und die dreijährige Anna Thalbach. Mutter und Tochter brachten wir zu Verwandten nach Tegel, Thomas kam erst einmal zu mir, wir arbeiteten an einer Presseerklärung, dann rief er seine vielen Westfreunde zu einem Abendessen in einem Restaurant am Kurfürstendamm zusammen. Damit war die Ausreise beendet, es begann sein kometenhafter Aufstieg

in die höhere Medien-, Theater-, Film- und Literaturwelt der Bundesrepublik. – Wir sahen uns danach kaum noch. Erst nach einem Jahr ein halbwegs versöhnlicher, lebhafter Abend, allein mit ihm und Kathi. Das war es dann für lange Zeit, erst als es ihm sehr schlecht ging, trafen wir uns hin und wieder – und nun, nach vielen Enttäuschungen bei Suhrkamp (auch wegen seiner teilweise maßlosen Erwartungen), nannte er mich gern «mein erster Verleger».
▸ ANLEHNUNG.

AUSSICHTEN

Nach den für den Anfänger so wichtigen Gedichtveröffentlichungen in den drei Anthologien von 1963 und dem renommierten ▸ ATLAS von 1965 kam im Mai 1966 noch eine fünfte hinzu, «Aussichten». Ein junger Herausgeber, Peter Hamm, stellte «junge Lyriker des deutschen Sprachraums» vor (Jahrgang 1930 und jünger), in hoher Auflage in der Reihe «Bücher der Neunzehn». Hier erschien zum ersten Mal das polemische lange Gedicht gegen die langen Gedichte, «Verlegenheitsgedicht Nummer 1», mit der Schlusszeile, die fast zu einem literarischen Motto geriet: «Nein, sag ich, Maier, so nicht, nicht so.»

AUSSICHTSPLATTFORM 1998

In dem eleganten, frechroten Container der Infobox über dem Potsdamer Platz informierten sich seit 1995 mehr als fünf Millionen Touristen und Berliner über die laufenden Bauvorhaben. Modelle, Erklärungen, Computersimulationen, Schautafeln, beste Absichten. Der provisorische Stahlkasten wurde zum Mittelpunkt einer Stadt, die ihre Mitte suchte.

Mittendrin stand eine Soundbox, eine gläserne Kabine, in der man auf Knopfdruck verschiedene Geräusche abrufen konnte. Eine Taste war beschriftet: 2035? Man hörte eine Roboterstimme, welche die Ankunft eines Spacetrain ansagt, dazu Technotakte, jaulende Piepstöne. Die menschliche Stimme war wegrationalisiert, Science-Fiction-Abklatsch im Berliner Zentrum.

Ich gebe es zu, ich mag die Banalität solcher mythischen Orte: Wo einst die Mauer trennte, wuchs nun triumphal das Neue, eine hektische Vereinigung aus Stahlbeton, Glas, Klinker und Glasfaserkabeln. Doch je mehr gebaut wurde, desto größer die Rätsel: Was war das Neue, das die einen feierten und die anderen fürchteten? Der frische Glanz belebte die alte Sphinx Berlin.

Im Jahre 2035 nur Glashäuser und Roboterstimmen? Das kann nicht alles sein, dachte ich 1998, oben auf der Aussichtsplattform der Box. Konnte eine Stadt, in der orthodoxe Juden mitten auf dem Kurfürstendamm angepöbelt werden, eine Stadt, die nicht einmal mit dem Problem der Hundescheiße fertigwird und die es zulässt, dass ein einziger CDU-Husar eine ganze Große Koalition am Gängelband hält, konnte eine solche, überdies politisch geteilte Stadt zum Zentrum einer modernen Republik werden?

Ja, sie wurde es. Weil sie es schon war: mittenmang in allen Widersprüchen.

Es sah so aus, als würde die positive Antwort für Berlin und die Zukunft der Republik in der Weite des Horizonts vom Potsdamer Platz liegen: zwischen pompösen, bunkerhaften, unwirtlichen debis-Bauten und dem offenen Sony-Gelände, zwischen dem Kulturforum, der fernen Glaskuppel des Reichtags, den Tunnelschächten, dem Tiergarten und dem Brachgelände für das Holocaust-Mahnmal.

Hier hatten wir ein Forum Germanicum, ein durchaus lebendiges, wo Trümmer und Bauten deutscher Geschichte dichter als anderswo beieinanderstanden. Auch wenn der Führerbunker zugeschüttet, die Mauer bis auf einen Vorzeigerest unsichtbar geworden war, es blieben einige runderneuerte Stücke aus der Vergangenheit, die nun in die neue Bundesherrlichkeit eingegliedert wurden: Reste des preußischen Klassizismus, des Kaiserreichs, der Nazizeit, der DDR und des amerikanischen und des sowjetischen Berlins. 1791, 1871, 1919, 1933, 1945, 1961, 1989 – alles da. Man könnte noch an die Pointe erinnern, dass der mächtigste Bauherr weit und breit, Daimler, seine Ausbreitung hier dem rot-grünen Senat zu verdanken hatte. Kurz vor dem Fall der Mauer war das Grundstück für wenige Millionen von der SPD fast verschenkt worden, die Grün-Alternativen aber hatten mehr Geld von dem Konzern gewollt. Was für ein archetypischer Streit, als die Grünen unter Führung der Tochter Albert Speers gegen Daimler unter Führung des Emigrantensohnes und SPD-Freundes Reuter um den Preis für den noch von der Mauer begrenzten Potsdamer Platz kämpften! Nun darf hier die Republik, an den Fassaden vorbei, mehr oder weniger fassungslos in ihre Zukunft schauen.

AUSSPRACHE

1995, dreißig Jahre nach Erscheinen des ersten Gedichtbandes «Kerbholz», hatte ich mir fest vorgenommen, Klaus Wagenbach zum Essen einzuladen, mich noch einmal für seine damalige Entscheidung zu bedanken und vielleicht auch über unseren schweren Streit und Bruch samt der «Spaltung» in Wagenbach und Rotbuch Verlag 1973 zu sprechen. Klaus hatte mich seitdem zu einem seiner Feinde befördert und war mir, sei es auf der Straße oder in Gesellschaften, stets ausgewichen. Er mochte erst nicht, ich versuchte es weiter: «Eh wir uns im Altersheim treffen und prügeln, lass uns doch noch mal vorher an einen Tisch setzen und über die alten Zeiten reden», schrieb ich ihm. Es dauerte eine Weile, bis er bereit war und ein Abend in einem italienischen Restaurant uns wieder etwas näherbrachte, dreiundzwanzig Jahre nach dem Konflikt. Er hatte wie vereinbart seine Frau Susanne Schüssler zur Seite, ich meine damalige Freundin Inka. Anfangs viel heitere Plauderei wie einst, und als wir zur Sache kamen, merkte ich, dass wir beide doch einiges verdrängt hatten. Ich den unguten Einfluss von Yaak Karsunke im Hintergrund und Klaus' Angst vor ihm. Er seine RAF-Nähe und seine frühe Absicht, das Kollektiv abzuschaffen und den Verlag wieder ganz an sich zu ziehen – das aber ruppig zu bestreiten und stattdessen die Kollektivisten, die da nicht mitmachten, zu denunzieren. So sprachen wir offen und fair, ich verstand sein Verhalten von damals ein wenig besser und versuchte, mein Verhalten von damals und die Motive der siebenköpfigen Mehrheit seiner einstigen Mitarbeiter, die dann Rotbuch gründeten, verständlicher zu machen. Ich hoffte auch bei ihm auf etwas Nachsicht und schlug ein zweites Treffen vor, irgendwann in einem Jahr.

Es nutzte leider nichts, bald darauf fachte er den alten Streit neu an, stilisierte mich sogar in seinem schönen Buch «Die Freiheit des Verlegers» nach Wolf Biermann als einen seiner größten Feinde. Ich lernte: Auch ein großer Verleger und Narziss kann, wenn ein anderer seine Schwächen kennt, zum Giftzwerg werden. Wie sagte Michael Krüger: «Du weißt doch, kein Mensch ist so nachtragend wie Klaus.»

Erst danach wagte ich es, über seine fatale Nähe zur frühen RAF zu schreiben, seine Gefügigkeit gegenüber Ulrike Meinhof und Andreas Baader bei deren Publikationen, das Kapitel «Wagenbach und RAF und Rotbuch» in «Als die Bücher noch geholfen haben».

AUST, STEFAN

Ohne Stefan Austs unermüdliche Recherchen zum Thema RAF («Der Baader-Meinhof-Komplex») hätte ich die drei Romane zum «Deutschen Herbst» 1977 kaum schreiben können, jedenfalls nicht den vielschichtigsten, «Himmelfahrt eines Staatsfeindes» (▸ AHAB). So viele Details waren dort zu finden, die geradezu nach literarischer Bearbeitung riefen. Nach seinem Buch recherchierte Aust weiter über die RAF, insbesondere über die nicht in allen Punkten aufgeklärten Selbstmorde von Stammheim, und war bereit, nähere Auskünfte zu geben. So erfuhr ich, was Aust später publiziert hat, aber niemand wissen wollte und bis heute mit Schweigen übergangen wird: Der deutsche Geheimdienst BND wusste von den Waffen, die den prominenten Gefangenen, vielleicht auch mit Hilfe der Dienste, in die Zellen geschmuggelt wurden. Aber man hatte die Munition so manipuliert, dass sie für Selbstmord taugte, nicht für größere Aktionen, so Aust. Außerdem seien in den Zellen versteckte Mikrofone installiert gewesen, doch die Aufzeichnungen geheim geblieben. Wir fragten uns immer: warum? Was gibt es da zu verbergen, wenn es Selbstmorde waren, die es ja offensichtlich waren? Die Bänder sind bis heute geheim, selbst Aust kam da trotz vieler Versuche nicht heran. Es müssen also staatlich geduldete, geförderte Selbstmorde gewesen sein. Ein deutsches Tabu bis heute.

Noch unerfindlicher ist, warum die Akten über die Entführung und Befreiung der «Landshut» 1977 (▸ ANDREA) bis 2037 gesperrt bleiben.

Nicht Aust, sondern Sebastian Cobler, der lange Gespräche mit Horst Herold führte, dem obersten Polizisten der Republik, verdanke ich dessen Satz über den gefährlichsten Terroristen der Republik, Andreas Baader: «Ich habe ihn geliebt» – das ideale Motto für «Himmelfahrt eines Staatsfeindes».

AUSTERN UND AUSTROFASCHISMUS
sind nicht nur im Alphabet nah beieinander, sondern auch in den Gesprächen mit Robert Menasse. In seiner Zeit als DAAD-Stipendiat 1993 hatten wir uns angefreundet, und wenn er in den folgenden Jahren nach Berlin kam, zog es ihn hin und wieder in die Danckelmannstraße, bei mir um die Ecke, Austern essen – die Austern im «Vinum» galten als besser und etwas günstiger als die im KaDeWe. 2001 zum Beispiel (als ich schon keine Austern mehr essen durfte, um meine verbliebene Niere zu schonen) kam er direkt vom Hegel-Kongress aus Jena, wo er die Eröffnungsrede zum Thema «Über alles in der Welt» gehalten hatte, um sich heißhungrig auf die Austern zu stürzen, das verstand ich gut (obwohl ich von Hegel nichts verstand). Nach ein bisschen Klatsch und Tratsch waren wir meistens schnell beim Thema Europa. Von Robert lernte ich, lange bevor er seinen Brüssel-Roman vorlegte, die europäischen Strukturen besser zu verstehen, die EU differenzierter zu betrachten und mehr über die ungute Europapolitik vor allem der Deutschen nachzudenken. Dazu immer wieder Österreich und seine Faschisten, FPÖ, Haider, die seien zwar

die schlimmsten, aber gefährlicher seien die in der ÖVP. Wie viele Energien, klagte Robert, gingen da drauf im Kampf gegen den tief verwurzelten Austrofaschismus. «Ihr Deutschen kapiert nicht, dass wir zwei Faschismen hatten und haben: den hausgemachten Austrofaschismus und den Nationalsozialismus. Der faschistische Kanzler Dollfuß gilt als Patriot, weil er gegen Hitler war. Als wäre ein konkurrierender Faschismus antifaschistisch. Nach dem Krieg hat man in Österreich entnazifiziert, aber sich nie vom Austrofaschismus distanziert. Und der lebt und blüht weiter, bei mehr oder weniger einem Drittel der Bevölkerung.»

Inzwischen bin ich überzeugt, dass es auch für die deutschen Diskussionen über die Rechte von Nutzen wäre, Faschisten von Nazis zu unterscheiden und auch korrekt Faschisten zu nennen und nicht «besorgte Bürger», Pegida-Anhänger, «Querdenker» oder wie ähnliche euphemistische Umschreibungen lauten. Man müsste endlich wieder die Kriterien klären, welche Ansichten und Haltungen Bürger zu Faschisten machen.

AUSZEIT

Eins der hässlichsten Wörter im gegenwärtigen Sprachgebrauch, noch dazu falsch. Auszeit gibt es nur auf dem Friedhof.

AUTOBIOGRAPHISCHES ERZÄHLEN

Lange Zeit war ich der Ansicht, meine Biographie sei viel zu läppisch, zu langweilig, um literarischen Stoff herzugeben. Das änderte sich erst Ende der achtziger Jahre. Mehr und mehr dachte ich über meine frühe Sprachverweigerung nach, ob das Stottern und Schweigen des Jungen vor allem eine Reaktion auf die Sprachmacht des Vaters und des Großvaters war, der eine Pfarrer, der andere Laienprediger. Das wollte ich genauer herausfinden. Da ich nun mal zu den Autoren gehöre, die schreiben, weil sie keine Gewissheiten, sondern Fragen haben, musste ich mich endlich meiner Kindheit stellen und den Konflikten mit den Eltern.

Es ist nicht leicht, die Erinnerungen an die Kindheit in Literatur zu verwandeln. Das setzt nicht nur psychische und analytische Anstrengungen voraus, sondern vor allem formale: Aus welcher Perspektive erzähle ich? In welchem Zeitraum bleibe ich? Wie vermeide ich, das heutige Wissen über mich und die Familie dem Kind aufzustülpen? Wie übersetze ich Gefühle, die das Kind hatte, ohne schon Worte für diese Gefühle zu haben, in eine empathische Sprache und wahre zugleich Distanz? Und das sind nur die allgemeineren Schwierigkeiten. Die größte Tücke lag woanders: Ich wollte es mir nicht in der damals, in den achtziger Jahren modischen Anklagehaltung gegen die Eltern bequem machen: da die bösen Eltern – hier ich armes, empfindsames Kind. Ich war inzwischen selber Vater, ich verstand nun auch vieles von meinen Eltern besser. Das Leid, das ich ohne Zweifel empfunden habe, sollte kontrastiert werden mit starken kindlichen Freuden, die es ja auch gegeben hat.

Erst die Erinnerung an einen kurzen, intensiven Glücksmoment am Tag des Fußballweltmeisterschaftsendspiels von 1954, als ich mich als Elfjähriger mit berauschten Sinnen als Weltmeister fühlte, allein unter den Linden in der Dorfmitte stehend und das Dorf schweigen und atmen hörend, bis menschlicher Jubel aus verschiedenen Ecken näher kam. Die Erinnerung an diese drei, vier Minuten brachte die formale Lösung für die literarische Balance des Buches. Das Glück während und nach der Übertragung des WM-Endspiels von 1954 wurde zum Fixpunkt. Die Empfindung einer Befreiung, die dann auf den letzten Seiten des Buches beschrieben ist, hatte sich über all die Jahrzehnte so erstaunlich klar erhalten, dass sie diese Erzählung überhaupt erst möglich machte. Natürlich hatte ich, wie immer, wie fast bei jedem neuen Projekt, anfangs viele Bedenken. Es kam mir zu kühn vor, meine ganz intime Kindheitsgeschichte zu verbinden mit dem großen nationalen Erweckungserlebnis des Fußballsieges über die Ungarn, aber es gab keine andere Möglichkeit. Kunst muss kühn sein.

Erst nach diesem Durchbruch der Erinnerung war klar: Die Erzählung sollte an einem Tag spielen, die Kindheit auf einen Sonntag verdichtet werden. Dann musste recherchiert werden, das Dorfleben in den fünfziger Jahren, bis hin zur Frage: welche Lieder sang der Männergesangverein, es musste die Radioreportage besorgt werden, die Familienerinnerungen wiederbelebt und vor allem die eigenen Erinnerungen und Empfindungen bis hin zu den Gerüchen und den Kindergedanken vor einem Adenauerplakat wachgerufen werden. Natürlich gehört auch gründliche Recherche zum autobiographischen Erzählen. Je mehr Details, desto besser. So habe ich versucht, möglichst viele Seiten dieses Ichs zu erfassen, das ich mit elf Jahren war. Die meistens vagen Empfindungen des Elfjährigen in die präzisen Worte eines Erwachsenen zu übersetzen und damit überhaupt erst darstellbar zu machen. Erst diese sprachliche Distanz und die Gefühlsdistanz zu den Eltern ermöglichte leisen Humor.

Ohne schonungslose Erinnerung geht nichts. Aber man

muss auch wissen, dass jede noch so redliche Erinnerung schummeln kann, ohne dass wir das von ihr fordern. Das Erlebte wird nicht nur verschönert, vergrößert, idealisiert. Unser Gehirn hat bekanntlich die wunderbare und gefährliche Eigenschaft, gelesene oder in Filmen gesehene Szenen, Träume und Phantasien nahtlos mit dem wirklich Erlebten zu verbinden und uns ungewollt zu Schwindlern zu machen. Hier braucht es Instinkt. So ist «Der Sonntag, an dem ich Weltmeister wurde» mein erster autobiographischer Text geworden. Nicht nur ein Buch über meine kindlichen Nöte, auch über die Macht von Sprache, Religion und die christliche Erziehung, das Dorfleben der fünfziger Jahre, Radiohören und die Fan-Werdung, die kindliche Identifizierung mit (Fußball-)Helden.

AUTOBUS S

Im August 1965, im Sommer des SPD-Wahlkontors, des Führerscheins und des ersten Buches, im Forum Theater am Kurfürstendamm «Stilübungen Autobus S» von Raymond Queneau. Wie hab ich da gelacht, wie hat mir das gefallen! Immer die gleiche banale Geschichte oder Nichtgeschichte eines kleinen Autobusstreits, in vielen Variationen vorgeführt, auch solche feinen Späße erweiterten den Horizont. Sogleich kaufte ich das Buch. Nie kam ich so weit, einmal in diese Richtung zu arbeiten. Erst vierzig Jahre später bei der «Minute mit Paul McCartney» (▸ ABBEY ROAD), da war Queneau dann das gegebene und doch nicht zu kopierende Vorbild bei den sechsundsechzig Variationen der Begegnung mit Paul McCartney im Regent's Park in London.

AUTOGRAPHEN

Ein «Buchgeschenk» wollte ich nicht. Zum Abitur (▸ ABITUR, ▸ ALTE LANDESSCHULE) erhielten die Schüler, die in ihrer Freizeit für die Schülerzeitung gearbeitet hatten, üblicherweise als Dank ein begehrtes teures Buch von circa zwanzig Mark. Als «ehemaliger Chefredakteur» hatte ich neue Ziele und mühte mich, Gedichte zu schreiben. So entstand die Idee für ein besseres Geschenk. Ich überzeugte meinen Nachfolger, etwa dreißig bis vierzig Lyrikerinnen und Lyriker anzuschreiben und sie um ein handgeschriebenes Gedicht zu bitten. Das kostete im Übrigen nur acht Mark – das Briefporto damals zwanzig Pfennige, an Rückporto dachten wir nicht – plus etwas Arbeit. Dann bat ich Hans Bender und Horst Bingel, mit denen ich gelegentlich korrespondierte, um die Adressen, und die neuen Macher der Schülerzeitung tippten die kurzen Bittbriefe. Am Ende bestand das selbst bestellte Abiturgeschenk in einer Mappe mit Autographen, die ich gleich von einem Buchbinder binden ließ. Wolfgang Bächler, Hans Bender, Horst Bingel, Johannes Bobrowski, Elisabeth Borchers, Günter Eich, Hans Magnus Enzensberger (▸ ANDERSCH, ▸ ARMES SCHWEIN), Walter Helmut Fritz, Günter Bruno Fuchs, Carl Guesmer, Peter Härtling, Manfred Peter Hein, Walter Höllerer (▸ ANSTIFTER), Max Hölzer, Dieter Hoffmann, Peter Huchel, Peter Jokostra, Marie Luise Kaschnitz (▸ ACCADEMICA DI SANTA CECELIA), Karl Krolow, Christine Lavant, Wilhelm Lehmann, Christoph Meckel, Ernst Meister, Heinz Piontek, Johannes Poethen, Peter Rühmkorf (▸ ANGESCHNITTENER HUMOR), Nelly Sachs und Wolfgang Weyrauch hatten Gedichte auf ein Blatt geschrieben und nach Korbach geschickt. (Nach meiner Erinnerung haben nur Ingeborg Bachmann, Paul Celan und Günter Grass nicht geantwortet.) Eine Sammlung von 1963, die mir von Jahr zu Jahr immer kostbarer wurde.

AUTOHAUS OPER

An einem freien Abend in Warschau ging ich kurzentschlossen in die Oper. Puccinis «Turandot», nun ja, warum nicht mal eine alte chinesische Geschichte in italienischer Sprache von Polen gesungen zum Preis einer Kinokarte. Die Warschauer Oper ist die größte oder eine der größten Europas. Nachdem deutsche Soldaten auch die Oper zu Schutt geschossen hatten, wurde in den fünfziger Jahren ein prachtvoller Prestigebau errichtet, der gemessen an den architektonischen Schauerlichkeiten jener Epoche noch ganz erträglich wirkt. Nach der Kartenkontrolle, in der zweiten Vorhalle, von der mächtige Treppen zu weiteren Wandelhallen vor dem Zuschauerraum hinaufführen, stießen die Besucher auf zwei nagelneue Autos. Zwei silberhelle Volvo S 80, die symmetrisch rechts und links vor den Treppengeländern geparkt waren und mit offenen Türen zur Besichtigung einluden.

Ist das nun, schoss es mir durch den Kopf, ein Gipfel an Obszönität, oder bin ich hier bereits im nächsten Jahrtausend? Ist so etwas nur in den einst sozialistisch genannten, nun unverblümt rohkapitalistischen Ländern möglich? Ist hier eine neue Schamschwelle überschritten, oder regen sich bei mir wieder nur die Reste eines altmodischen Protestantismus? Sponsoren hin, Sponsoren her, das ist auf den ersten Blick ein alter Hut. Es regt vielleicht noch manchen auf, wenn am Turm der Berliner Kaiser-Wilhelm-Gedächtniskirche, um dessen Reparatur zu finanzieren, ein Pariser Haarwaschmittelhersteller Werbung treibt. Aber schon nicht mehr, wenn die Deutsche Bank für ihre Kunden und Angestellten Exklusivkonzerte der Berliner Philharmoniker ausrichtet.

Wie das weitergehen wird, ist klar. Die Konzerne, die ja immer weniger oder fast gar keine Steuern mehr zahlen, jedenfalls nicht in den westlichen Kulturländern, geben einen Teil dieser Ersparnisse weiter und werden sich immer mehr als Sponsoren in den Vordergrund drängen. Sparkassen, die an der Verschuldung der Gemeinden reich werden, stellen heute in vielen Städten schon mehr Geld für Kultur zur Verfügung als die Kulturämter. Die Frage ist: Wann kippt die mehr oder minder großzügige Förderung von Kulturereignissen in PR-Aktionen mit Kulturrahmen um? Wann steht der erste Volvo auf der Opernbühne? Ab wann treten die Berliner Philharmoniker nur noch unter dem Logo der Deutschen Bank auf? Oder, da die Berliner Philharmoniker verdientermaßen zu den Besserverdienenden in der Musikwelt gehören, wie weit würden die Orchester in Kaiserslautern oder Rostock, denen Schritt für Schritt die Mittel gekürzt werden, sich den ästhetischen Normen der örtlichen Sparkasse anpassen? Wann wird, um das Dach einer Kirche zu retten, die Parfümwerbung neben dem Altar installiert sein? Kurzum: Wo verlaufen die Schamgrenzen? Falls es solche noch gibt angesichts der Globalisierung der Schamlosigkeit. Früher, sagen die ganz Schlauen, war das doch auch nicht anders: Musik, Theater, Malerei, Bildhauerei und Literatur wurden jahrhundertelang von Königen, Päpsten, Bischöfen und Fürsten gesponsert und gefördert. Es sei also nur die Entwicklung zurück in einen neuen Feudalismus. Das Firmenlogo der Lufthansa im Katalog einer Max-Ernst-Ausstellung entspreche dem Fürstenpaar auf dem Altarbild. So wie die Herrscher von einst brauchten die Herrscher von heute die Künste als Schmuck, Unterhaltung, Anregung, Imagepflege.

Die Freiheiten der Künste sind mit den bürgerlichen Freiheiten gewachsen. Müssen wir also unken, dass die Künste im Feudalkapitalismus ihre Freiheiten verlieren und ihr Publikum dazu? Nein, keine Bange. Denn die Künste werden – sehr kurz gesagt – angeregt und belebt vom Wechselspiel zwischen Marktanpassung und Widerspruch, zwischen Kommerzialisierung und Rebellion. Die Attraktion der Künste wird sogar wachsen, nur die Formen werden sich verändern. Vielleicht aber werden die Opernhäuser Filialen der Autohäuser werden. Und die Autohäuser brauchen nur gute Lautsprecheranlagen für Sopranarien, um Filialen der Opernhäuser zu werden. Kunstwelt und Warenwelt rücken immer mehr zusammen. Und die Kritik daran gehört zu dieser Annäherung wie der Beifall.

AUTOR 1

Werden Sie Kellner oder Meteorologe, wenn Sie Autor werden wollen, bloß nicht Germanist! Das sagte nicht nur Günter Grass, so ähnlich argumentierten auch Johannes Bobrowski, Hans Werner Richter und Ernst Schnabel. Mein Größenwahn aber war mit Anfang zwanzig nicht so groß, ein (freiberuflicher) Schriftsteller werden zu wollen. Es schien mir vernünftiger, geschützt vom Status Student, erst einmal das Ziel Literaturredakteur oder Lektor anzupeilen. Und am Rand des literarischen Betriebs, der Großfamilie Literatur, erst mal den eigenen Takt zu finden und hin und wieder ein brauchbares Gedicht zustande zu bringen.

AUTOR 2

Wer hat recht, Jean Paul oder Wilhelm Genazino?

«So lang ein Mensch ein Buch schreibt, kann er nicht unglücklich sein.» Oder: «Im Autor reiben sich ständig zwei Texte, ein innerer, murmelnd und assoziierend, ein äußerer, sehend, hörend, wahrnehmend. Das geht allen Menschen so, nur der Autor macht daraus ein Arbeitsmittel. Bei ihm ist ein Text ständig mit dem anderen in Korrespondenz oder im Widerspruch. Folglich ist der Autor ein überfordertes Medium, am besten bleibt er beim Warten und Lauern.»

Natürlich beide!

AUTOREN, VERLAG DER

Karlheinz Braun wäre der einzige mir bekannte Verleger, bei dem mir das stets übertriebene Wort Genie in den Kopf kommt. Was er mit dem 1969 gegründeten Verlag der Autoren auf die Beine gestellt, was er für Theaterautoren, Fernsehspielautoren, Filmer und Hörspielschreiber, für die deutsche Theater- und Medienwelt ermöglicht hat, ist in seinen Erinnerungen «Herzstücke» auf sechshundertfünfzig Seiten in knapper Form dokumentiert. Ich hatte das Glück, als Wagenbach-Lektor von 1970 bis 1973 und als Rotbuch-Lektor von 1973 bis 1978 mit Braun zu arbeiten und zu planen und die Anfänge des Verlags der Autoren zu beobachten. So sachlich und leidenschaftlich, begeistert und kritisch, kenntnisreich, selbstlos und selbstbewusst, geschäftstüchtig und bescheiden, ja unnarzisstisch habe ich sonst niemanden aus der vielhundertköpfigen Schar aus der Buch- und Verlagsbranche, mit dem ich zu tun hatte, in Erinnerung. Auch wenn ich ab und zu nicht seiner Meinung war, mit Braun und seinen Kollegen war es immer eine Wohltat, zu kooperieren und Autoren des Verlags der Autoren auch zu Wagenbach- beziehungsweise Rotbuch-Autoren zu machen: Es begann mit dem Bestseller von Dieter Forte, «Martin Luther & Thomas Münzer oder Die Einführung der Buchhaltung» (1970). Es folgten Heiner Müllers Stücke und Texte in acht Bänden, zuerst mit «Geschichten aus der Produktion 1» (1974), dann Yaak Karsunke, Stefan Schütz, Karl Otto Mühl, Karl Mickel und Dario Fo, der zwanzig Jahre nach seinem ersten Rotbuch zur allgemeinen Überraschung Nobelpreisträger wurde.

AUTOS

Autos, die ich am häufigsten fuhr: Fiat 500 Kombi, Fiat 600 Kombi, VW Käfer, VW Passat Kombi (Verlagswagen Rotbuch), Renault R4, Saab 95, Saab 900, Nissan Micra.

AVANTGARDE IM SCHÖNSTEN WIESENGRUNDE

Nein, ich war nicht dabei, als in meinem Kindheitsdorf Wehrda (▸ AGNOSTIKER, ▸ AHNUNG, ▸ AMERIKANER 1945) die E-Mail miterfunden wurde. Günther Leue, führender deutsch-amerikanischer IT-Manager, experimentierte im Roten Schloss von Wehrda, Ortsteil von Haunetal bei Bad Hersfeld in Hessen, mit einem Assistenten in den späten siebziger, frühen achtziger Jahren mit den ersten E-Mail-Brücken zwischen den USA und Deutschland. Gelegentlich kam sein Freund, der von Siemens entthronte Computererfinder Konrad Zuse (▸ ADA 1, ▸ ALPTRAUM COMPUTER, ▸ AUDIMAX), aus dem nahen Hünfeld vorbei und informierte sich über die Fortschritte. Leue wohnte ebenfalls um die

Ecke, in der Ilmesmühle am Stoppelsberg, wenige Hundert Meter unter dem Lokal am «Gipfel», wo der Zuse-Roman «Die Frau, für die ich den Computer erfand» auch angesiedelt ist. 2009, nach dem Erscheinen, lud mich der alte Herr Leue ein, der mir bis dahin unbekannt war, um sein Erstaunen über dieses Buch zu gestehen. Er konnte sich nicht vorstellen, dass ich Gespräche mit Zuse erfunden hatte, die den Gesprächen ähnlich waren, die er mit Zuse geführt hatte («Sie müssen unter unserem Tisch gesessen haben!»). Und er erzählte von der E-Mail-Entwicklung in «meinem» Dorf, buchstäblich «im schönsten Wiesengrunde». Erst hatte der Ingenieur gestaunt, jetzt staunte der Dichter. Wehrda als «E-Mail-Wiege Europas», das verwirrte selbst den beharrlichen Lokalpatrioten und Träger des Lokalordens «Silberner Haunetaler». Ich dachte, darüber vielleicht etwas zu schreiben, aber bald danach starb auch Günther Leue, damit war es zu spät für einen soliden Text. Die letzten Zeugen, die Besitzer des Schlosses und Vermieter der Werkstattetage, Hannes und Almuth von Campenhausen, erzählen, dass Leue ihnen schon damals gesagt habe, in absehbarer Zeit werde es keine Briefe mehr geben, nur noch elektronische Post. Ein paar Leute in Wehrda, zwischen Feuchtwiesen und verkommenden Fachwerkhäusern, wussten also früher von dieser Zukunft als die Computerzunft in Frankfurt, Sinsheim oder München.

AVENTIN

In Rom auf dem Aventin im Mai 2009 beim Routineblick hinüber auf die gigantischen Ruinen der Kaiserpaläste des Palatin zum ersten Mal der Gedanke: Wir sollten nicht meinen, unsere Kultur sei die letzte. Da unten die Rennbahn des Circus Maximus, da werden irgendwann Massen von Chinesen zum Beispiel ganz neuartige Wagenrennen verfolgen.

AVOCADO

Seit Mitte der neunziger Jahre morgens eine Scheibe Brot mit Avocado, das brauche ich für meine Gesundheit (viele Vitamine, vor allem E, dazu Eisen, Kalium, ungesättigte Fettsäuren und anderes zur Krebsabwehr, heißt es). Seit den frühen Zehnerjahren ist bekannt, wie der Anbau von Avocados in den fernen, armen Ländern die Wasserressourcen raubt und versiegen lässt, nun grätscht zuweilen das Gewissen dazwischen. Die Avocados, die im Supermarkt liegen, kaufen andere, wenn du sie nicht kaufst, oder sie verfaulen, sagt man sich. Eine ökologische Sauerei, Avocado, die schützt, stärkt und schmeckt.

AVRANCHES

Kreisstadt in Frankreich am Mont-Saint-Michel, zu deren Gymnasium der Direktor des Korbacher Gymnasiums Alte Landesschule (▸ ABITUR, ▸ ALTE LANDESSCHULE) Kontakt aufnahm, um als einer der Ersten einen Schüleraustausch zu organisieren – schon in den frühen fünfziger Jahren. Die Franzosen belebten die Schule, das Städtchen, die Bühne – der Direktor erfand so die Internationalen Waldecker Laienspielwochen. Aus den Schul- und Theaterpartnerschaften wurde eine der ersten deutsch-französischen Städtepartnerschaften. Dieser strenge, konservativ-liberale Direktor Alfred Ehrentreich war seiner Zeit weit voraus, und das in der abgelegensten hessischen Ecke, in Korbach. Die unterschätzten bürgerlichen Avantgardisten.

AXEL 1–3

Axel S., deutsch-italienischer Automanager, wie er erzählt: im höheren Management würden überhaupt keine wirklichen Entscheidungen mehr getroffen, in den Sitzungen gehe es primär um Rivalitäten und Intrigen. Ein einziges System von Absicherung, Ängstlichkeit, Faulheit, enormer Aufwand, sich gegenseitig auszuspionieren und in Schach zu halten. Kritik von einer unteren Etage an einer oberen sei undenkbar. Statt die Unteren anzuhören, engagiert man für viel zu viel Geld Massen von Beratern, um die Entscheidungsfindung flexibler und weniger hierarchisch zu machen.

Axel Springer, Feindbild um 1968, und das zu Recht (▸ ABREISSKALENDER). Die Kampagne «Enteignet Springer», die ihn natürlich nicht enteignen konnte, aber doch «entlarvte», war ein Erfolg der Studentenbewegung und wäre ein größerer Erfolg geworden, wenn nicht linke Gewaltverherrlicher, von denen einige später zur RAF gingen, alles kaputtgemacht hätten. Dass «Bild» bis heute Ängste, Politikverdrossenheit und antidemokratisches Denken fördert und damit noch mächtiger, ja zum Tabu geworden ist, ärgert mich, wie ich zugeben muss, immer noch und immer wieder – alles in der Medienwelt hat sich in diesem halben Jahrhundert geändert, nur «Bild» fast nicht.

Axel Zander, der Vetter und Medizinprofessor, wie er mir 2014 im Hof der Moritzburg in Halle das Abwehrprogramm gegen den Blutkrebs Multiples Myelom erklärt, darunter für spätere kritische Phasen auch die Vorteile der Stammzellenspeicherung. Dank seiner Anregung werden bald danach in der Charité Virchow vierhundertachtzig Millionen meiner Stammzellen aus der Blutbahn (▸ A) abgezapft und eingebunkert.

AYLER, ALBERT

Am letzten Abend des Ausflugs der Gruppe 47 nach Princeton und New York im April 1966 nahmen die Jazzkenner Hans Christoph Buch (▸ ARSCH 2, ▸ ARTMANN) und Hanspeter Krüger mich mit in Slugs' Saloon, zum Konzert des Free-Jazz-Saxophonisten Albert Ayler. Die unerhörteste, wildeste Musik jener wilden Zeit versetzte mich in einen Wirbel aus Entrüstung, Abwehr, Bewunderung und Erstaunen über die Möglichkeiten von Radikalität in der Musik, in der Kunst. Das Erlebnis, auch der körperliche Schock, den dieser Free Jazz auslöste, blieb unvergesslich, aber eher diffus im Halbbewusstsein gespeichert. So verstörend, so kompromisslos würde ich nie sein, nie werden, das ahnte ich, trotzdem regte diese Extremerfahrung zu ästhetischem Mut und neuen Energien an, ohne dass ich das bemerkte. Es dauerte ungefähr ein halbes Jahrhundert, bis der Mut da war zu schreiben, was an jenem Abend in New York mit mir geschehen war, «Die Zukunft der Schönheit».

AZZURRO

Das Wort Azzurro klingt trotz der zackigen Zs und der rollenden Rs besser als Azurblau, finde ich. Das leuchtende Blau des wolkenfreien Himmels mag es überall geben, aber nirgendwo erscheint es mir wärmer, kräftiger, tiefer, abgründiger, unendlicher als über Rom oder anderen italienischen Landschaften. Bei diesem Blau könnte ich bestechlich werden, da braucht es als Zugabe nicht unbedingt die Azzurri, die Fußballer der italienischen Nationalmannschaft. Oder Adriano Celetanos Schlager «Azzurro, der Nachmittag ist viel zu azurblau und zu lang für mich». Wie schön, dass selbst die perfekte Unendlichkeit der Azzurro-Kuppel täuscht: Auch dieses Himmelsblau zeigt nur einen Teil der Strahlen der weißen Lichtbündel der Sonne in der Atmosphäre, es ist nur Fragment.

Berlin 1965, U-Bahnhof Innsbrucker Platz.

Friedrich Christian Delius, geboren im Februar 1943 in Rom, gestorben im Mai 2022 in Berlin, wuchs in Wehrda, Kreis Hünfeld, und Korbach in Hessen auf. Seit 1963 lebte er in Berlin, studierte an der Freien und Technischen Universität (Dr. phil. 1970). Von 1970 bis 1978 war er Lektor für Literatur in den Verlagen Klaus Wagenbach und Rotbuch. Prozesse, die die Siemens AG (1972–76) und Helmut Horten (1979–82) gegen ihn führten, überstand er erfolgreich. Seit 1978 war er freier Schriftsteller und lebte von 1978 bis 1980 in Beek bei Nijmegen/NL, von 1980 bis 1984 in Bielefeld, dann wieder in Berlin (von 2001 bis 2013 in Rom und Berlin). 2011 erhielt Friedrich Christian Delius, Mitglied der Deutschen Akademie für Sprache und Dichtung und der Akademie der Künste Berlin, den Georg-Büchner-Preis. Seine Bücher wurden in neunzehn Sprachen übersetzt.

BIOGRAPHISCHES

1943	13. Februar Geburt in Rom (Vater Pfarrer an der Deutschen Evangelischen Kirche), Ältester von vier Geschwistern. Ab Mai in Bad Doberan, Mecklenburg
1944	Wehrda, Kreis Hünfeld, Hessen
1949	Volksschule Wehrda
1953	Alte Klosterschule Bad Hersfeld, altsprachlicher Zweig
1957	Melanchthon-Schule Steinatal, Hessen
1958	Umzug der Familie nach Korbach in Waldeck, Hessen. Alte Landesschule, Korbach
1960	Tod des Vaters
1961	Schülerzeitung und Mitarbeit an der Lokalzeitung «Waldeckische Allgemeine». Erste Gedichtveröffentlichungen
1963	Abitur. Fabrikarbeit. Studium (Germanistik) an der FU Berlin. Lektoratsassistent bei Klaus Wagenbach im S. Fischer Verlag, Frankfurt am Main

1964	Gruppe 47 in Sigtuna, Schweden. Teilnehmer auch an den Tagungen der Gruppe in Berlin (1965), Princeton, USA (1966) und Pulvermühle (1967)
1965	Wechsel zur TU Berlin. Doktorand bei Walter Höllerer. Wahlkontor der SPD. Erstes Buch, «Kerbholz», Gedichte
1966/67	Studium in London. Studentenbewegung
1967	Kunstpreis Berlin Junge Generation / Literatur
1970	Promotion mit «Der Held und sein Wetter». Lektor im Verlag Klaus Wagenbach, Berlin (arbeitet u. a. mit Kurt Bartsch, Wolf Biermann, Wolfgang Deichsel, Dieter Forte, Erich Fried, Yaak Karsunke, Hartmut Lange, Benno Meyer-Wehlack, Johannes Schenk, Peter Schneider, Klaus Stiller)
1971/72	Villa-Massimo-Stipendium, Rom. Dort Arbeit an «Unsere Siemens-Welt»
1972	Prozess der Siemens AG gegen «Unsere Siemens-Welt». Mitglied des PEN
1973	Schwere Auseinandersetzungen im Verlag Klaus Wagenbach. Mitgründer und Lektor für Literatur des Rotbuch Verlags, Berlin (betreut u. a.: Alfred Behrens, Thomas Brasch, Dario Fo, Christian Geißler, Yaak Karsunke, Erich Köhler, Karl Mickel, Heiner Müller, Helga M. Novak, Aras Ören, Peter Schneider, Stefan Schütz, Jürgen Theobaldy, Peter-Paul Zahl, Dieter E. Zimmer)
1974	Jahrespreis der «Literarischen Hefte», München
1976	Vergleich beim OLG Stuttgart nach Punktsieg über Siemens AG
1978	Ende der Lektoratsarbeit, freier Schriftsteller. Heirat mit Gisela Klann. Umzug nach Beek bij Nijmegen, Niederlande
1979	Tochter Mara geboren. Helmut Horten prozessiert gegen die «Moritat auf Helmut Hortens Angst und Ende»

1980	Umzug nach Bielefeld
1982	Bundesgerichtshof weist Hortens Klage ab
1983	Tochter Charlotte geboren
1984	Umzug nach Berlin. Preis für Poesie und Politik der Zeitschrift «Lesezeichen», Frankfurt
1986	New-York-Stipendium des Deutschen Literaturfonds. Beginn der Computerära mit Apple Macintosh. Kuratorium des Literaturhauses Berlin (bis 2003). Jury, später Kuratorium des Alfred-Döblin-Preises (bis 2003)
1989	Gerrit-Engelke-Preis, Hannover
1990	Mit «Birnen von Ribbeck» letzte Lesung am letzten Tag der letzten Tagung der Gruppe 47 in Dobris bei Prag
1994	Writer-in-Residence an der University of Florida, Gainesville, USA
1994/95	Gastprofessur der Universität Paderborn
1995	Tod der Mutter
1996	Stipendium Schloss Wiepersdorf
1997	Stadtschreiber-Preis Mainz und ZDF / 3sat. Mitglied der Freien Akademie Hamburg (bis 2012)
1998	Mitglied der Deutschen Akademie für Sprache und Dichtung, Darmstadt
2000	Writer-in-Residence am Dickinson College, Carlisle, USA. Scheidung
2001	Daimler-Chrysler-Stipendium der Casa di Goethe, Rom
2002	Wohnt überwiegend in Rom. Samuel-Bogumil-Linde-Preis (mit Andrzej Stasiuk), Göttingen und Torun / Polen. Mitglied des Präsidiums der Deutschen Akademie für Sprache und Dichtung (bis 2008)
2003	Gastprofessur Universität Essen. Heirat mit Ursula Bongaerts, Rom, Leiterin der Casa di Goethe (von 1997 bis 2013)
2004	Writer-in-Residence an der Washington University, St. Louis, USA. Walter-Hasenclever-Preis, Aachen.

Brüder-Grimm-Professur an der Universität Kassel. Fontane-Preis, Neuruppin. Deutsche Akademie für Fußball-Kultur, Nürnberg

2005 «La ricchezza di Europa». Rede im Kapitol, Rom, beim Kongress «Trans Europa Express». «Der Spaziergang von Rostock nach Syrakus» wird zum Buch der Region Heidelberg-Mannheim-Ludwigshafen gewählt

2006 Uraufführung der Oper «Prospero» von Luca Lombardi in Nürnberg, Libretto zusammen mit Lombardi

2007 Schubart-Literaturpreis der Stadt Aalen. Kritikerpreis Literatur. Mitglied der Berliner Akademie der Künste. Joseph-Breitbach-Preis

2008 Stadtschreiber-Preis Bergen-Enkheim

2009 Evangelischer Buchpreis für «Bildnis der Mutter als junge Frau»

2011 Georg-Büchner-Preis

2012 Gerty-Spies-Literaturpreis der Landeszentrale für politische Bildung Rheinland-Pfalz

2013 Ende der zwölfjährigen Rom-Phase. Wohnt mit Ursula Bongaerts in Berlin und zeitweise in Halle/S.

2017 Poetik-Dozentur der Universität Koblenz-Landau. Bundesverdienstkreuz 1. Klasse. Enkelin Dalia geboren

2019 Dr. h.c. der Universität Rostock

2022 30. Mai in Berlin gestorben

WERK

2021	Die sieben Sprachen des Schweigens. Rowohlt · Berlin Verlag
2019	Wenn die Chinesen Rügen kaufen, dann denkt an mich. Roman. Rowohlt · Berlin Verlag
2018	Die Zukunft der Schönheit. Erzählung. Rowohlt · Berlin Verlag
2017	Warum Luther die Reformation versemmelt hat. Eine Streitschrift. Rowohlt Taschenbuch Verlag
2016	Die Liebesgeschichtenerzählerin. Roman. Rowohlt · Berlin Verlag
2014	Tanz durch die Stadt. Aus meinem Berlin-Album. Transit Verlag
2013	Die linke Hand des Papstes. Rowohlt · Berlin Verlag
2012	Als die Bücher noch geholfen haben. Biographische Skizzen. Rowohlt · Berlin Verlag
2009	Die Frau, für die ich den Computer erfand. Roman. Rowohlt · Berlin Verlag
2006	Bildnis der Mutter als junge Frau. Erzählung. Rowohlt · Berlin Verlag
2005	Die Minute mit Paul McCartney. Memo-Arien. Transit Verlag
2004	Mein Jahr als Mörder. Roman. Rowohlt · Berlin Verlag
2003	Warum ich schon immer Recht hatte – und andere Irrtümer. Ein Leitfaden für deutsches Denken. Rowohlt · Berlin Verlag
2001	Der Königsmacher. Roman. Rowohlt · Berlin Verlag
1999	(mit Peter Joachim Lapp) Transit Westberlin. Erlebnisse im Zwischenraum. Christoph Links Verlag
1999	Die Flatterzunge. Erzählung. Rowohlt Verlag

1997 Amerikahaus und der Tanz um die Frauen. Erzählung. Rowohlt Verlag
1996 Die Verlockungen der Wörter oder Warum ich immer noch kein Zyniker bin. Transit Verlag
1995 Der Spaziergang von Rostock nach Syrakus. Erzählung. Rowohlt Verlag
1994 Der Sonntag, an dem ich Weltmeister wurde. Erzählung. Rowohlt Verlag
1993 Selbstporträt mit Luftbrücke. Ausgewählte Gedichte 1962–1992. Rowohlt Verlag
1992 Himmelfahrt eines Staatsfeindes. Roman. Rowohlt Verlag
1991 Die Birnen von Ribbeck. Erzählung. Rowohlt Verlag
1989 Japanische Rolltreppen. Tanka-Gedichte. Rowohlt Verlag
1988 Waschtag. Textbuch. Mit einer Einführung von Dieter Kirsch. L. O. K. V. Dramatische Bibliothek
1988 Konservativ in 30 Tagen. Ein Hand- und Wörterbuch Frankfurter Allgemeinplätze. Rowohlt Verlag
1987 Mogadischu Fensterplatz. Roman. Rowohlt Verlag
1985 Einige Argumente zur Verteidigung der Gemüseesser. Eine Denkschrift. Rotbuch Verlag
1984 Adenauerplatz. Roman. Rowohlt Verlag
1981 Die unsichtbaren Blitze. Gedichte. Rotbuch Verlag
1981 Ein Held der inneren Sicherheit. Roman. Rowohlt Verlag
1975 Ein Bankier auf der Flucht. Gedichte und Reisebilder. Rotbuch Verlag
1972 Unsere Siemens-Welt. Eine Festschrift zum 125-jährigen Bestehen des Hauses S. Wagenbach Verlag. Erweiterte Neuausgabe mit einem Anhang über den Prozeß, über die Kunst der Satire, die Menschenwürde des Konzerns, Bierpreise und den verlorenen Kredit des Hauses S.: Rotbuch Verlag 1976
1971 Der Held und sein Wetter. Ein Kunstmittel und sein

ideological Gebrauch im Roman des bürgerlichen Realismus. Hanser Verlag

1969 Wenn wir, bei Rot. 38 Gedichte. Wagenbach Verlag

1966 Wir Unternehmer. Über Arbeitgeber, Pinscher und das Volksganze. Eine Dokumentar-Polemik anhand der Protokolle des Wirtschaftstages der CDU/CSU 1965 in Düsseldorf. Unter wiss. Mitarbeit von Karl-Heinz Stanzick. Wagenbach Verlag

1965 Kerbholz. Gedichte. Wagenbach Verlag

Nachweis

Einige wenige Einträge basieren auf bereits veröffentlichten Texten, die für dieses Buch überarbeitet, erweitert oder gekürzt wurden: «Achtundsechzig» (Frankfurter Rundschau, 6.2.1999), «Afrika» (Stern, 19.6.1986), «Amerikaner 1991» (Berliner Zeitung, 15.7.1991), «Anstifter» (Sprache im technischen Zeitalter, Heft 84, 1982), «Apple County mit Hitlertest» (Das Plateau 65, Februar 2001), «Aras Ören» (Der Tagesspiegel, 1.11.2019), «Arbeitspause» (Süddeutsche Zeitung, 27.3.2020), «Aussichtsplattform 1998» (Die Zeit, 29.10.1998) und «Autohaus Oper» (Frankfurter Rundschau, 17.9.1999).

Die Rowohlt Verlage haben sich zu einer nachhaltigen Buchproduktion verpflichtet. Gemeinsam mit unseren Partnern und Lieferanten setzen wir uns für eine klimaneutrale Buchproduktion ein, die den Erwerb von Klimazertifikaten zur Kompensation des CO_2-Ausstoßes einschließt.
www.klimaneutralerverlag.de

MIX
Papier | Fördert gute Waldnutzung
FSC® C083411
FSC www.fsc.org